史料纂集

樂只堂年録　第六

八木書店

上表函の制　吉保は自身の參禪記錄『護法常應錄』に、靈元院から敕題と敕序を拝領。それを謝す上表を納めた函の繪畫。本体は卯木、縱一尺二寸餘・横三寸五分・高二寸六分、覆蓋、内側に倭錦を張り、華足臺に載せる。但し實物は柳沢文庫現藏ではない。第百八十二卷に貼付（212 頁參照）。

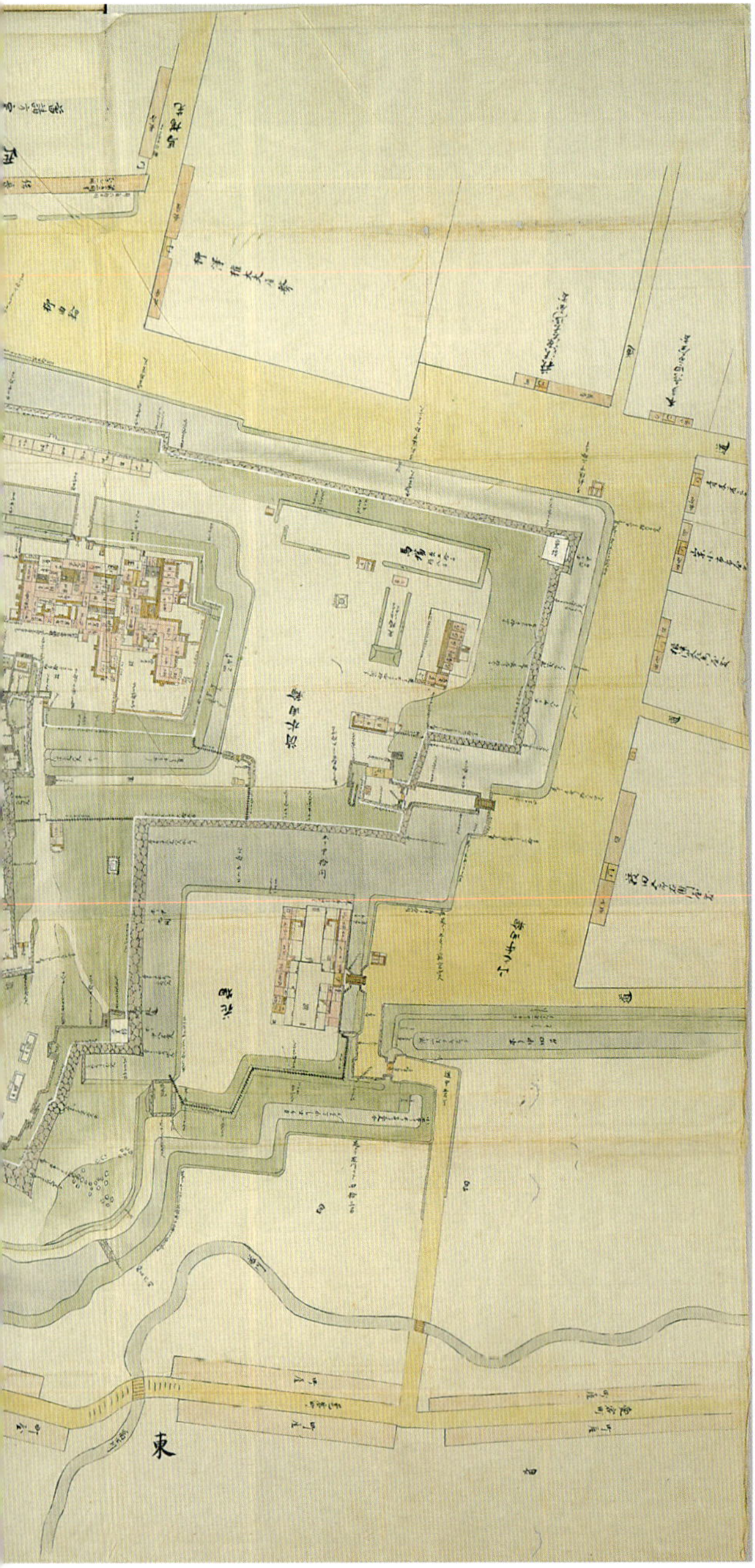

甲府城圖　徳川家宣舊城甲府城を請取った吉保は、城内諸處の改名に著手。元名の繼承・改名・新設定の三種ある。柳沢文庫所藏。第百七十三卷に貼付（107・108頁參照）。

南

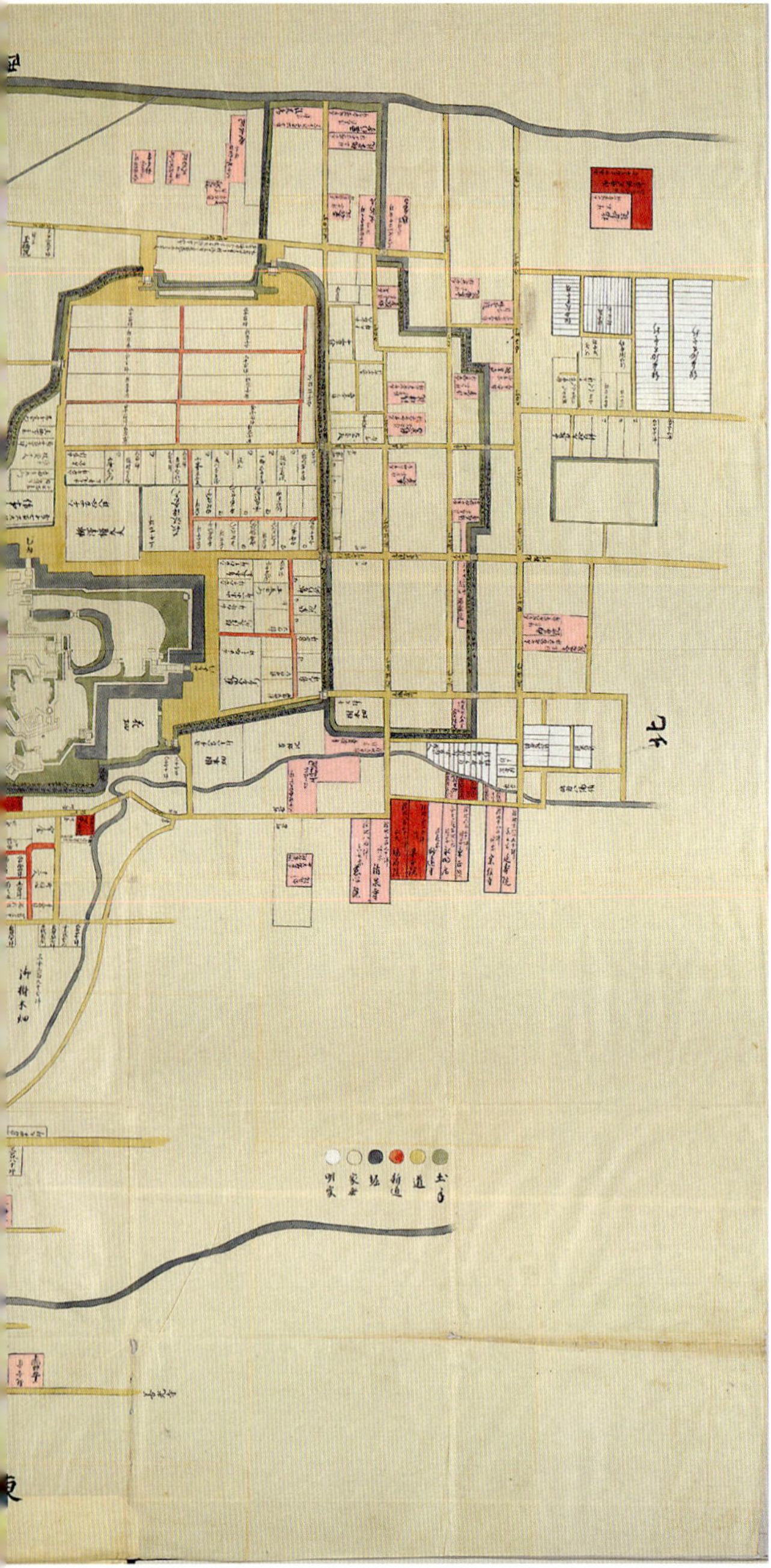

甲府城下圖　前頁の本丸周邊を擴大した繪圖。おもに城外の改名を記録するためらしい。土手・道・堀・新道などの文字が右下に見える。柳沢文庫所蔵。第百七十三巻に貼付（107・108頁參照）。

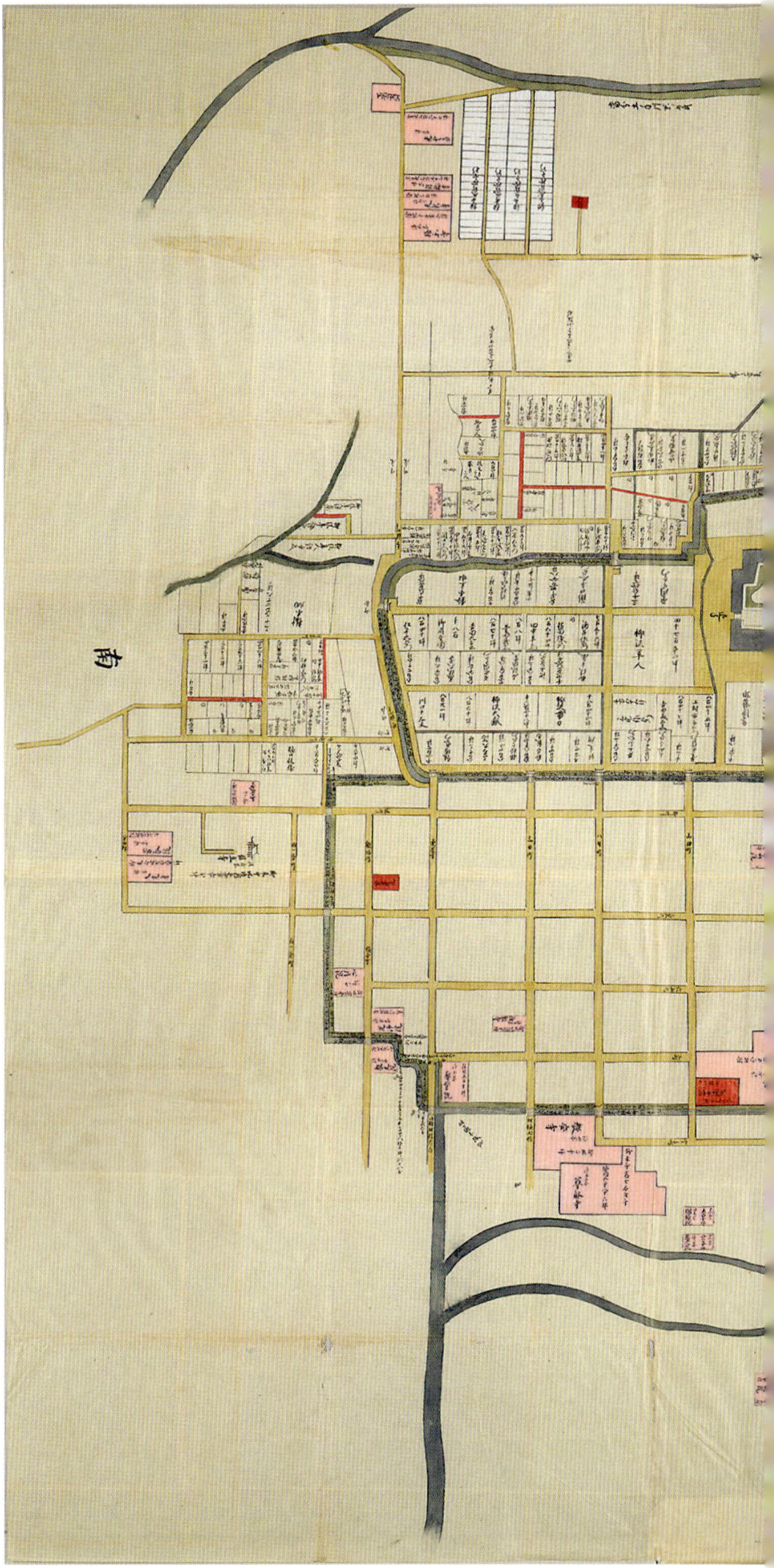
南

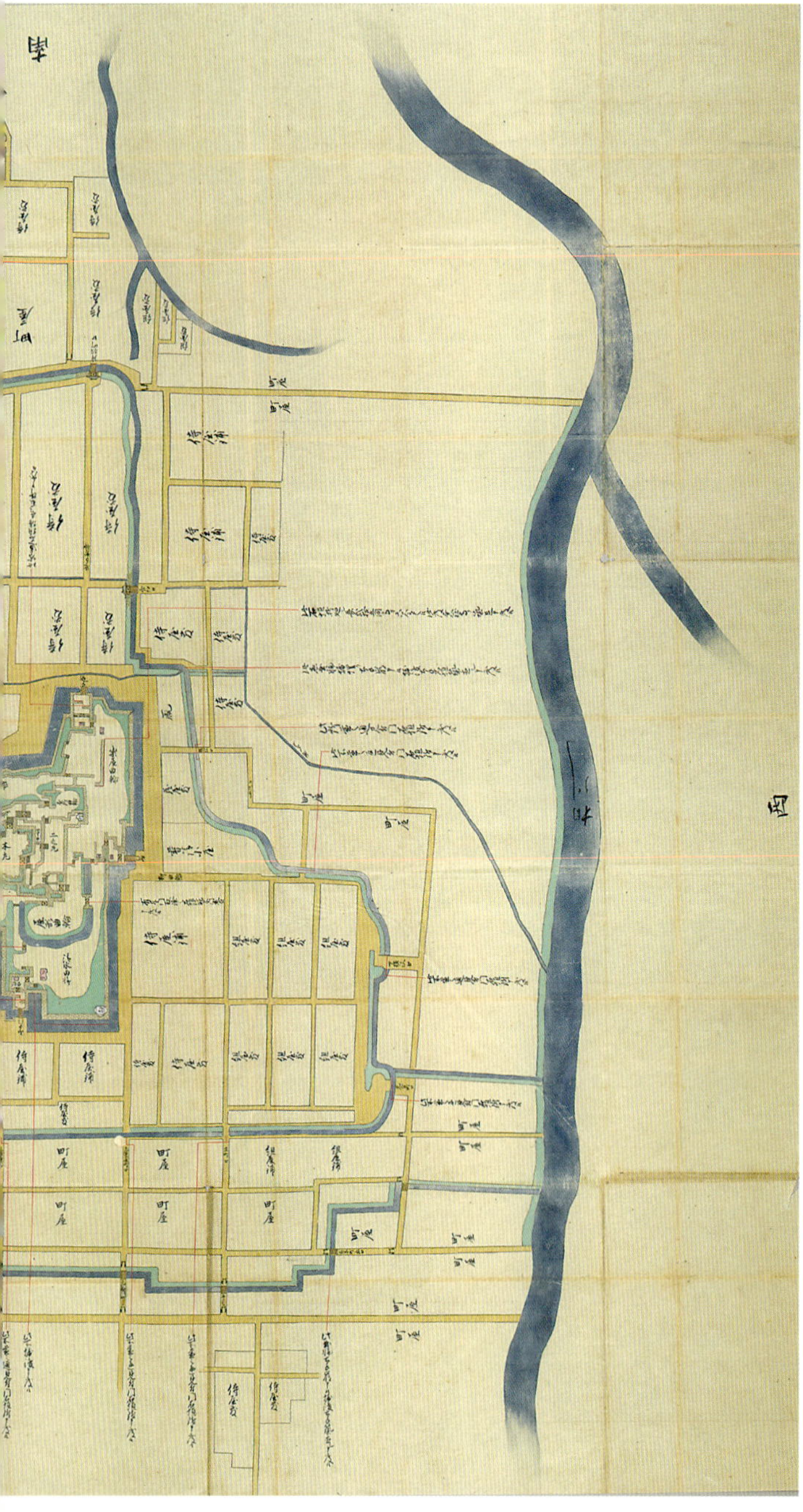

甲府城修復願書繪圖

城の曲輪修復を幕府に出願する際の繪圖。左下に、「右朱引書付之通修復仕度奉願候以上」として、十箇條上がり、繪圖の該當箇所に朱線と共に各條の書付が見られる。柳沢文庫所藏。第百七十五巻に貼付（123・125頁參照）。

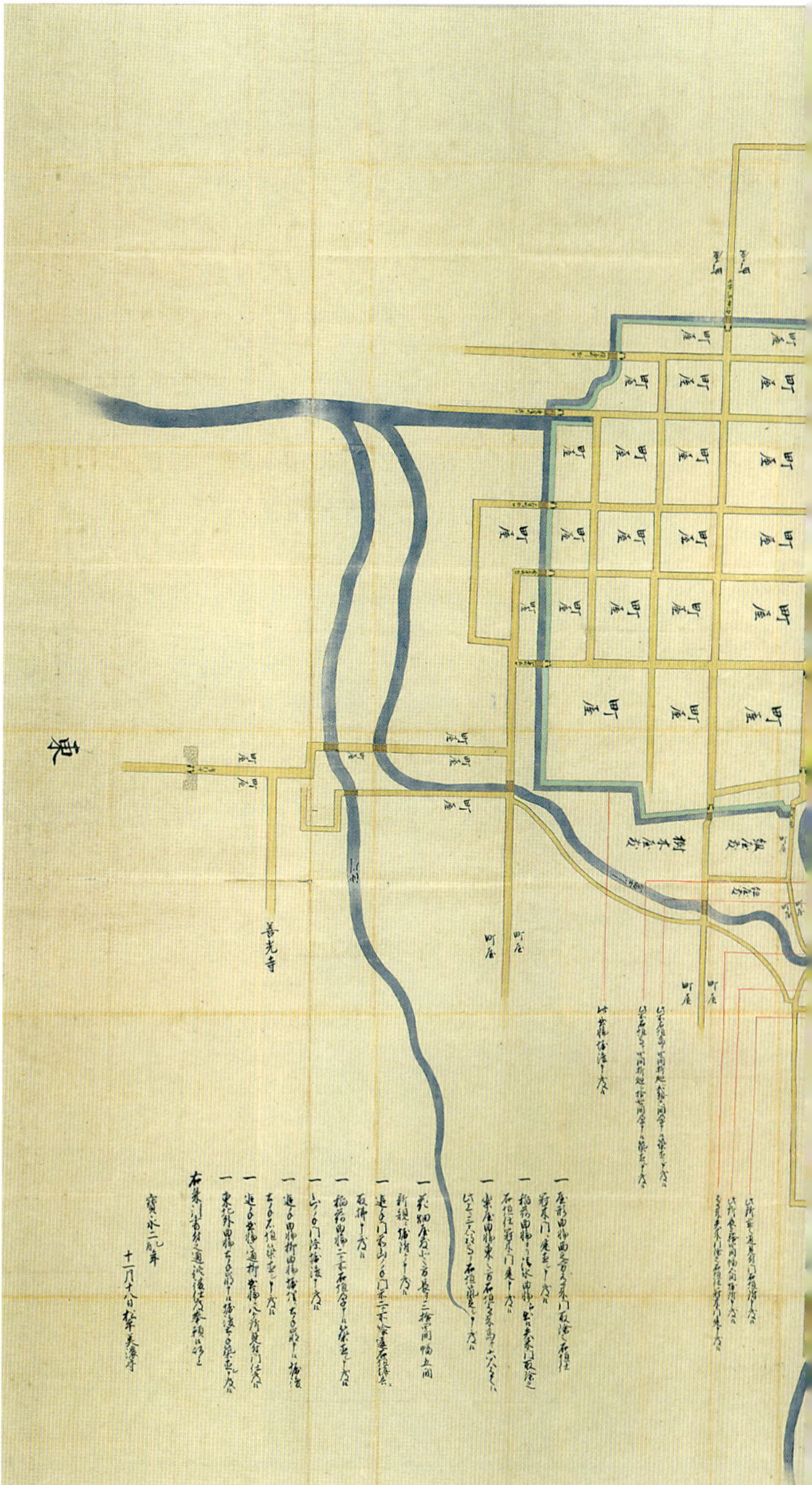
町屋
東
善光寺

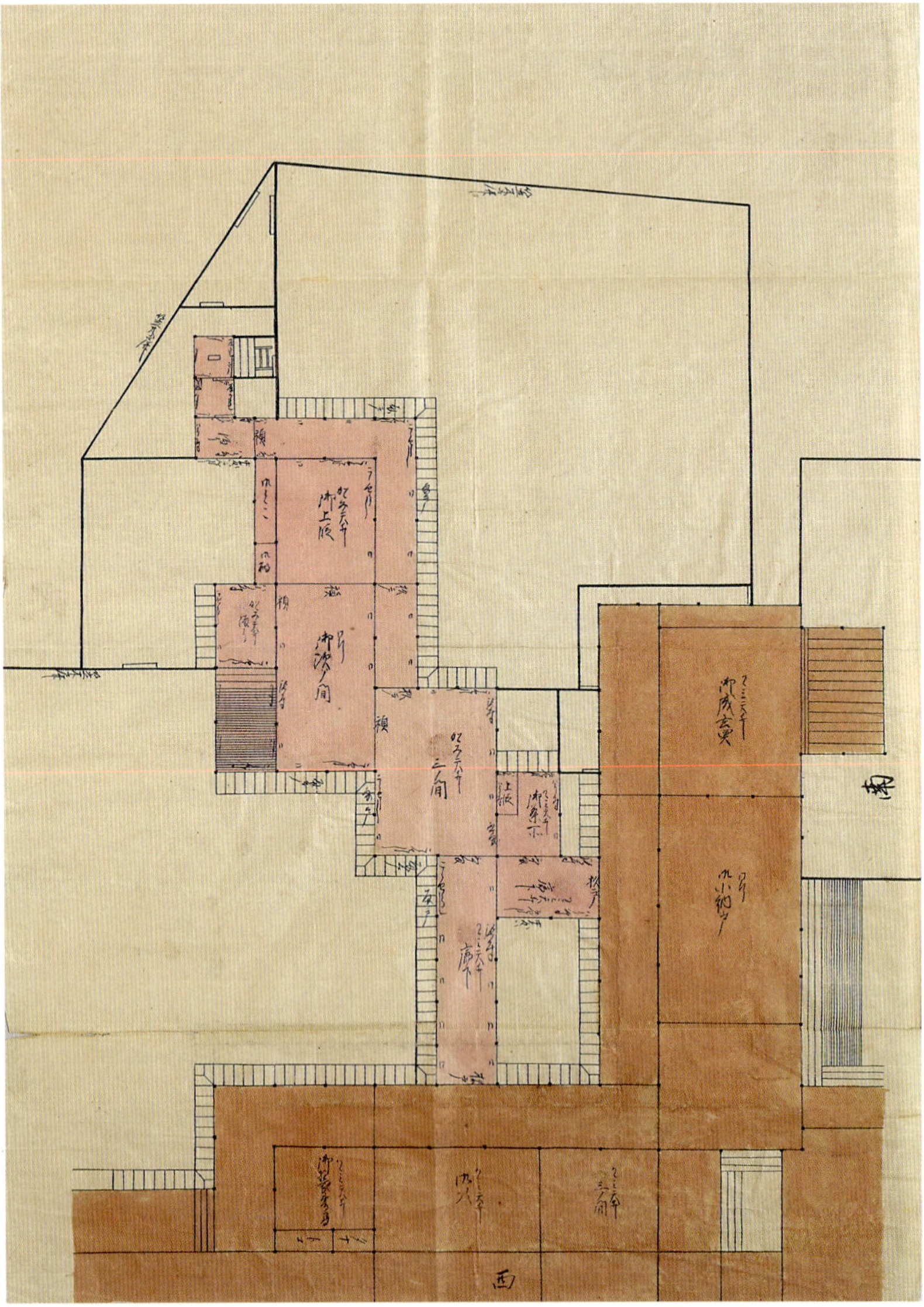

新御成御殿増築繪圖　寶永三年二月十一日、徳川家宣は吉保亭に初御成。前年秋に豫告されていたものである。そのため吉保は、以前から綱吉用に造營してあった御成御殿に、家宣用御殿を併設する形で増築を手がけたのが當該繪圖である。薄い肌色に著色の雁行部がそれにあたる。柳沢文庫所藏。第百八十一巻に貼付（194頁參照）。

凡例

一、史料纂集は、史學・文學をはじめ日本文化研究上必須のものでありながら、今日まで未刊に屬するところの古記録・古文書の類を中核とし、更に既刊の重要史料中、現段階において全面的改定が學術的見地より要請されるものをこれに加へ、集成公刊するものである。

一、本書は柳澤吉保（萬治元年〈一六五八〉生、正徳四年〈一七一四〉歿）の公用日記であり、原本は大和郡山市の柳沢文庫に所藏されてゐる。

一、本書の記名は、吉保の號「樂只堂」に由來する。

一、本書には、柳澤家の先祖書に始まり、寶永六年〈一七〇九〉六月までの記事が現存するが、本冊には、寶永二年〈一七〇五〉四月から同三年〈一七〇六〉六月までの記事を収める。

一、本書校訂上の體例基準は、凡そ左の通りである。

1 翻刻に當っては、つとめて原本の體裁・用字を尊重したが、適宜改めた部分がある。

2 解讀の便宜上、文中に讀點（、）と竝列點（・）を加へた。

3 校訂註は、原本の文字に置き換へるべきものには〔　〕をもつて表記した。

4　參考又は說明のために附した人名・地名等の傍註には（　）を附して區別し、概ね月每の初出に附した。但し、異なる呼稱が用ゐられた場合は、便宜傍註を加へた。
5　上欄に、本文中の主要な事項その他を標出した。下段に相當するものには、＊印を附した。
6　原本には闕字・臺頭の禮節が多く示されるが、あへてこれを廢した。
7　原本に用ゐられた古體・異體・略體等の文字は、原則として正體若しくは現時通用の字體に改め、一部統一を圖つたが、字體の甚しく異なるもの、或は頻出するものなど、混用が認められる場合も含めて原本の字體を存した。その主なものは次の通りである。
与（與）・万（萬）・弁（辨）・礼（禮）・哥（歌）・条（條）・献（獻）・弥（彌）・珎（珍）・号（號）・躰（體）・余（餘）・沢（澤）・宝（寶）・実（實）

一、本書の公刊に當つて、柳澤保德氏ならびに公益財團法人郡山城史跡・柳沢文庫保存会（略称「柳沢文庫」）には種々格別の便宜を與へられた。特に記して深甚の謝意を表する。
一、本書の校訂は、宮川葉子がこれを擔當した。

平成二十九年十月

樂只堂年録　第六

*家宣小石川離邸入りに進獻物

*岡部重矩柴田勝冨川越引渡の御用終了

*桂昌院へ御機嫌伺の牡丹他進上物

*瑞春院へ進上物

*甲斐國拜領の書付に奥書を加ふ

御臺所へ御機嫌伺の櫻花他進上物

樂只堂年録 第六

（表紙題簽）

樂只堂年録　第百六十三巻 寶永二乙酉四月上

此巻は、寶永二年乙酉の四月朔日より、十二日迄の事を記す、

四月大

朔日、甲子、

一、御臺所様（浄光院、鷹司信子）へ、櫻花壹桶・粕漬の鯛壹桶を進上して、御機嫌を窺ふ、

三日、

一、今日、大納言様（徳川家宣）、小石川の御殿（將軍家離邸）へ入らせたまふ、是によりて、檜重壹組・干鯛一箱を進獻す、

五日、

一、岡部庄左衛門重矩・柴田三左衛門勝冨、川越引渡しの御用を仕舞ふによりて、私亭へ來る、

六日、

一、今日、一位様（桂昌院、綱吉生母）へ、牡丹の花壹桶・鮮鯛一折を進上して、御機嫌を伺ふ、

八日、

一、五の丸様（瑞春院、明信院生母）へ、檜重一組を進上す、

九日、

一、去年の冬、吉保か食祿を增し、領地を加へて下さる、其時に、賜はりし書付に、奥書を加へて子孫につたふ、奥書の首に、特賜武田の印を押す、尾には、甲斐少將と、松平吉保と云、いづれも丸き印を用ゆ、

甲州
高拾四万五千貳百七拾九石
九斗貳升二合
駿州
高六千八石八斗壹升五合

武州羽生
高三万九千五百六拾貳石壹升八合
和州
高三万九千六百九拾石壹斗九合
江州
高三万八千八百六拾二石二斗八升貳合
作州
高八万五百九拾六石八斗五升四合

右《ミぎ》、去《さんぬるきのへ》甲-申《さるのふゆ》冬十二月五日、中納言綱豊卿《ちうなごんつなとよきやう》、爲《なり》二

將軍家御養子《しやうぐんけのごようしと》一給《たまふ》、同《おなじく》九日、綱豊卿改《あらためおんいミなを》二御諱一
給《たまふ》、同《おなじく》二十一日、諸《しよ》-大《だい》-名《ミやう》幷《ならびに》幕《バく》-下諸《かのしよ》-士《し》一《いち》-
同《どうに》拜《はい》-賀《がす》、其《その》-日《ひ》、將軍家召《めして》二吉保・吉里于《を》御前《ごぜんに》一、
台《たい》-命《めいにのたまハく》曰、汝《なんぢ》吉保、平日《へいじつ》專《もつはらにして》レ志《こゝろざしを》、奉《ほう》-公《こう》
極《きハめてかなふこと》叶二台《たい》-襟《きんに》一、莫《なく》レ可《べき》二復《またのたまふ》-言一、且《そのうへ》立儲《りふちよ》之《の》事《ことは》、
國《こく》-家大《かのたい》-事《じ》誠《まことになし》莫レ過《すぎたるハ》レ焉《これにしかるにきよ》、而去《きよ》-冬《とう》以《い》-來《らい》、汝《なんぢ》
一《いち》-人奉《にんうけたまハり》レ之《これをうちにハ》、內則密《ミつ》-策《さく》、外《ほかにハ》則洪《こう》-儀《ぎ》、自《より》レ初《はじめ》
至《いたるまでをハりに》レ終、盡《つくしこゝろを》レ心竭《つくし》レ力《ちからを》、一《いち》-〻《く》周《あまねく》-備《そなハり》、莫《なし》
レ有《あること》レ所《ところ》レ遺《のこす》、以至《もつていたれり》二今《こん》-日《にち》之《の》慶《よろこびに》一、此皆汝之功也《これミなんぢがこうなり》、
台《たい》-襟所《きんのところ》レ嘉《よミしたまふ》、百《ひやく》一何《にひとつもなんぞの》-言《たまふべき》、故《かるがゆへに》-今《いま》、
以《もつてかふ》二甲-府《ふを》一、賜《たまふ》二之《これを》于汝《なんぢに》一、此地《このちハ》且《かつハ》爲《たり》二要《よう》-樞《すう》重地《のぢうち》一、
且《かつハ》爲《たり》二家宣卿舊《いゑのぶきやうのきう》-領《りやう》一、故《かるがゆへに》、不《ざる》レ可《べから》三輒《たやすく》賜《たまふ》二餘《よ》-
人《じんにものなり》一者也、雖《いへとも》レ然《しかりと》、汝《なんぢ》既《すでに》爲《たり》二親《した》-臣《しきしん》一、亦《あり》有二大《おほひなる》
勞《らう》一、桑《さう》-梓所《しのところ》レ在《ある》、是可《これべしと》二以賞《もつてしやうす》一云《うん》-〻《く》、乃御《すなハちおん》-
袖《そでよりいだしたまひ》出二一《いつ》-紙《しを》一、又仰《またおほせにいハく》-云、命《めいじたまふこと》二汝《なんぢに》祿《ろく》-秩《ちつを》一、
如《ごとしと》二此所《こゝにところの》レ書《しよする》之数《すうの》一也、然《しかふして》-後《のちに》、回《かへり》二-視《ミたまひて》吉里《を》一
而曰《のたまハく》、汝《なんぢ》雖《いへとも》レ爲《たりと》二弱《じやく》-年《ねん》一、能記《よくき》二-憶《おくして》此趣《このおもむきを》于

*公辨法親王へ進上物
*仁海慶勇七回忌
*妻三所へ御機嫌伺の進上物
*明信院一周忌に増上寺へ參詣
*吉保夫妻吉里香奠を供す
*徳川綱教へ進上物
*武田信玄の百三十三回忌執行
參勤の大名御禮

心底《しんていに》而、子《し》孫《そん》万《ばん》々《く》世《せい》、永《ながく》當《まさにべしと》效《いたす》忠《ちう》勤《きんを》也、此《この》一《いつ》帋《しハ》者、即《すなハち》数《す》日《じつ》之前《まへ》、特《ことに》有《ありて》命《めい》使《しめ》本多伯耆守正永録《ころく》上家宣《じやうせ》卿舊《のきう》領《りやう》之《の》地《ちを》、今《こん》日《にち》就《ついて》其中《そのなかに》、剪《きりたまひて》甲府・駿《すん》府《ふの》二條《を》而、賜《たまふなりこれを》之也、其後《そののちいたつて》至于今《こん》年《ねん》春《はる》三月十二日《に》、由《よつて》其《その》地《ち》磽确《かうかくなるにすなハち》乃悉《ことごとく》賜《たまひて》山梨《やまなし》・巨《こ》麻《ま》〔摩〕・八代《やつしろさん》三郡《くんを》而、返《へん》上《じやう》駿州《すんしうの》之地《ちを》也、嗚呼《ああ》、君《くん》恩《おん》如《ごとし》天《てんの》、縦《たとひ》使吉保盡《つくし》心《こゝろを》、竭《つくすとも》力《ちからを》而、何《なんとしていつ》一世之《せの》間《あひだに》、所《ところならんや》能《よく》上《じやう》答《たふする》耶、故《かるがゆへに》、謹《つゝしんで》以《て》所《ところの》錫《たまふ》一紙《いつし》與《とを》所《ところの》剪《きりたまふ》之餘《あまりつらね》、列之《これを》上《じやう》方《ハうに》而、傳《つたへ》之《これを》子《し》孫《そんに》、以《もつて》使《しむと》效《いたさ》万《ばん》世《せい》之《の》忠《ちうを》云爾《いふことしかり》、

寶永二年乙酉四月九日

甲斐少將源吉保　拜識《はいしてしるす》

十日、

一、麻上下を著して登城す、參勤の大名御礼を申上るによりて也、

一、日光御門跡公辨親王（後西皇子、三管領宮）へ砂糖漬壹壺を進上す、近日日光へ御發駕なるべきによりて也、

一、仁海慶勇居士の七回忌なるによりて、龍興寺（飯塚家菩提寺）にて懺法供養を執行ふ、

十一日、

一、妻より、一位様・御臺所様・五の丸様へ、檜重一組充をしん（進）上して、御機嫌を窺ふ、

十二日、

一、明信院（綱吉女、故鶴姫、徳川綱教室）様の御一周忌なるによりて、退出の時に増上寺へ參詣す、

一、明信院様の御牌前へ、吉保より、御香奠銀十枚、妻と吉里より、三枚充を供す、

一、紀伊中納言綱教（徳川）卿へ、檜重壹組・枝柿一箱を進す、明信院様の御一周忌なるによりて也、

一、法性院（武田信玄）殿の百三十三年（天正元年歿）の遠忌なるによりて、甲劦の恵林寺にて、去る十日より今日まて、二夜三日の法事を執行ふ、牌前に供せし和哥幷に説

禪等の語、こゝに記す、

法性院殿百三十三囬忌、

*吉保の追福和歌詠

追福和歌、左少將源朝臣吉保、

　百あまりみそちミとせの夢の山

　かひありていまとふもうれしき

惠林寺東法による遠忌法語

慧〔惠、以下同ジ〕林寺殿、一百三十三回遠忌法語《おんきのほふご》、

不動尊遷座頌《ふどうそんせんざのじゆ》、惠林寺東法、

搖《ゑう》㆓-動《どうして》毘《び》-盧《る》法-性印《ほつしやうのゐんを》㆒、金-剛妙《こんがうのめう》-體稱《たいかなふ》㆓如-〻《によくに》㆒、

遺《い》-勳《くん》餘《よ》-烈《れつ》百-年《ひやくねん》後《ご》、北《ほく》-斗《と》南《なん》-辰《しん》位《くらゐ》不《ず》㆑殊《ことなら》、

圓光院正宗による香語

香語《かうご》、圓光院正宗、

這《この》-香《かう》居《こ》-士《じ》、所《しよ》-生眞《しやうのしん》拈《ねんして》、作《なす》㆓栴《せん》-檀《だん》雙《さう》-聚《じゆ》-林《りんと》㆒、

直《ぢき》-下《げ》今《こん》-朝《てう》因《よる》㆓我《わが》-手《てに》㆒、燒酬《たきてむくふ》㆓昔-日《そのかみ》舊-恩《きうをんの》深《ふかきに》㆒、

法泉寺天圭による疾書銘

疾書銘《しつしよのめい》、法泉寺天圭、

今-茲《ことし》寶-永第《だい》-二、龍《りやう》-舍《しや》乙-酉《いつゆう》、首《しゆ》-夏《か》十-一-烏《う》、

伏《ふして》値《あふ》㆓惠林寺殿機山玄公大居士、一-百-三-十-

三-回《くわい》-諱《き》之《の》辰《しんに》㆒、大《たい》功《く》-德《どく》-主《しゆ》、甲《かふ》-陽《やう》賢《けん》-府《ふ》-君《くん》、

兼濃州大-守松-平-氏四-位少-將、源朝臣吉保公、

就《つきて》㆓于惠《ゑ》-林《りんの》道-場《だうじやうに》㆒、設《まふくるの》㆓大《だい》-會《ゑ》-齋《さいを》㆒之-次《ついで》、恭《うや〳〵しく》

招《てう》㆓-請《しやうし》諸剎《しよせつ》淸-淨《しやう〴〵の》苾《ひつ》-蒭《しゆ》-衆《くを》㆒、迅《じん》㆓-書《しよして》大《だい》-乘妙《ぜうめう》-

典《でんを》㆒、以《もつて》充《あつ》㆓于大-居-士覺《がく》-路《ろの》資-粮《しりやうに》㆘㆒、俾《しして》《しむ》㆘小-比-

丘東-愚㆒讃《をさんし》㆑焉《かこれに》題《だいせ》㆖㆑焉《これに》、

銘《めいに》曰《いハく》、

如《によ》-是《ぜ》我《が》-聞《もん》、竺《ぢく》-土大《どのだい》仙《せん》、鷲《じゆ》-嶺《れいの》說《せつ》-相《さう》、一《いち》-乘《じよう》因《いん》

-緣《ゑん》、示《しめし》㆓毫《がう》-光《くハう》瑞《のずいを》㆒、照《てらす》㆓東《とう》-方《バう》天《のてんを》㆒、恆《ごう》-沙《じやの》菩《ぼ》-薩《さつ》、

權《ごん》-化聖《けのしやう》-賢《げん》、爲《ために》㆑護《ごせん》㆓妙《めう》-法《ハふを》㆒、來《らい》-集《しゆ》無《む》-邊《へん》、開《かい》-權《ごん》

顯《けん》-實《じつ》、當《たう》-機《き》演《ゑん》-圓《く》、火《くハ》-宅諸《たくのしよ》-子《し》、三《さん》-車方《しやハう》-便《べん》、

智《ち》-惠《ゑ》甚《じん》-深《しん》、梵《ぼん》-音《をん》敷《ふ》-宣《せん》、聽《き》㆓希《け》-有事《うのじを》㆒、破《やぶり》㆓疑《ぎ》-

網纏《まうのてんを》㆒、作《さく》-非今《ひこん》-是《ぜ》、踊《ゆ》-躍《やく》欣《きん》-然《ぜん》、醍《だい》-醐上《ごのじやう》-味《み》、

譬《ひ》-喩《ゆ》能《のう》-詮《せん》、二《に》-處三《しよさん》-會《ゑ》、人天八年《にんでんはちねん》、始《はじめて》顯《あらハし》㆓本《ほん》

-意《いを》㆒、等《ひとしく》施《ほどこす》㆓慈《じ》-憐《れんを》㆒、文《もん》-〻句《くく》-〻《く》、妙《めう》-〻玄《くげん》-〻《く》、

頓《とんに》書《しよして》㆓七《しち》-軸《じくを》㆒、虔《つゝしんで》備《そなふ》㆓眞《しん》-前《ぜんに》㆒、正《しやう》-覺《がく》要《ゑう》-路《ろ》、永《やう》-

劫《ごうの》福《ふく》-田《でん》、擧《こせバ》㆓箇《この》功《く》-德《どくを》㆒、充《ミち》㆑坤《こんに》塞《ふさがる》㆑乾《けんに》、諸《しよ》-佛《ぶつ》

同《おなじくして》㆑道《ミちを》、棹《さほさす》㆓涅《ね》-槃《はんの》舩《ふねに》㆒、咄《とつ》、

能成寺融峯による香語

香語《かうご》、能成寺融峯、
這妙-兜-樓《このめうとろ》、遠傳《とほくつたふ》二西-竺《さいぢくより》一、佛-祖命-根《ぶつそのめいこん》、人-天《にんでんの》眼-目《げんもく》、名《なづけ》二薝-蔔-叢《せんふくそうと》一、號《ごうす》二栴-檀-木《せんだんぼくと》一、逼《ひつ》二-塞乾《そくしけん》-坤《こんに》一、薰《くん》二-徹海-陸《てつすかいりくに》一、頓除《とんにのぞき》二蘗-災《げつさいを》一、能生《よくしやうず》二祥《しやう》-福《ふくを》一、結《むすび》二果-覺-場《このミをかくじやうに》一、非《あらず》レ關《あづかるに》二化-育《くハいくに》一、低-頭-慇-懃《ていづおんごん》、合《がつ》-掌拜-肅《しやうはいしゆく》、爇《ぜつ》二-向炉-中《かうしてろちうに》一、滿-堂馥-郁《まんだうふくいく》、

東光寺桂堂による垂示

垂示《すいじ》、東光寺桂堂、
風-前瀑-布《ふうぜんのはくふ》、雨-後溪-聲《うごのけいせい》、皆-是《ミなこれ》一-代《いちだい》、時-敎《じきやう》更無《さらになし》三一-法說《いつハうのせつ》二-向人《かうするひとに》一、縱-使有《たとひあるも》三一-法說《いつハうのせつ》二-向人《かうするひとに》一、猶-是《なをこれ》太-平干-戈《たいへいのかんくハ》、久-日樺-來-唇《のくハらいしん》、雖《いへども》二然恁-麼《しかもいんもなりと》一、方便門中《ハうべんもんちう》、不《ず》レ妨打《さまたげたすることを》二葛-藤《かつとうを》一、
惟-時《これとき》、寶永二乙酉、今月十有二蓂《こんげつじふゆうにめい》、惠林寺殿機（武田信玄）山玄公大居士、一-百三十有三回遠忌之辰《をんきのしんなり》、越《こゝにおゐて》大功德主《だいくどくしゆ》、甲斐少將源朝臣、松平吉保公、惠-林《ゑりん》古-道《こだう》-場《じやうにして》、設《まふけ》二大會齋《だいゑさいを》一、供《くやうするのさん》二-養三-寶《バうを》一之-序《ついで》、借《かりて》二手於惠-林堂-頭和-尙《てをゑりんだうてうおしやうに》一、劈《つんざいて》二此崑-崙《このこんろんを》一、以爲《もつてす》二玄君覺-路之資-糧《くんかくろのしりやうと》一、加-之《しかのミならず》、今日使《こんにちして》二珍闍-梨《ちんじやりを》一、擧《こ》二-揚《やうせしむ》向-上宗-乘事《かうじやうしうじやうのじを》一、未《いまだ》《ざる》二證據《せうこせ》一者《ものハ》試擧《こゝろミにこす》、看《ミよ》、記-淂《きとくす》、臨-濟惠-照禪-師語-錄《りんざいゑせうぜんじのごろくに》云《いハく》、府-主王-常《ふしゆわうじやう》-侍《し》、與《と》二諸-官《しよくハん》一請《しやうしてしを》レ師、升-座《しんぞ》師上-堂云《しじやうだうしていハく》、山《さん》-僧今-日事不《ぞうこんにちじず》レ-獲《ゑ》レ-已《やむことを》、曲順《まげてしたがひ》二人情《にんじやうに》一、方登《まさにのぼる》二此《この》座《ざに》一、若約《もしやくして》二祖-宗門-下《そしうもんかに》一、稱《せう》二-揚大事《やうせバだいじを》一、直-是開《ちきにこれかい》-口不-淂無《くふとくなけん》二你措《なんぢかおくあしを》レ足處《ところ》一云云、欽《つゝしんで》咨《し》二-問滿-堂《もんすまんだう》龍-象-衆《りうぞうしゆに》一、直-是開-口不-淂-底之意-旨《ぢきにこれかくくふとくていのいし》、請各《こふかく》-〻下-語《くけぎよ》、代云《かはりていハく》、凝-然《ぎようねんたる》一-相-圓逼-塞《いつさうゑんひつそくす》、盡-三《じんさん》-千倘-說言《ぜんもしといていハゞ》二何物《なんのものぞと》一、舌-頭驀-地牽《ぜつとうもくちにひく》、喝一喝《かついつかつ》、

*清見寺芝巖による香語

香語《かうご》、淸見寺芝巖、
染-衣薙-髮出《ぜんゑちはついづ》二塵-累《ぢんるいを》一、扶《ふ》二-起源-家《きすげんけを》一不-動-尊《ふどうそん》、一《いち》-握《あくの》劔-光今-古冷《けんくハうこんこすさまじ》、兩-輪日-月照《りやうりんのじつげつてらす》二乾-坤《けんこんを》一、

*長禪寺鐵堂による香語

香語、長禪寺鐵堂、
龍-集乙酉《れうしふいつゆう》四-月十-二-蓂《めい》、慧-林寺殿機山玄公大居士、一百三十三回忌、嚴-諱之-辰也《げんきのしんなり》、賁《つゝしんで》賦《ふし》二一-偈《いちげを》一、以充《もつてあつ》二炷-香《しゆかうに》一、云《いハく》、法-筵爇-向兜-樓-婆《ハふゑんぜつかうすとろば》、者-箇聞-薰盡-大-塊《しやこのもんくんぢんだいくハい》、惠-林風-月增《ゑりんのふうげつます》二靈-輝《れいきを》一、一《いつ》-

能成寺融峯による塔之銘

百三《ひやくさん》十有三《じふゆうさん》載《さい》、
塔之銘《たふのめい》、能成寺融峯、
原《たづぬるに》、浮《ふ》圖《と》者《ハ》諸《しよ》佛正覺道場《ぶつしやうがくのだうじやう》、法《ほつ》身果徳妙《しんくハとくのめう》
躰也《たいなり》、法《ほつ》界《かい》何《いづれの》國《こく》土《ど》不《かざらん》恭《く》敬《ぎやうせ》之《これを》耶《や》、一《いつ》見《けん》脱《だつし》
苦《く》輪《りんを》、一《いち》禮《らい》結《むすぶ》勝《せう》果《くハを》、況《いハんや》於《おゐておや》彫《てう》刻《こくに》焉哉、
惟《これ》時《とき》、寶《ハう》永《ゑい》二《に》龍《れう》集《しふ》、乙酉《いつゆう》四月十有二蓂《めい》、伏値《ふしてあふ》
前本州刺史《さきのほんしうのしし》、惠林寺殿《ゑりんじでん》機山玄公大居士《の》、一
百三十三回遠《をん》忌《き》之《の》辰《しん》、大《たい》府《ふ》賢君《げんくん》、甲斐少将
兼濃州大守、源朝臣松平吉保公、領《りやうずる》甲陽《かふやうを》歳《とし》、
就《つきて》于惠林法《のほふ》窟《くつに》、莊嚴《しやうごんし》道場《たうぢやうを》、新《あらたに》經《けい》營《ゑい》靈《しれい》
廟《べうを》、移《い》置《ちして》于玄君聖像《げんくんのせいざうを》而、預《あらかじめ》從《より》前《ぜん》三《さん》日《にち》、
設《まふけ》大《だい》會《ゑ》齋《さいを》、供《く》養《やう》三《さん》寶《バうを》、所《ところ》修《しゆする》白《びやく》業《ごふ》、所《ところの》
饈《す丶むる》珍《ちん》奇《き》、不《ず》遑《いとまあら》枚《まい》擧《きよするに》、拜《はい》屈《くつして》甲陽列《れつ》刹《さつの》諸《しよ》
大《だい》和《お》尚《しやう》・諸《しよ》位《ゐの》禪《ぜん》師《じ》・乾《けん》徳《とく》合《がつ》山《さんの》清《せい》衆《しゆ》・末《まつ》
院《いん》隣《りん》近《きんの》諸《しよ》老《らう》宿《しゆく》、及《および》江《がう》湖《この》緇《し》衲《なふを》、諷《ふ》演《ゑん》首《しゆ》楞《れう》
嚴《ごん》神《しん》咒《しゆを》、修《しゆ》禮《らいすること》圓《ゑん》通《づう》妙《めう》懺《せんを》、一《いち》座《ざ》疾《しつしよすること》書
七軸蓮經《ちくのれんきやうを》、全《ぜん》部《ぶ》法泉和尚、銘《めいじ》外《がい》孫《そん》虀《ぜい》
臼《きうの》篇《へんを》、東光和尚、擧《こ》揚《やうし》舊《きう》公《こう》案《あんを》、令《して》滿《まん》
堂《だうの》布《ふ》衲《なふを》、竹《しつ》篦《へい》下《かに》各〻《かく》下《あ》語《ぎよせ》、辨《べんじ》龍《りやう》蛇《じやを》、
分《わかつこと》賓《ひん》主《じゆを》、賞《しやう》罰《ばつ》分《ふん》明《みやうの》臨《のぞんで》散《さん》筵《ゑんに》、惠林堂《だう》頭《てう》
和尚、坐《ざ》斷《だん》獅《し》子《し》座《ざを》、商量《しやうりやうし》一大《だい》事《じ》因《いん》縁《ゑんを》、
一《いち》棒《ばう》須《しゆ》彌《み》碎《くだけ》、一喝《かつ》大地《ち》震《ふるふ》、或《あるひハ》絶《たち》機《き》思《しを》、
或開《ハひらく》正眼《しやうげんを》、更《さらに》擘《つんざいて》一《いつ》片《へんの》崑《こん》崙《ろん》耳《にを》而、供《くうず》
無《む》極《ごくに》、加之《しかのミならず》造立《ざうりふ》木《しもく》支《し》提《だいを》、練定《ぢやう》山比《さんび》丘《く》
祖蘭《をして》爲《つくら》之銘《これがめい》、如記《もしきせバ》上件《じやうけん》若干《そこばく》條《でうの》活《くハつ》功《く》
徳《どくを》、須《しゆ》彌《み》毫《かう》禿《つぶれ》滄《さう》溟《めい》泓《かう》乾《かハかんか》乎、銘曰《に》、玄君一
百有餘年、法《ほつ》性《しやう》如如《によによ》元《もとに》白然《ねん》、這《この》木支提、
無《なし》斧《ふ》鑿《さく》、徳《とく》山《さん》屹《きつ》立《りつして》、掌《さ丶ふ》青《せい》天《てんに》、喝一喝、

*比丘純季による拈香

慧林寺殿機山玄公大居士一百三十三回忌拈《ねん》香、
俚《り》語《ご》、謹《つ丶しんで》奉《たてまつる》錄《ろく》呈《ていし》諸大和尚法《の》座下《げに》、伏乞《ふしてこふ》
鴻慈《こうじ》隱括《いんくハつ》、
小比丘純季九拜
法性界《かい》中《ちう》無《なし》罣《け》礙《げ》、圓《ゑん》明《みやうの》門《もん》戸《こ》、實《じつに》能《よく》幽《いうなり》、
眞《しん》薰《くん》妙《めう》智《ち》、君須《きミすべからく》識《しる》、何《なんぞ》覔《もとめん》世《せ》香《かうの》產《さんすることを》窟《くつ》

州《しうに》、諸佛靈《しよぶつのれい》根《こん》、枝《し》葉《ゑふ》正先《まさにさきだち》天地《てんちに》、這香《このかう》、衆《しゆ》生命種《しやうのミやうしゆ》、榮《ゑい》枯《こ》豈假《あにからん》春秋《やしゆんじうを》、祖《そ》〻相傳《あひつたへて》而、難《がたし》辨《べんじ》斤兩《きんりやうを》、人《にん》〻《く》用《もちひ》淂《ゑて》而、不《ず》分《わかた》薫《くん》猶《ゆうを》、須《しゆ》摩《ま》提請《だいしやうする》迦文《かもんをや》也、溶《よふ》〻《く》妙《たるミやう》雲《うん》、呼稱《よんでしやうし》佛《ぶつ》使《しと》、齖郎《がらう》當謝《たうしやする》慈《じ》明《ミやうをや》也、堂《たう》〻《く》威《たるゐゝ》氣《き》、直《ぢきに》結《むすぶ》冤《おん》讐《しふを》、過現未《くハげんミ》以《もつて》之《これを》進退《しんたいし》、戒定《かいぢやう》惠《ゑ》由《よつて》他《たに》唱《しやう》酬《しうす》、具《ぐ》足《そくす》衆芳《しゆはうを》、五《ご》分薫《ふんくん》習《じうし》般若《はんにや》性《のしやう》內《ないに》、壓《あつ》倒群《たうすぐん》氣《きを》、半《はん》片穿《へんせんくハす》過法身鼻《ほつしんのび》頭《とうを》、自《じ》性圓《しやうえん》融《ゆうす》十法界《じふほつかい》、玄機《げんき》充塞《じうそくす》四神洲《ししんしう》、雜會《ざつゑ》世《せ》界《かい》、南《なん》勝金洲《しやうこんしう》、瑞穗《ずいすい》國赤《こくせき》甲城《かふじやう》、大功德《だいくどく》主《しゆ》、大府君羽林次將兼濃陽ノ大守、源吉保卿、會茲《ことし》、寶永梅《せん》蒙作《もうさく》詻之春《がくのはる》、殊受《ことにうけて》大君聖命之篤《せいめいのあつきを》、而正佩《まさにおぶ》本州《ほんしう》刺史之印《ししのいんを》、惟時《これとき》、麥秋《ばくしう》蓂《めい》十二葉《ゑふ》、前五州《さきのごしう》太守《の》、惠林寺殿機山玄公大居士、伏値《ふしてあふ》一百三十有三之忌景《きけいに》矣、賴《さいハいに》府君仁德《じんとく》慈威《じゐ》、見《ミること》民《たミを》如《ごとく》兒《この》、又且《またかつ》有《あつて》追《おい》遠《とをきを》、興《おこして》廢《すたれたるを》、揚《あげ》祖《そを》、開《ひらくの》裔之志《ゑいをこゝろざし》、宏《おほひにかたふけて》傾

淨《じやう》財《ざいを》而、就《ついて》于本寺《ほんじに》、鼎《てい》新遺像《しんしゆいざう》之靈廟《のれいべうを》、莊《さうしよくして》飾神主《しんしゆ》之道場《のだうじやうを》、而營《ゑい》辨伊《べんすい》蒲盛饌《ほのせいせんを》也、越《こゝにおゐて》拜《はい》請府城《しやうしふじやう》五嶽《ごがく》諸老《のしよらうを》、聚會《しゆゑして》惠水一脉《みやくの》衆流《しゆりうを》而、前《ぜん》當《たう》三日、苦修《ねんごろにしゆす》諸般白《しよはんのびやく》業《ごふを》也、或《あるひハ》修禮圓《しゆらいしゑん》通妙《づうみやう》懺《さんを》、或《あるひハ》騰寫《たうしやすること》七軸《ちくの》金文《こんもんを》一部、法泉主《しゆ》盟《めい》、爲《つくる》之銘《これがめい》、筆《ふでうるほつて》濕如鳳瞻《ごとくほうのあかるが》、語妙似《ごめうにしてにたり》麟《りんの》出《いづるに》、或刻《あるひハこくてうすることかう》彫高顯樹《けんじゆ》王《わうを》一基《き》、定林和尚爲《つくる》之章《これがしやう》、獅《し》子《し》吼《く》無《む》畏《い》說《せつ》、漏《ろ》泄《せつして》家風《かふうを》、了無《ついになし》剩《じやう》語《ご》、看二《ミよに》儀《ぎ》覆《ふ》載《さいし》、龍《りよう》虎《こ》吟《ぎん》嘯《せうす》、正《しやう》當此日《たうこのひ》、颯《ふう》演《ゑんするの》大《だい》佛《ぶつ》頂《ちやう》万《まん》行《ぎやう》、首《しゆ》楞《れう》嚴《ごん》神《しん》咒《しゆを》之次《ついで》、勞《らうして》瑞雲《ずいうんの》古《こ》佛《ぶつを》、燒《たかしむ》一辨《いちべんの》兜《と》樓《ろを》、龍《りよう》章鳳《しやうほう》姿《し》、道《だう》德盈《とくミちて》內《うちに》、進《しん》退中《たいあたる》規《きに》、猗《あゝ》與、那《おゝいなるかな》與、吾《わが》門宗《もんのそう》匠《しやう》、如《ごとし》廣《くハう》廈有《かのあり》梁《うつばり》、有《あつて》棟《むなぎ》、不《ざるが》傾《かたぶき》壓《おさ》、如《ごとく》三《さん》鼎《てい》相《のあい》捧《さゝぐるが》、因《よる》三學《がくの》相《あい》薫《くんずるに》矣、臨《のぞんで》此散《このさん》筵《ゑんに》、小比丘純季、曲《まげて》倚《よりよつて》據籌《ちう》室《しつに》、東《とう》倒《たう》西《せい》擂《らい》、胡《う》說《せつ》乱《ろん》談《だん》、將《もつて》錯《しやくを》就《つく》錯《しやくに》、繫《あゝ》汗《かん》顏《がん》、又《また》且《かつ》太守源公、遠《とをく》附《ふ》

與《よして》一枝栴檀《しのせんたんを》、使《して》《しむ》惠林供《をくうぜ》他眞前《たのしんぜんに》、謹《つゝしんで》爇《ぜつ》一向寶炉《かうしてハうろに》、奉《たてまつる》供《く》養《やうし》本《ほん》師《し》大覺《かく》世《せ》尊《そん》、一切諸如來《さいしょにょらい》、一切諸菩薩《ぼさつ》、殊當忌敎主《ことにたうきけうじゅ》、虛《こ》空藏《くうざう》、大士及至《だいじぎふし》、一切賢聖《けんじやう》、四七二三國列祖《のれつそ》、二界六《にかい》欲《よく》諸天、仙衆扶桑國《せんじゅふさうごく》裡《り》、大小神祇《のじんぎ》、一切含識等《のがんしきとうに》、伏《ふして》希《こひねがハくハ》、大居士、乘這箇之薰力《じようしてしやこのくんりきに》、普導《あまねくミちびいて》迷倒之衆《めいたうのしゅを》、而共坐《ともにざせしめ》光明雲臺《くハうミやううんたいに》、永遠離《ながくをんりし》八万閻浮《まんゑんぶを》、親《したしく》歆令孫至心之獻羞《うけてれいそんしんのけんしうを》、同降《おなじくくだらんことくハん》歡喜樓《ぎのろうに》、

恭《うや〳〵しく》惟《おもんミれハ》、慧林寺殿機山玄公大居士、文武兼《ぶんぶかね》備《そなハり》、敎禪雙修《けうぜんならびしゅす》、曾遊《かつてあそんで》天台門《てんだいのもんに》、一乘妙法《しようのめうほふ》、深究蘊奧《ふかくきハめうんをうを》、更扣《さらにいて》岐秀室《きしうのしつを》、百則公案《ひやくそくのこうあん》、親《したしく》稱《しやうす》罷休《ハきうと》、師資互讓《ししたがひにゆづり》、針芥相投《しんけあいとうす》、法戰《ほふせん》一場《じやう》、立《りつし》三軍軌則《ぐんのきそくを》、遊戲三昧《ゆけまい》、定万古《さだむばんこの》徽猷《きゆうを》、峭巍《せうぎ》〱、孤迥《こけい》〱、轉轆《ろく》〱、飽駒《ハうかう》〱、禮《らいして》智勝佛《ちしやうぶつを》、當下悟《たうげにさとる》水因《すいいんを》、有權《ありごん》、有實《じつ》、唱《となへて》關山曲《くハんざんのきよくを》、機前見《きぜんにミる》自性《じじやうを》、無喜《なくき》、無《なし》憂《ゆう》、如《ごとく》金獅子《こんししの》反擲《へんてきするかに》、似《たり》香象王《かうざうわうの》截流《せつるするに》、名實之《なハじつの》賓《ひん》、斬《きつて》南陽兇《なんやうのきようを》而、決《けつす》勝《かつことを》千里《せんりに》、禮德之本《れいハとくのもと》、破《やぶつて》北粵軍《ほくゑつのぐんを》而、振《ふるふ》威《ゐを》諸侯《しょこうに》、未《いまだ》《ざるに》出《いで》予《よ》育《いくの》襁《きやう》褓《ほうを》、早輝《はやくかゞやかす》正續箕裘《しやうぞくのききうを》、此故《このゆへに》、以《もつて》勝《かつて》爲《す》小《おさな》名《など》、峻機妙用《しゅんきミやうゆう》、神《しんも》叵《がたく》料《はかり》、由《よつて》蛤《はまぐりに》發《はつす》生智《せいちを》、令聞廣譽《れいぶんくハうよ》、人《ひと》焉《いづくんぞ》廋《かくさん》、如《ごとく》呂律《りよりつの》合《かなふ》節《せつに》、似《にたり》鐘鼓《しようこの》隨《したかふに》桴《ばちに》、善哉《よいかな》、唯我獨尊《ゆいがどくそんの》勝旗《しやうき》、昔《その》年《かミ》、覆《おほひ》扶桑域《ふさうのいきを》、奇矣《きなるかな》、大聖《だいしやう》明王遺像《のゆいざう》、今《こん》日《ちん》鎭《す》惠林丘《のきうに》、現《げんじて》法性身《のミを》、遊《あそび》法性土《のどに》、轉《てんじて》般若智《はんにやのちを》、揮《ふるふ》般若矛《はんにやのほこを》、加之《しかのミならず》、周詩三百《しうしはく》篇《へん》、獨嫌《ひとりきらひ》赤甲《せきかふ》一牀少隘《しやうのしやうあいなるを》、倭歌卅一字《わかさふいちじ》、自《ミづから》促《うながす》白櫻兩《はくあうりやう》袖吟遊《しうのぎんゆうを》、量《りやう》包《かね》天池廣《てんちのひろきを》、才《さい》比《ひす》夏《か》木稠《ぼくのしげきに》、到《いたりて》這裡《しやりに》、大圓鏡中《だいゑんきやうちう》、眞《しん》如《によ》離《はなれ》諸相《しよさうを》、畢竟空處《ひつきやうくうのところ》、夢幻《むげん》同《おなじ》一漚《いちをうに》、笑《わらひ》棚頭《ばうとうに》弄《ろうずることをくハい》傀儡《らいを》、嘆《たんず》世上樂《せしやうのたのしむことを》蜉蝣《ふゆうを》、從上《じうじやうの》椎儲《ついちよ》一章《しやうハ》、慶揚《けいやうす》大居士備德《のびとく》、万之《まんが》一《いつを》也、脫《もし》能《よく》委曲《いきよくにて》提撕《ていぜいせハ》、海口《かいく》難《もがたし》宣收《せんしうし》矣、

玄纂編東法季禪師說禪法語

*東法季禪師索語

*龍水座元との質疑

別《べつに》有《あり》下覆蔭《ふいんし》後昆《こうこんを》二而、衞《ゑいごする》二護國家《こくかを》一底之那《ていのな》一句《いっく》上、諸人《しょにん》諦聽《たいちょうすや》也、還不《またいなや》乎、子葉孫枝《しゑふそんし》、無《なき》レ限《かぎり》處《ところ》、大椿《だいちんなを》猶輸《まく》二八千籌《はっせんちうを》一、喝《かつ》一喝、

惠林寺殿機山玄公大居士、一百三十三回遠忌、甲陽太守、源公請東法季禪師、說禪法語 小子玄纂編

師進《すゝんで》二文殊眞前《もんじゅのしんぜんに》一、燒香《せうかう》三拜《はい》攝《かきおさめて》レ衣《ころもを》、遽《よる》レ座侍《ざにじ》者《しゃ》禪悅、進《すゝんで》而燒《たきて》二請法香《しやうぼふかうを》一而、取《もって》二案上《あん》拂子《しやうのふっすを》一、拈《ねんじて》云《いハく》、只《たゞ》箇《この》一莖草《きやうさう》、能殺《よくころし》レ人《ひとを》、能活《くハっす》レ人《を》、神農氏《しんのうし》嘗《なむるにこれをなく》レ之無《》レ口《くち》、曼殊師《まんじゅし》求《もとむるに》レ之無《これをなし》レ路《みち》、扁鵲倉公《へんじやくさうこう》、豈《あに》能製裁《よくせいさい》用《しもちひん》麼《や》、遍現《へんげんするときハ》則、彌綸盡《ミりんしじん》二沙界《しゃかいに》一、收攝《しゅせつするときハ》則、歸入《きにふす》二剎《せつ》微塵《ミぢんに》一、觸《ふるゝや》二箇能《このうに》一、麼釋迦老子《しゃからうし》、浴《よくし》二垢《あかを》於尼連《にれん》河《がに》一、中《あたるや》二箇毒《このとくに》一、麼金粟覺王《こんぞくかくわう》、示《しめす》二疾《やまひを》於毘耶《ひや》離《りに》一、以至《いし》四七二三、天下老《のらう》凍膿《とうのう》、箇々《こゝ》建《たて》二法幢《ほうどうを》一、處々《しょゝ》立《りっす》二宗旨《しゅうしを》一、一等《とうに》不《ず》レ出《いで》二者《しゃ》箇《この》氣息《きそくを》一、闍梨《しゃり》今日《こんにち》、到《いたりて》二德山万仞嶮崕《ばんじんのけんかい》、人《じん》迹不到處《せきふたうのところに》一、忽然《こつねんとして》拾《ひろひ》二得《ゑ》者箇《しゃこを》一、束縛《そくばくし》將來《もちきたりて》、度《とよして》二與和尚《おしやうに》一而、直下《ぢきげに》要《ようす》レ令《しめんと》下坐却《ざきやくし》二天下人《のひとの》舌頭《ぜっとうを》一去《さら》上、如何《いかんが》受用《じゆようし》去《さらん》、師云、應機《をうき》接物《せつもつ》者云、和尚恁麼《いんもに》、口吧《くちは》々《ゝ》地《ち》這箇《しゃこ》、道《いハゞ》二脫体《だったい》不是《ふぜと》一、又作麼生《またそもさん》、師云、要《やうせバ》レ用《もちひんと》便《すなハち》用、更勿《さらになかれ》二遲疑《ちぎすること》一者云、佛祖大機《ぶっそのだいき》、全《まったく》歸《きししやう》二掌《》握《あくに》一、人天命《にんてんのミやう》脉《ミやく》、悉受《ことぐくうく》二指呼《しこに》一、便《すなハち》度《と》二與《よす》拂子《ほっすを》一、師接得《せっとくして》云、西天《さいてんの》四七・東土《とうどの》二三、只傳《たゞつたふ》二者箇些子《しゃこのしゃしを》一、

索語《さくご》

師拈《ねんじて》二拂子《ほっすを》一云、紫羅帳裡《しらちやうり》、全無《まったくなし》二隱見《おんけん》一、青油幕下《せいゆバくか》、豈《あに》レ乏《とぼしからんや》二籌良《ちうりやうに》一、昔年《そのかミ》、少室峰前《せうしつほうぜん》、明《あきらかに》修《しゆし》二棧道《さんだうを》一、黃梅路《わうばいろ》上《しやう》、暗度《あんにどす》二陳倉《ちんさうを》一、今日德山門下《もんか》、幸《さいハひに》是《これ》堅《かたふす》二壕壘《かうるいを》一、法戰場中《はふせんじやうちう》、不《ず》レ妨《さまたげ》露《あらハすことを》二鋒鋩《ほうバうを》一、有麼有麼《ありや》、

龍水座元《りようすいぞげん》、出《いでゝ》レ衆《しゆを》云、遊《あそんで》二法性眞如門《はつしやうしんによのもんに》一、有《あり》レ問《もん》有《あり》レ答《たふ》、鳴《ならして》二惠林圓轉鼓《ゑんてんのつゞミを》一、中《あたり》レ矩中《くにあたるきに》レ規、到《いたりて》二文殊《もんじゆの》

眞禪客との質疑

眞前《しんぜんに》、燒香《せうかう》三拜《はい》、臨《のぞんで》席《せきに》云、化門《けもん》大啓《おほいにひらく》、不《ず》惜《をしま》口業《くごふを》、說與宗乘《せつよしたまへしうじようを》、師云、只能休念《たゞよくやめよねんを》、動《とうずれバ》念《を》便乖《すなハちそむく》、進《すゝんで》云、記得《きとくす》楞伽《れうが》經《きやうに》曰《いハく》、華《け》香雲《かううん》樹《じゆ》、即《すなハち》法界法門《ほつかいハふもん》、刹土《せつど》衆生《しゆじやう》、本《もと》十身之《じつしんの》正体《しやうたいと》、是端《これたん》的《てきなりや》否《いなや》、師云、元是《もとこれ》一精《いつしやう》明《みやう》、分《わかれて》爲《なる》六和《ろくわ》合《がうと》、進《すゝんで》云《いハく》、法界法門、還《かへつて》有《ありや》關鎖《くハんさ》麼、師云、看取棚頭弄《かんしゆせよほうとうにらうずることを》傀儡《くハいらいを》、抽牽《ちうけん》全《まつたく》藉《よる》裡頭《りとうの》人《ひとに》、進云、作麼生《そもさんか》、是十身正体《これじつしんのしやうたい》、師云、妙應《めうをう》無方《むほうにして》、不留《ずとゞめ》朕迹《ちんせきを》、進云、十身之《の》中《うち》、大居士淂《うるや》那箇身《このしんを》哉、師云、識《しき》淂《とくして》玄中《げんちうの》玄《を》、爲淂《なりゑたり》主《しゆ》中主《ちうのしゆと》、水云、即今《そくこん》證據《しようこせよ》看《みん》、師云、竹影《ちくゑい》拂《はらつて》堦《かいを》、塵《ちり》不《ず》動《どうせ》、月穿《とほつて》潭底《たんていを》、水無《みづになし》痕《あと》、水云、市中《しちう》拾《ひろひ》淂寶《ゑたりたからを》、比隣《ひりん》那《なんぞ》淂《ゑん》知《しることを》、師云、寶山《はうさんに》到《いたらバ》、又《また》須《すべからく》《べし》開《ひらく》眼《まなこを》、勿《なかれ》使《しむること》忙〻《バうくとして》空手《くうしゆにして》回《かへる》、眞禪客《しんぜんかく》出《いで》衆《を》云、德嶠《とくけう》雲《くも》高《たかし》、如《ごとし》望《のぞむか》數《す》千尋《せんじんの》鳥道《てうどうを》、惠《ゑ》山水《みづ》廣《ひろし》、似《にたり》窺《うかゞふにく》九万《まん》里鵬《りのほう》程《ていを》、欲《ほつして》臨《のぞまんと》席《せきに》云、石頭路《せきとうみち》滑《なめらかなり》、不《じ》如遊《しかあそバんにハ》五臺《ごたいに》、

即《すなハち》却回《きやうい》而《して》、到《いたりて》文殊《もんじゆの》眞前《に》云、有麼《ありや》有麼《ありや》妙《めう》吉祥《きちじやう》、有麼《ありや》禮拜《れいはいせんや》、便《すなハち》是《ぜ》不《ざらんか》禮拜《れいはいせ》、便《すなハち》是《ぜ》良《りやう》久《きうして》云、尊是劫《くそんこれこう》曠如來《ぐハうのによらい》、大智薩埵《だいちのさつた》、豈《あに》敢《あへて》欺《あさむかん》哉《や》、速禮《そくれいして》云、夫《それ》大《だい》聖尊妙《しやうそんめう》、吉祥《きちじやうハ》七佛《ぶつの》師表《しへう》、五臺主人《ごたいしゆじん》、東方万八千毫光《とうバうまんハつせんのかうくハう》請《しやうして》他《たを》、說《とかしむ》藥王瑞《やくわうのずいを》、南詢《なんじゆん》五十三《ご》智識《のちしき》、使《しむ》人知《してひとをしら》善財功《ぜんざいのこうを》、綠髮如《りよくハつごとし》雲《くもの》、箇〻《ここ》現童子相《げんしどうじのさうを》、白頭似《はくとうにたり》雪《ゆきに》、處《しよ》〻《く》示《しめす》聖僧形《しやうそうのかたちを》、一語《いちご》雖《いへども》受《うくと》粥篦《じゆくへいを》、二見《にけん》豈《あに》貶《へんぜんや》鐵圍《てついに》、只願《たゞねかハくハ》入《につ》淂《とくして》不二法門《ふにのハふもんに》、通了《つうれうせんことを》無量妙義《むりやうのめうぎを》、師喚《よんでいハく》云、五臺山無《になく》文殊、闍梨《じやり》近《きん》前來《ぜんらい》、爲《ために》你說話《なんぢがせつわせん》、眞乃《すなハち》轉《てんじて》身《ミを》臨《のそんで》席《せきに》云《く》、學人《がくにん》、今日乍《たちまち》入《いる》叢林《さうりんに》、請《こふ》師《し》爲《ために》我《わが》、開示《かいじ》法《せよハう》要《ようを》、師云《く》、此問《このもん》大高生《たいこうせい》、何不《なんぞざる》向下問《かうげにとハ》、進云《すゝんでいハく》、記淂《きとくす》、臨濟和尚同《おなじく》普化《ふけと》、趣《おもふく》施主家齋《せしゆかのさいに》、次《ついで》師問《とふ》、毛《もう》呑巨海《のミこかいを》、芥納《けにいる》須彌《しゆミを》、爲《せんや》是神通妙用《これじんづうめうゆうと》、本体《ほんたい》如然《によねんたるかふ》、普化《ふけ》蹈《たふ》倒飯床《たうすはんじやうを》、師云、大鹿生《たいそせい》、普化云《く》、這裡《しやり》是《これ》什麼所在《なんのしよざいぞ》、說《とき》鹿說細《そとくさいと》、謹《つゝしんで》咨《し》問《もんす》、

毛《まう》呑巨海《を》、芥納《に》須彌《を》、爲《せんや》是神通妙用《これじんづうめうゆうと》、本体如《ほんたいによ》然《ねんたるか》、師云、展則《のぶるときハ》彌《み》綸法界《りんしほつかいに》、收則《おさむるときハ》、絲髮《しはつも》不《ず》立《りつせ》、進云《すゝんで》、普化踏《たふ》倒飯床《たうすはんじやうを》、爲《せんが》是出格見《これしゆつかくのけん》解《けと》、又《また》膽《たん》大鹿《だいそ》心《しんなるか》、師云、黼《ふ》黻大虛《ふつしてだいきよを》、難《かたく》量《はかり》其力《そのちからを》、進云、今日大《だい》會《ゑ》斎《さい》、有《あらバ》踏《たふ》倒《たうする》飯床《を》底、和尚如何《いかんが》接《せつ》渇《とくせん》、師打《うつて》案《あんを》云、一《いつ》拳《けんに》拳《けん》倒《たうす》黄《くハう》鶴《くハく》樓《ろう》、一《いつ》躍々《てきてき》翻鸚《ほんすあう》鵡《む》洲《しう》、眞云、磨《ま》礲《ろうして》三尺劍《さんじやくのけんを》持《じして》、斬《きる》不《ふ》平人《へいのひとを》、師云、我王庫《わがわうこの》內《うちに》、無《なし》如《ごときの》是刀《かくのかたな》、眞云、猶是黄檗陷虎《なをこれわうバくかん》機《このき》、師云斬《ざん》、眞云、金《きん》鎚影動《ついかげうごき》、寶《ハう》劍光寒《けんひかりすさまじ》、侍者《じしや》摋《さつして》云、上座《いハくじやうざ》卽今《そくこん》、有《ありや》踏《たふ》倒《たうする》飯床《を》底之《の》機用《きよう》麼、眞云、臨齋門《りんざいもん》下一隻《かのいつせき》箭《せん》、當《あたる》鋒《ほこさきに》者《ものハ》斬々《ざん〳〵》、者云、是《ぜ》卽《すなハち》是《ぜ》、大鹿生《たいそせい》、眞打云《うつていハく》、再犯不《さいぼんず》放《ゆるさ》、者云、活哉活哉《くハつさい〳〵》、眞云、曾騎鐵馬《かつてのつててつばに》、入《いる》重城《ちようじやうに》、敕下《ちよくくだつて》傳聞《つたへきく》、六國淸《りつこくのきよきことを》、師云、功《こう》成不《なつてざれバ》處《しよせ》、電光《でんくハうも》難《がたし》追《をひ》、

孤峯《こほう》座元出衆《を》云、出《いづる》水《ミづを》芙蓉《ふよう》池《ち》神任《しんのまかす》呵香《かするにかう》執《しうを》、參《さん》天荊棘《てんのけいきよく》、劣《れつ》器《き》豈《あに》窺《うかゞハんや》宗《しう》風《ふうを》、到文殊眞前《に》、炷《しゆ》香了《かうしおハりて》、臨《のぞんで》席《せきに》云、選《せん》佛場中《ぶつじやうちう》進《すゝめ》歩《あゆミを》來《きたるね》、願《がハくハ》示《しめせ》眞空《しんぐうを》、師云、我《わか》禪《ぜんハ》如《ごとし》蚌蛤《ハうかふの》開《ひらけバ》口《くちを》見《ミる》膽《たんを》、何《なんぞ》用《もちひん》探《さぐる》焉《ことを》、進云、記《き》渇《とくす》無《む》門開禪師、因《ちなミに》擧《こして》趙州狗子話《でうしうくしのわを》云、者一《このいつ》箇《こ》無字《のむのじ》、乃《すなハち》宗門第一關也《しうもんのだいいつくハんなり》、宗門公案《しうもんのこうあん》、不《ず》可《べから》勝計《あげてかぞふ》、因《よつて》甚《なに》以《ゝもつて》此話《このわを》爲《す》第《だい》一關《と》、願《ねがハくハ》爲《ために》我《わが》直示《ぢきじ》、師云、如《ごとし》嘗《なめて》一臠《いちらんを》知《しるが》鼎味《ていミを》、峰云、如《ごとし》鐘在《かねのあるが》簴《きよに》、似《にたり》鏡當《かゞミのあたるに》臺《たいに》、師云、三《さん》段不《だんず》同《おなじから》、妙著《めうにつけよ》眼《まなこを》、進云、這裡《しやり》却有透關底者《かへつてありやとうくハんていのもの》麼、師云、竹密不《たけミつにしてず》妨流水《さまたげりうすいの》過《すぐることを》、山高《やまたかふして》豈《あに》礙《さゑんや》野《や》雲《うんの》飛《とぶことを》、峰云、句《く》々有《あり》眼《まなこ》、高《たかし》於北《ほく》山半《さんはん》嶺雲《れうのくもよりも》、師云、賊々《ぞく〳〵》、峰云、從前《じうぜんの》汗馬《かんば》、無《なし》人識《ひとのしる》、只要《ようす》重《かさねて》論《ろんぜんことを》蓋代功《かいだいのこうを》、師云、渇々《とくのとくハ》不渇《ふとく》、不渇《ふとくの》渇《とくも》亦《また》渇《とくなり》、

纂《さん》禪客出衆《を》云、滴《したつる》露《つゆを》芙《ふ》蕖《きよ》、浥々《ゆう〳〵たる》色《しき》香《かう》、豈《あに》問《とハんや》前路《ぜんろを》、連《つらなる》天綠樹《てんにりよくじゆ》、童々《たう〳〵たる》枝《し》葉《ゑふ》長《ながく》覆《おほふ》

*纂禪客との質疑

孤峯座元との質疑

后昆《こうこんを》、更喚《さらによんで》侍者《じしやを》云、侍者侍者、勿《なかれ》喚喁《ぐうすること》罋甕裡《がいようりに》、出來《いできたりて》而游泳洋《いうゑいせやう》海中《かいのうちに》、者云、埰生《あづちなつて》招《まねく》箭《やを》、有《あらバ》問致來《もんいたしきたれ》、纂云、我向《われむかふて》五臺山《に》、欲《ほつす》禮拜《れいはいせんと》文殊《もんじゆを》、請《こふ》指點《してんせよ》路頭《ろとうを》、者云、步〻《ぶぶ》是《これ》你《なんぢか》證明處《しようミやうのところ》、求《もとめて》五臺山《を》、爲《せん》甚麼《なにか》、纂指《さして》畫《ぐハ》幀《とうを》云、這箇《しやこの》惟肖《いせう》、拋《ハう》下《げして》如意《によゐを》、寄《き》傲猛《がうすまう》獸《しうに》、是文殊也《これもんじゆなりや》、否《いなや》、室《しつに》掛《かく》文殊拋如《なげうちてによ》意《いを》倚《よりて》獅子睡《にねぶる》像《ざうを》者云、畫《ぐハ》餅無充飢好《びやうなくんバミつることうへをよし》、纂云、分明《ふんミやう也》、紙上《しじやうの》妙王《めうわう》子、盡《つくして》力《ちからを》高聲《かうせいに》喚《よべども》不應《ずこたへ》、不如參《じしかさんぜんにハ》和尚《に》、者云、與麼《よもならバ》隨《したがひ》吾《われに》來《きたれ》、指點《してんせん》你《なんぢに》此路《このろ》頭《とうを》、纂臨《のぞんで》席《せきに》云、忽入《たちまちにつ》淂作《とくすさく》家爐鞴《けのろはいに》、願《ねがハくハ》拈《ねん》掇《てつ》向《せよかう》上鉗鎚《じやうのけんついを》、師云、還《かへつて》記淂《とくすや》話頭《わとうを》麼、試《こゝろミに》擧看《こせよミん》、進云、惠照《ゑせう》大師示《しめして》衆《に》云、身《しんハ》依《よつて》義《ぎに》立《りつし》、土《どハ》據《よつて》体論《たいにろんず》、法性身《ほつしやうのしん》、法性土《ほつしやうのど》、明《あきらかに》知《しる》是光影《これくハうゑう》、欽咨《つゝしんでとふ》、如何是法《いかなるかこれほつ》性身《しやうのしん》、師云、無《む》邉薩埵《へんさつた》、難《がたし》量《はかり》其頂《そのいたゞきを》、纂云、猶《なを》是桀《これけつ》犬吠《けんほふ》堯《ぎやうを》、師云、你底那《なんぢていな》、進云、如何、是法《これ》性土《の》、師云、遍《へん》現《げんするときハ》則、該《かね》周《しう》砂界《しやかいを》、收攝《しゆせつするときハ》歸《きす》一微塵《いちミぢんに》、進云、畢竟《ひつきやう》弄《ろうずる》光影《くハうゑうを》、底是什麼物《ていこれなにものぞ》、師云、識《しき》淂本心本性《とくするもほんしんほんしやうを》、正是《まさにこれ》宗門《しうもんの》大病《たいびやう》、纂云、認《とめて》個《この》照〻靈靈《せう〳〵れい〳〵を》、落在《らくざいす》驢前馬後《ろぜんばごに》、師云、何呵《あか》呵、誰《たれか》弁別《べんべつせん》、万頃《ばんきやうの》煙波《ゑんは》、一《いつ》鈎《かうの》新月《しんげつ》、纂云、動搖《どうゑうに》擧《あぐ》古路《ころを》、不《ず》墮《だせ》悄然《せうぜんの》機《きに》、直到《ぢきにいたりて》長禪《ちやうぜん》和尚前《のまへに》云、學人《がくにん》不《ず》避《さけ》喪身失命《そうしんしつミやうを》、万仞《ばんじんの》嶮《けん》崕《がい》進《すゝめ》歩來《ほをきたる》、願《ねがハくハ》聞《きかん》爲人《いにんの》句《くを》、長禪和尚云、老《らう》倒《たう》無《なく》端《はし》入《いる》荒艸《くハうさうに》、纂云、茲日《このひ》、法筵《ほふゑん》、辱《かたしけなふして》傜《ゑう》役《ゑきを》而、親《したしく》淂《ゑたり》接《せつすることを》芝眉《しひを》、誠《まことに》海中《かいちうの》盲亀《まうき》、如《ごとし》逢《あふが》浮木《ふぼくの》時《ときに》、龔《つゝしんで》綴《つゞつて》蕪辭《ぶしを》、欲《ほつす》献《けんぜんとや》野芹《きんの》痴《ちを》、和尚爲《ために》我《わが》指麾《しきせよ》、長禪和尚云、誠《まことに》擧《こせよ》看《ミん》、纂云、出《いづる》岫《くきを》瑞雲《ずいうん》、播《ほどこし》潤色《じゆんしよくを》於千里《せんりに》、麗《つく》天《てんに》果日《かうじつ》、頒《あがつ》灵光《れいくハうを》於四維《しゆいに》、陰陽《いんやう》有《あり》則《のり》、覆載《ふさい》無《なし》私《わたくし》、恭以《うや〳〵しくおもんミれバ》、長禪大禪佛、人《にん》天《てんの》領袖《れいしう》、今古《こんこの》宗師《しうし》、佩《おび》毘盧《びるの》印《いんを》於九重《きうちように》、棒頭《ばうとうに》挑《かゝぐ》關《くハん》山月《ざんのつきを》、歸《きして》直指《じきしの》禪《ぜんを》於一握《いちあくに》、屋裡《おくりに》刷《かいつくろふ》曹溪《さうけいの》儀《ぎを》、僉言《ミないふ》、天上鴻鵠《てんじやうのこうこく》、正是《まさにこれ》人中《にんぢうの》狎獅《しし》、越格《をつかくの》機鋒《きほう》、全《ぜん》提《ていし》臨濟築擧氣《ちくけんのきを》、克家作畧《こくかのさりやく》、彈《だん》厭雲岩跳竈児《あつすうんがんてうさうのじを》、屋漏齋行《おくろうひとしふしかうを》、高標中規《かうへうあたるきに》、如《ごとき》小沙彌《せうじやミが》性《せい》、昏蠡測《くらくれいしきに》、智窄《ちハすぼく》管窺《くハんきに》、打却諸《だきやくしてしよ》方葛藤《ハうのかつたうを》、閃電機裡《せんでんきり》、豈《あに》弁端猊《べんぜんやたんげいを》、拈《ねん》得三《とくしてさん》玄戈甲《げんのくハかふを》、法戰場中《ほつせんじやうちう》快《くハいに》、立勝旗《りつすしやうきを》、頼陪《さいハいにばいす》衆會《しゆゑに》、願施《ねがハくハほどこしたまへ》大慈《だいじを》、長禪和尚云、從《より》小出《せうしゆつ》家《け》、今已老見人《いますでにおふミてひとを》、無力《なしちから》下禪牀《くだるにぜんしやうを》、纂云、袖《そでにして》丹霞劈佛之手《たんかひつぶつのてを》、藏《かくす》黄檗陷虎之機《わうバくかんこのきを》、長禪和尚云、山僧從來柳下惠《さんぞうじうらいりうかけい》、纂云、瞻之仰之《ミこれをあふくこれを》、速禮而《そくれいして》退《しりぞゐて》云、扶過斷橋水《たすかつてハすぎだんけうのミづを》、伴歸無月村《ともなつてハかへるぶげつのそんに》、師云《いハく》、江上晩來堪《かうじやうばんらいたへたる》畫處《ゑかくにところ》、漁人被得一蓑《ぎよじんひしゑていつさを》歸《かへる》、

恕禪客との質疑

恕《じよ》禪客出衆《を》云、望《のぞむ》南《なん》詢風《じゆんのふうを》、袈裟《けさ》下《か》隨《したがひ》他歩《たのぼ》武《ぶに》、開《ひらく》東《とう》漸法《ぜんのほふを》、活炉鞴練《くハつろはいねり》得癡獃《うちがいを》、到文殊眞前《に》云、有麼有麼《ありやありや》、文殊大士有麼、打《うつて》云、尽《つくして》力《ちからを》高声《かうせいによべとも》喚不《ず》膺《こたへ》、五臺山無《なし》文殊、何用《なんぞもちひん》禮拜《れいはいすることを》、乃臨席《すなはちのぞんでせきに》云、學人恁麼來《がくにんいんもにきたる》、請《こふ》和尚、通《つうぜよ》個消息《このせうそくを》、師云、覩《し》聽有所《ていもありところ》不到《ざるいたら》、言詮有《ごんせんもあり》所《ところ》不及《ざるおよば》、如何《いかんが》通《つうぜん》個消息《このせうそくを》、恕云、鐵壁銀山《てつへききんざん》絶《ぜつす》來往《らいわうを》、師云、滿把驪珠《まんはのりしゆ》、撤《さつ》向人來《かうしひとにきたれ》、進云、記得《きとくす》、瑯瑘覺禪師《らうやかくぜんじ》云、君臣道合《くんしんだうかう》、尚是法《なをこれほつ》身邊事《しんへんのじ》、君不見《きミず》君《ミきミを》、臣不見臣《しんずミしんを》、尚是法身《なをこれほつしん》向上事《かうじやうのじ》、向上向下《かうじやうかうげ》、使《してしむ》汝心《なんぢがこゝろを》不安《ふあんなら》、良久《りやうきうして》云、饒使《たとい》僧繇手《そうようがても》、難《がたし》寫《とうつし》誌公眞《しこうのしんを》、謹《つゝしんで》咨《とふ》和尚《に》、如何是法身邊事《いかなるかこれほつしんのじ》、師云、淨智圓《しやうちゑん》明《ミやうにして》、体如虚空《たいごとしこくうの》、恕云《いハく》、大虚無雲《だいきよなくくも》、清鏡《せいきやう》無痕《なしあと》、師云、白日青天《はくじつせいでん》、無《なかれ》窼《ミ》語《こすること》、進云、如《いかなる》何是《かこれ》法身向上事《の》、師云、眼《まなこ》見如盲《ミてごとくまうの》、口說《くちといて》如《ごとし》唖《あの》、進云、向上向下、使汝心《がを》不安《なら》、又作《またそ》麼生《もさん》、師云、向上向下、使《しむ》汝心安《なんぢがこゝろをやすから》、恕云、狼毒肝腸《らうどくのかんちやう》、生鐵面目《しやうてつのめんもく》、師云、我手《わがて》何似佛《なんぞにたるぶつ》手《しゆに》、恕云、是精知精《これせいしるせいを》、侍者提《てい》起座具《きしてざぐを》、撈《さつして》云《いハく》、者箇屬《しやこぞくするか》向上《に》、屬《するか》向下《に》、恕《じよ》云、二途《に》倶《とともに》

龜禪客との質疑

不《ず》レ涉《わたら》、一《いつ》劍《けんよつて》倚レ天《てんにすさまじ》寒、者云、苦《く》瓠《こ》連《つらなつて》レ根《ねににがく》苦、甜《てん》瓜《くハてつしてほぞにあまし》徹レ蔕甜、恕云、且《しばらく》道屬《いへぞくするか》二向上《に》一屬二向《か》下一、者打《うつて》云、上《かみとほりせう》透二霄漢《かんに》一、下《しもてつすくハうせんに》徹二黄泉一、恕云、直《ぢきにゑたりでんてんじほしめぐることを》淂二電轉星旋一、者云、錯《しやくく》ゝ、恕云、始《はじめハしたがつて》隨二芳《ハう》艸《さうに》一去《さり》、又《またおふてらくくハをかへる》逐二落花一回、師云、蹈《たつ》二破《ハしてさうあいを》草鞋一、爲《せん》レ什《なにか》麼、

龜《き》禪客出レ衆《を》云、祖《そ》敎《けうかへし》回レ春《はるを》、追《おふて》レ香《かをせう》逍遙《ゑうす》、雜《ざつ》華《け》界《かいぜん》禪林《りん》、改《あらためミものをひいてかつをせい》レ觀曳レ葛躋攀《はんす》、乾《けん》德《とく》山到《さんいたりて》二文殊《のしんせんにはくすることを》眞前一、拍レ手一下《げ》、瞪《とうもくしていハくきやうにあり》目云、經有二經《きやう》師《し》一、論《ろんにあり》有二論《ろん》師《じ》一、誰《たれかくハんぜんなんぢをすなハちのぞんでせきに》管レ汝、乃臨レ席云、圓《ゑん》通《づう》門《もんおほひに》大開《ひらく》、願《ねかハくハして》使《しめよ》二我《われをにつ》入レ淂《とくしさら》去一、師云、從《より》レ門入《もんいる》者《ものハあらず》、不二是《これ》家《かちんにすゝんでいハく》珍一、進云、記《き》淂《とくす》、西堂藏《ざう》和尚、一日《ふしやうするついで》普請次云、因《いんぐハれき》果歷然《ねん》、爭《いかんが》奈何時《せんときにあり》、有レ僧出《そういでゝ》、以《もつててをたくすちを》レ手托レ地、堂云、作《なす》二甚《なにをか》麼一、僧云、相《あひ》救《すくへ》相救、堂云、者《しや》箇《この》師《し》僧《そう》、猶《なをあたれりしやしに》較二些子一、僧拂《そうほつ》袖《しうして》便《すなハち》走《はしる》、堂云、獅《し》子《し》身《しん》中《ぢうの》虫《むし》、自《ミづからくらふとし》食二獅子《しの》肉一、謹《にくをつゝしんでとふ》咨、僧以《そうもつててをたすくちを》レ手托レ地、此《この》意《い》作《そ》麼《も》、師云、

大《おほひにたり》似レ喪《さうするにかう》二考妣《ひを》一、亀云、蒼《さう》天《でん》蒼天、師云、箇《この》野《や》狐《こ》精《ぜい》、進云、堂云、者《しや》箇《この》師《し》僧《そうなをあたれりと》猶較二些子《に》一、未《いぶかし》審此《このそうちやうしよありや》僧長處、師云、同《どう》坑《けうになし》無二異《い》土《と》一、進云、僧拂袖《しうして》便走、此《この》意《い》作《そ》麼《も》生《さん》、師云《しのいハく》、他《た》家《けに》自《おのづからあり》有二神《しん》仙路《せんのミち》一、亀云、劍《けんかくいへども》閣雖二路嶮《ミちさがしと》一、夜《や》行人《かうひとさらにおほし》更多、侍者云、亀禪客、與《あたへんなんぢにかう》二你好箇《この》浮《ふ》木《ぼくをめぐらしかうべをきたれ》一、回レ首來、亀云、金《こんち》地招《まねりバてを》レ手、江《かう》陵點《れうてん》頭《とうす》、者云、不《ふ》落《らくいん》因果《くハ》、因《よつてか》レ何《なんにだす》墮二野《やこに》狐一、不《ふ》昧《まいいん》因果《ぐハ》、因《よつてか》レ何《なんにたつすや》脫二野狐《こを》一、亀云、異《ことなるよりミるときハ》見レ之《これを》、則肝《かん》膽《たんも》楚《そ》越《えつ》、同《おなじきよりミるときハこれを》見レ之、則楚《そえつもかん》越肝膽《たん》、者云、道《いふことハ》便《すなハちはなはだいふ》然道、只《たゞいひ》道二淂《ゑたりはちじやうを》八成一、亀云、上《じやう》座《ざ》底《ていいへ》道看《ミん》、者云、無《なければべき》レ可二揀《けんぢやくす》擇一、眼《げん》界《かいたいらか也》平、亀云、無《む》二心《しんに》於事《じに》一、無《ぶ》二事《じなれバ》於《しんに》心一、自《じ》然《ねんにきよにして》虛而、靈《れいくうにして》空而妙《めうなり》、者云、遲《ち》八《はち》刻《こく》、亀云、一《いち》條《でうの》主《しゆ》丈《じやう》、爲《なつて》二知《ち》己《きと》一、繫《きやく》三碎《さいすせん》千《くハんととを》關與二万《ばん》關《くハん》一、師云、衲《なふ》僧《そう》家《け》、朝《あしたにハさん》三呉《ご》、暮《くれにひやく》百越《ゑつ》、正《まさにおそる》恐坐《ざ》二在《ざいすることを》者《しや》裡《りに》一、

英禪客との質疑

英《えい》禪客出《て》衆《を》云、東《とう》請《しやう》南《なん》詢《じゆん》、忽《たちまちにはなる》離舊《きう》窩《くハ》窟《くつ》裡《りを》、文《ぶん》韜《とう》武《ぶ》畧《りやくぢきにむかふほふ》、直向法《ぜん》戰場《じやうちうに》中、到《いたりて》文殊眞前《に》、蹈《たふ》一蹈《して》云《く》、三《さん》世諸《ぜのしよ》佛在《ぶつもあり》脚《きやく》跟《こん》下《かに》、歴《れき》代祖《たいのそ》師在《しもあり》脚《きやく》跟《こん》下《かに》、乃轉身臨席《すなハちてんじてミをのぞんでせきに》云、端《たん》居寰海《ごしてくハんかいに》、定《さだむ》竜蛇《りようじやを》、作家眼目《さくけのけんもく》、豁《くハつ》開《かいして》化《け》門《もんを》、弁《べんず》邪《しや》正《しやうを》、法《ほつ》窟英《くつのえい》雄伏《ゆうふして》願《ねがハくハ》、開《かい》示《じせよ》本分向上事《ほんぶんかうじやうのじを》、師云、風吹《かぜふいて》石《せき》臼《きうを》、通《つうず》馬《ば》耳《にを》、進云、記得《きとくす》、虚《き》堂《だう》和尚上堂云《じやうだういハく》、炎《えん》威《い》三《さん》伏《ふく》、不《ず》為《せ》苦凉風四來《くとりようふうしらい》、不《ず》為《せ》樂々中有苦《らくとらくちうにありく》、人《ひと》不《ず》知苦中有樂《しらくちうにありらく》、人不《ひとず》會《ゑせつゝしんでとふ》謹咨、如何是樂中《いかなるかこれらくちうの》苦《く》、師云、國王《こくわう》御《きよするや》天下《てんかを》麼、雖《いへとも》坐《ざすと》金殿《きんでんに》、不《ず》忘《わすれ》蒼生《さうせいを》、進云、如何是苦中樂《いかなるかこれくちうのらく》、師云、逃《のがれ》可《べきの》畏《おそる》之暑《しよを》於竹塢《ちくうに》、暴《さらす》可愛之日《べきあいすのひに》於茅簷《バうゑんに》、進云、不《ざるかゝ》拘《はら》苦樂《く》、底一句《ていのいつく》作麼生《そもさん》、師云、茅《バう》簷《ゑん》相《あい》對《たいして》坐《ざして》、終《おほふ》日《ひを》一鳥《いつてう》、不《ず》鳴山《なかやま》更《さらに》幽《かすか也》、英云、莫《なかれ》守《まもること》寒《かん》岩《かん》異《い》艸青《さうのせいを》、坐《ざ》却《きやくする》白雲《はくうんに》宗《しう》不《ず》妙《めうなら》、師云、現《げん》成受《じやうのじゆ》用《よう》、大《だい》難《なん》大難《く》、英云、幽《いう》鳥《てう》語《ご》喃々《なんく》、辞《じして》雲《くもを》入《いる》乱峯《らんほうに》、師云、風光《ふうくハう》可愛《へしあいしつ》、公《こう》案《あん》未《いまだ》圓《まどかなら》、

*漸禪客との質疑

漸《ぜん》禪客出衆云《いハく》、鬣《れふ》々《くたる》緑《りよく》蒲《ほ》、魔《ま》外《げ》臨《のぞんで》風《ふうを》、倒《さかさまにす》戈《ほこを》於水上《すいしやうに》、團《だん》團《くたる》荷《か》葉《ゑふ》、竜《りよう》天《てん》推《をして》轂《こくを》、捧《さゝぐ》蓋《かいを》於池頭《ちとうに》、到文殊眞前、炷《しゆ》拜《はいし》了《おハつて》臨《のぞんで》席《せきに》云、欲《ほつしてきハめんと》窮千里目《せんりのめを》、更上《さらにのぼる》一層樓《いちそうろうに》、願《ねがハくハ》聽《きかん》向上一句《かうじやうのいつくを》、師云、登山《のぼらハやまに》、須《すべからく》到《いたる》頂《いたゞきに》、渉《わたらバ》海《かいを》、須《すべからく》到《いたる》底《そこに》、進云、記《き》淂《とくす》、丹霞然《たんかねん》禪師、問《とふ》僧《そうに》、甚處來《いつれのところよりきたる》、僧云、山《さん》下來《かよりきたる》、師云、喫《きつし》飯《はんをおハるやまた》了也、未云喫《いまだしやきつし》飯了《はんをおハる》、師云、將《もつてはんをあたへて》飯與汝《なんぢに》喫《きつせしむるていのひとかへつてぐするやまなこを》底人還具眼麼、僧無《そうなし》對《たいつゝしんで》、謹咨《し》詢《じゆんす》、僧云、喫《きつし》飯了《はんをおハるといぶかしこのそうあたるやしやしに》、未審這僧較些子麼、師云、似《にたり》據《よつて》款結《くハんにけつするに》案《あんを》、進云、這中《このうち》別有《べつにありや》與《あたへて》飯《はんを》喫《きつせしむるていのひと》底人麼、師云、問《もん》取賓頭盧尊《しゆしびんづるそん》者《しやに》去《され》、漸云、和尚困那《こんするな》、師云、蹉過了也《しやくハりやうや》、進云、箇一堂僧《このいちだうのそう》、却有《かへつてありや》具《ぐする》眼《まなこを》底《てい》麼、師云、有《あり》、漸云、見之不《ミてこれをされバ》取《とら》、思《おもふことこれを》之千《せん》里《り》、師云、

龍禪客との質疑

盲《もう》者《じやの》不《ざるハ》見《ミ》、非《あらず》日《じつ》月《げつの》咎《とがにハ》、漸便《すなハち》禮《れい》拜《はいす》、侍者撥《さつして》云《く》、上《じやう》座《ざ》見《ミて》箇《かこの》甚《なんの》道理《どうりを》、便《すなハち》禮《れい》拜《はいする》、漸云《いハく》、如《ごとし》人《ひとの》飲《のんで》水《みづを》冷《れい》暖《だん》自《じ》知《ちするか》、者云《いハく》、能《よく》護《ご》持《ぢせよ》、漸云、窮《きハむるを》諸玄《このげん》辯《べんを》、如《ごとく》一《いち》毫《がうを》置《をくか》於大虚《たいきよに》、竭《つくすも》世《よの》樞《すう》機《きを》、似《にたり》一《いつ》滴《てきを》投《とうずるに》於巨《こ》壑《がくに》、者云、牙《げ》如《ごとく》劍樹《けんじゆの》、口似《くちにたり》血《けつ》盆《ぼんに》、漸云、青松《せいしようハ》不《ず》碍《さへ》人《ひとの》來《らい》往《わうを》、野《や》水《すい》無《む》心《しんにして》、自《をのづから》去《きよ》留《りうす》、師云、相送《あひおくりて》當《あたれバ》門《もんに》、有《あり》脩《しゆ》竹《ちく》、爲《ために》君《きミが》葉《えふ》々《く》起《おこす》淸《せい》風《ふうを》、

竜禪客出《いで、》衆《を》云、參《さん》詳《しやうして》臨濟禪《りんざいのぜんに》、轉《てんじて》凡《ぼんを》成《なす》聖《せいと》、拈《ねん》得《とくして》德山棒《とくさんのぼうを》、欺胡《あざふきこと》、瞞人《まんずひとを》、眞到《ぢきに》文殊眞前、炷《しゆ》拜《はい》了《おハりて》臨《のぞんで》席《せき》云、願《ねかハくハ》打《だ》開《かいして》惠林法《のほつ》鼓《くを》、發《はつ》轉向《てんせよかう》上活《しやうのくハつ》機輪《きりんに》、師云、離《り》婁《ろうが》之明公《めいこう》、輸《ゆ》子《しが》之巧《たくミも》、不《されバ》以《もつて》規矩《せきくを》、不《ず》能《あたハ》成《なすこと》方圓《ハうゑんを》、竜云、有《あつて》三尺劍《さんじやくのけん》、可《べし》以《もつて》謁《えつす》趙國《てうこくに》、師云、詞《し》鋒《ほう》探《たん》艸《さう》、辨《べんす》當人《たうにんを》、進云、記《き》得《とくす》、趙州《てうしう》因《ちなミに》僧《そう》問《とふ》學人《がくにん》、乍《たちまち》入《いる》叢林《そうりんに》、請《こふ》師《し》直《ぢき》示《じ》、州云、喫《きつ》粥了也未《じくりやうやまたいまだしや》、僧云、喫《きつ》粥了也《じくりやうや》、州云、洗《あらひ》鉢盂《ほうを》去《され》、其僧有省《そのそうありとせい》

謹《つゝしんでとふ》咨問、學人上來離《がくにんじやうらいはなれて》古《こ》人《じん》底《ていを》、請《こふ》師《し》指《し》示《じせよ》、師云、喫粥了也《きつしくりやうや》、竜云、此是《これハこれ》古《こ》人《じん》底《てい》、別《べつに》轉《てんじて》請一《こふいち》着《ぢやく》、師云、貪《むさほれバ》多《たを》嚼《かむこと》不《ず》細《さいなら》、進云、州云、洗《あらひ》鉢盂《ほうを》去《され》、其僧有《そのそうあり》省《せい》、此意《このい》作《そ》麼《も》生《さん》、師云、如《ごとし》世良馬《よのりやうめの》見《ミて》鞭《べん》影《ゑいを》而疾行《とくゆくが》、進云、諸人今日《しよにんこんにち》喫《きつし》粥《かゆを》、洗《あらふ》鉢《はつを》、爲《してか》甚麼《なんと》不《ざる》悟《さとら》、師云、汝《なんぢ》作《なす》守《しゆ》尸《し》鬼會《きのゑを》那《な》、竜云、大《だい》死底人《していのひと》、還《かへつて》活《くハつする》時如何《いかん》、師拈《ねんじて》拄《しゆ》杖《じやうを》云、這箇《しやこ》你《なんぢに》有《あらバ》拄杖子《しゆしやうす》、我與《われあたへん》你《なんぢに》拄杖子《を》、你無《なんぢになくんバ》拄杖子、我奪《われうバゝん》、你《なんぢが》拄杖子《を》、竜云、黄《わう》金《ごん》自《をのづから》有《あり》黄金價《わうごんのあたひ》、師云、恐《おそらくハ》弄《らうじて》巧《かうを》成《なさん》拙《せつと》、竜云、直饒《たとひ》有《あるも》超《てう》師手段《しのしゆだん》、奈何《いかんせん》權《けん》柄《へい》在《あることを》和尚手裡《のしゆりに》、師云、自受用放《にじゆようゐゆるす》、汝《なんぢに》却《きやう》回《いするに》有《ありや》分《ぶん》麼、竜云、有々《あり》、師拋《ハう》下《げして》杖《じやうを》云《いハく》、而今《いまハ》拋《ハう》擲《てき》西《すせい》湖《こ》裡《り》下《か》、載淸風付《さいのせいふうふ》與誰《よせんたれにか》、竜云、信《まかせて》手《てに》拈《ねんじ》來《きたれバ》、着々親《ぢやくくしたし》、卓一下《たくいちげして》云、佛《ほとけ》未《いまだ》出《しゆつ》世《せ》、祖《そ》未《いまだざる》西來《せいらい》以前《いぜん》、有《あつて》只箇拄杖子《たゞこのしゆじやうす》、拄《さゝへず》東《ひがしを》、拄《さゝふ》西《にしを》、已到《すでにいたりて》今日《こんにちに》、無《なし》如何如《いかんく》何《ともすること》、卽今《そくこん》、

孤峰座元と龍禪客の質疑應答

落《らく》㆓在《ざいして》我手裡《わがしゆりに》㆒、與《よ》奪《だつ》自《じ》在《ざい》、殺活《せつくハつの》臨《のぞむ》㆑時《ときに》、箇中《このうち》有《ありや》㆓大《だい》死《し》底《ていの》漢《かん》㆒麼、

孤峰座元出《いで、》云、法《ほつ》戰場《せんぢやう》中《ちう》、何避《なんぞさけん》㆓喪《さう》身《しん》失《しつ》命《みやうを》㆒、竜云、快《くハい》哉《さい》、活《くハつ》哉《さい》、這《しや》裡《り》出《しゆつ》頭來《とうしきたれ》、與《と》㆑上《じやう》座《ざ》商量《しやうりやう》、峰云、卽《そく》今《こん》具《そなふ》㆓就《つくの》㆑劉《たくに》之質《しつを》㆒、還《かへつて》有《ありや》㆓運《めくらす》㆑斤《きんを》之手《て》㆒麼、龍打《うつて》云、佛來《ぶつらいや》也、斬祖來《ざんそらいや》也、斬《ざん》峰云、棒《ばう》折《おる、》也未《やいまだしや》、竜云、這箇《しやこ》化《けして》㆑竜《れうと》、呑《どん》㆓却《きやくする》乾坤《けんこんを》㆒時《とき》、向《むかつて》㆓什麼處《いづれのところに》㆒、安《あん》身《じん》立《りふ》命《みやうし》去《さらん》、峰云、天《てんの》々外《ぐハい》地《ちの》地《ち》外《ぐハい》、竜云、太《はなハだ》有《あり》㆓些《しやの》衲《なふ》僧《そうの》氣《き》息《そく》㆒、峰云、面前《ぜん》拋《ハう》向《かう》着《ぢやく》、竜度《と》㆓與《よして》拄杖《しゆじやうを》㆒云、以《もつて》㆑這《しや》箇《こを》百《ひやく》艸《さう》頭《とう》上《じやうに》指《し》㆓出《しゆつし》涅《ね》柈《はん》妙《みやう》心《しんを》㆒、干《かん》戈《くハ》叢《そう》裡点《りにてん》㆓定《ていせよ》衲僧命脉《なふそうのミやうミやくを》㆒、峰接《せつ》淂《とくして》、卓一《たくいち》下《げして》云《いハく》、向《むかつて》㆓拄《しゆ》杖《じやう》枝《し》頭《とうに》㆒、何《なんぞ》弁《べんぜん》㆓是《ぜ》非《ひを》㆒、法《ほふ》元《もと》無《む》法《ほふ》、向《むかつて》㆓干戈叢裡《かんくハさうりに》㆒、何《なんぞ》爭《あらそハん》㆓殺活《せつくハつを》㆒、功《こう》元《もと》無《む》功《こう》、只《たゞ》要《やうす》出《しゆつ》格《かくの》機《き》、侍者出云、强《きやう》將《しやう》下《かに》無《なし》㆓弱《じやく》兵《へい》㆒、峰云、這《しや》個《こ》汝奈何《なんぢいかんが》受《じゆ》用《ようし》去《さらん》、者云《しやいハく》、如《ごとく》㆑截《きるが》㆓一《いち》緳《れい》絲《しを》㆒、一《いち》斬《ざん》一切《せつ》斬、峰打《うつて》云、以《もつて》㆑這《しや》箇《こを》發《はつ》㆓揮《きし》佛祖《ぶつそ》不傳《ふでんの》妙《ミやうを》㆒、以《もつて》㆑這《しや》箇《こを》契《かい》㆓證《しやうす》衲僧《なふそう》衣《ゑ》下《かの》功《こうを》㆒、便《すなハち》度《と》與《よす》、者接《せつ》淂《とくして》云《いハく》、只《たゞ》這《しや》箇《こ》、用《もちふる》則《ときハ》、與《と》㆓八《はち》大《だい》龍王《れうわう》㆒闘《たゝかハしめ》㆑冨《とミを》、不㆑用則《ざるときハもちひ》不《ず》㆑直《あたら》㆓半文錢《はんもんせんに》㆒、

***檜山座元と鰲山堂頭和尚の質疑**

檜山座元出云、今《こん》日《にち》過《くハ》量《りやう》底《ていの》人《ひと》、拈《ねん》㆓出《しゆつして》堂頭《だうてう》和尚拄杖子《のしゆじやうすを》㆒、大《おほひに》商量《しやうりやう》去《しさる》、我《われに》有《あり》㆑一《いち》問《もん》、過《すごし》㆓拄《しゆ》杖《じやう》子《すを》㆒來《きたれ》、者云、幸《さいハひに》是《これ》太平《たいへい》、無事《ぶじの》客《かく》相逢《あひあふて》、何必《なんぞかならずしも》動《どうせん》㆑干戈《かんくハを》、山云、臨《のぞんで》㆑危《あやふきに》而、智勇《ちゆう》奮《ふるひ》投《とうじて》㆑命《めいを》而、高節《かうせつ》亮《ほがらか也》、何《なんぞ》不《ざる》㆓度《ど》與《よせ》㆒、者拋《はうげして》下云《いハく》、世《よに》無《なし》㆓知《しる》㆑劍人《けんをひと》㆒、大阿《たいあ》混《もこんず》㆓凡鉄《ぼんてつ》㆒、山便《すなハち》拈《ねん》淂《とくして》云、拄《しゆ》杖《じやう》子《す》・拄杖子〔ルビ判読不能〕、你適來《なんぢせきらい》忍《じん》俊《しゆん》、不《ふ》禁《きんにして》出《いで》來《きたりて》、口《くち》吧《は》々《は》地《ちに》說《とく》㆑禪《ぜんを》、是故《このゆへに》、今《こん》日《にち》法《ほふ》筵《ゑん》四《し》來《らいの》禪客《ぜんかく》、唐《たう》言《げん》・梵《ぼん》語《ご》、横《わう》談《せつ》・竪《しゆ》說《せつ》、畢《ひつ》竟《きやう》過《とがあり》在㆓你《なんぢか》處《ところに》㆒、若約《もしやくし》㆓祖《そ》宗門《しうもん》下《かに》㆒、稱《せう》㆓揚大事《やうせばだいじを》㆒、直《ぢきに》是《これ》開《かい》口《く》不《ふ》淂《とく》、別《べつに》發《はつし》㆓大機《だいきを》㆒、顯《あらハせ》㆓大《だい》用《ようを》㆒看《ミん》、卓《たく》一《いち》下《げして》云《いハく》、奇《き》哉《さい》快《くハい》哉、忽《たちまち》化《けして》㆓一《いち》條龍《でうのれうと》㆒、挐《ひこつらひ》㆑雲《くもを》、攫《つかミ》㆑霧《きりを》、作《おこし》㆑雨《あめを》、作《おこす》㆑風《かぜを》、不《あらず》㆑無《なきに》㆓其用《そのよう》㆒、縱然《たとひ》與麼《よもなる》、若《もし》金翅《こんじ》鳥《てう》王《わう》出來《いできたらバ》、恐《おそらくハ》被《られん》㆑呑《どん》却《きやくせ》、不《じ》㆑如《しか》

繁禪客定林師と問答

向《むかつてむ》無生國裡《しやうこくりに》、蟄居去《ちつきよしさらんにハいひ》、言了靠《おはりてよりか丶る》舊處《きうしよに》、卽《すなハち》到《いたりて》鰲山和尚前《のまへに》、一揖《いちいつして》云、伏《ふして》惟《おもんミれバ》、鰲山堂頭大和尚、赴《おもふき》感《かんに》隨《したがひて》緣《ゑんに》、擧揚《こやうし》鰲山店上《てんじやうの》舊公案《きうこうあんを》、爲《い》人《にん》垂手《すいしゆ》照《せう》臨《りんす》、雜花界裡《ざつけかいりの》大齋筵《だいさいゑんを》、宗門《しうもんの》榮輝《ゑいき》、莫《なし》大《おほひなるハ》焉、這箇《しやこハ》且《しばらく》置《おく》、昔年《そのかミ》於《おゐて》鰲山店《に》、曾郎密領《そうらうミつにれうずる》岩頭意《がんとうのいを》、底一句《ていのいつく》擧揚《こやうせよ》、鰲山云、石人《せきじん》点頭《てんとうすれバ》、露柱《ろちう》拍《うつ》手《てを》、山云、言外《ごんぐハい》量《りやう》畧《りやくするも》、三三《さんさん》不《ず》成《なら》九《くと》、鰲山云、老僧舌頭短《らうそうぜつとうミじかし》、山云、和尚可《べくんバ》無《なかる》剩語《じようご》、一句《いつく》下薦得了也《げにせんとくりやうや》、

繁禪客出衆云、嵛崒《いうしつたる》德山淩《しのぐ》上頭《じやうとうを》、須《すべからく》小《すこしきなりとするを》魯、淸冷《せいれいたる》惠水《ゑすい》、臨《のぞむ》下流《かりうに》、欲《ほつす》浴《よくせんと》沂《きに》、到文殊眞前云、不《ずして》懷《ふところにせ》香《かうを》而、見《ミ》佛祖《ぶつそを》、不《ずして》動《どうせ》歩《あゆミを》而、登《のぼる》覺場《かくじやうに》、指《し》拈《てんして》眞《しんを》云、這個《しやこ》喚《よんで》爲《せバ》畫文殊《ぐハもんじゆと》、那箇《なこか》是活文殊《これくハつもんじゆ》、喚《よんで》爲《せバ》活文殊《くハつもんじゆと》、這箇《しやこハ》是畫文殊《これぐハもんじゆ》、卽今《そくこん》奈何《いかんが》相見《しやうけんせん》、打《だして》一圓相《いちゑんさうを》云、惺々着《せいくぢやく》、便《すなハち》一揖了《いちいつしおハりて》、臨《のぞんで》席《せきに》云、學人入《がくにんいり》鑄人室《ちうじんしつに》來《きたる》、請師《こふし》百鍊千鍛《ひやくれんせんたん》、師云《しいハく》、爐鞴之所《ろはいのところ》、

鈍鐵《どんてつなを》猶多《おほし》、繁《の》云、金《きんハ》須《すべからく》再鍊《さいれんして》精《せいなる》、師云、殺人《せつにん》活人《くハつにん》、不《ず》眨眼《さつせまなこを》、進云、記《き》淂《とくす》、朱行軍《しゆかうぐん》、一日《いちじつ》入《いりて》南際寺《なんさいじに》、齋《さいし》僧《そうを》行香《ひくかうを》、次以《ついでもつて》手炉《しゆろを》、搖曳《ゑうゑいして》云、直下《ぢきげ》是《せ》、直下是、時有《ときにあり》僧《そう》云、直下是、箇甚麼《これなんぞ》行軍《かうぐん》、便喝《すなハちかつす》、僧云、行軍《かうぐんハ》、佛法《ぶつほふ》中人《ちうのひと》、問着《もんちやくすれバ》便《すなハち》惡發《あくはつす》、行軍《かうぐん》云、你作《なんぢなす》惡發會《あくハつのゑを》、那僧《なそう》便喝《すなハちかつす》、行軍亦喝《かうぐんもまたかつして》云《いハく》、鈎《こう》在《ざいして》不疑之地《ふぎのちに》、復喚《またよんで》左右《さゆうを》、認《にん》取者僧《しゆせよこのそうを》、著《つゝしんで》欽問《とふ》、行軍前頭之一喝《ぜんとうのいちかつ》、落在《らくざいす》甚麼處《いづれのところに》、師云、黑白未分《こくびやくミぶん》、前一着《ぜんのいちぢやく》、万事《ばんじ》如《ごとし》碁《きの》、不着高《ずしてつけたかし》、繁云、七佛《しちぶつ》以前《いぜん》四時春《しいしのはる》、現成公案《げんじやうのこうあん》、若《ごとし》今日《こんにちの》、師云、空劫《くうごう》以前事《いぜんのじ》、你還識麼《なんぢかへつてしるや》、進云、僧便喝、行軍亦《も》喝、還有《かへつてありや》賓主《ひんじゆ》、也無《またいなや》、師云、賓《ひん》主歷然《しゆれきねん》、繁云、賓主作麼生《そもさん》、師云、雲在《くもハありて》嶺頭《れいとうに》、閑不徹《かんふてつ》、水流《ミづハながれて》澗下《かんかに》、大忙生《たいバうせい》、進云、今日《こんにち》、若有《もしあらバ》如《ごとき》行軍底《かうぐんのてい》、和尚如何《いかんが》祇對《したいせん》、師以《もつて》佛子《ふつすを》、一《いつ》揮《きして》云、奈《い》此胡塵漠々《このこじんのばくくたるを》何《かん》、繁云、果然《くハぜん》、師云、

錯〻《しやくく》、繁云、吾奴《わがぬハ》不《ず》識《しら》、錦《きん》囊重《なうのおもきことを》、囊《つゝミ》淂青《ゑてせい》山《ざんの》暮《ぼ》色《しよくを》歸《かへる》、師云、弄《らうずる》光影《くハうゑうを》、底漢有《ていのかんあらん》何《なんの》限《かぎりか》、繁轉身《てんじてミを》云、曇華《どんげハ》易《やすく》見《ミ》、知《ち》識難逢《しきがたしあひ》、定林《でうりん》和尚有《あり》一問《いちもん》、請許《こふゆるさんや》咨參《しさんを》也、定林云、深潭《しんたんの》月影《げつゑい》、任意撮《まかせてゐにさつ》摩《ませよ》、繁云、定林、山下竹《さんかのしつ》筋鞭《こんべん》、作麼生《そもさん》商量《かしやうりやうす》、定林云、罵《のり》雨《あめを》罵風《かぜを》、祇要《たゞやうす》做《そ》大《だいを》、繁云、阿喇〻《あらら》近傍無《きんハうするになし》門《もん》、定林云、直《た》《と》饒《ひ》黄面老子《わうめんらうす》、別有神通《べつにあるもじんつう》、也須《またすべからく》《べし》腦門着地《なふもんぢやくちなる》、繁云、今日《こんにち》、徳山木上座《もくじやうざ》出來《いできたりて》、商量活〻《しやうりやうくハつく》、地《ぢ》還有《かへつてあり》優劣《うれつ》也無《いなや》、定林便《すなハち》打《うつて》云、還知痛《かへつてしるやつう》痒《やうを》麼、繁云、争奈《いかんがせん》、美《び》食《しよく》不《ず》中《あたら》飽人《ハうにんに》、定林又《また》打《うつて》云、道得《いひうる》亦《もまた》三十棒《ばう》、道不《いひざるも》得《ゑ》亦三十棒、繁云、若果然《もしはたしてしからバ》、生鐵亦須《しやうてつもまたすべからく》《べし》分《ぶん》碎《さいす》、定林云、求《もとむるに》他掃地人《たのさうぢのひとを》、終《ついに》不《ず》可《べから》得《う》、繁云、徒誇《たゞにほこる》東陽容《とうやうのかくに》、不《ず》識《しら》西陽珍《せいやうのちんを》、便禮拜《すなハちれいはい》、定林云、窮《きう》鬼《き》子《し》、

默禪客との問答

默禪客出衆云、新《しん》荷《か》粘《ねんじて》水《ミづに》、催《もよほし》阿耨達池興《あのくたつちのきやうを》、枯水回《こぼくかへして》春《はるを》、改《あらたむ》乾徳山林觀《けんとくさんりんのミものを》、到文殊眞前、炷拜了《しゆはいしおハりて》、臨《のぞんで》席《せきに》云、師是《しハこれ》霧海南《ぶかいのなん》針《しん》、願濟《ねがハくハすくへ》學人漂蕩《がくにんがへうとうを》、師云、負命者上《おふめいをものハのぼり》釣來《つりばりにきたる》、進云、記得《きとくす》、息耕老師《そくかうらうし》云、寧以《むしろもつて》洋銅《やうどうを》、可灌《べくもそゝぐ》口《くちに》、不《ざれ》受《うけ》信《しん》心人食《ぐのひとのじきを》、寧以《むしろもつて》熱鉄《ねつてつを》、可纏《べくもまとふ》身《ミに》、不《ざれ》受《うけ》信《しん》心人衣《ぐのひとのゑを》、如恁麼道《ごとくんバいんもにいふが》、即《そく》今《こん》、普《ふ》同《どう》供《く》養《やう》、飯《はん》裏沙《りのいさご》、和尚如何咬嚼《いかんがかうしやくせん》、師云、須《すべからく》《べし》知《しる》一《いち》粒《りふ》米《べい》、經《ふることを》七十三遍功《しちじふさんへんのこうを》、進云、闍梨咬《じやりかう》嚼《しやくするにあり》、有分麼《ふんや》、師云、其施《それほどこすなんぢにものハ》汝者、不《ず》名《なづけ》福《ふく》田《でんと》、默云、大人具《だいにんハそなふ》大《だい》智《ちを》、大《だい》機《き》得《ハう》大用《だいゆうを》、師云、沒《もつ》可《か》把《ハ》、進云、我《われ》未《いまだ》《ず》眞眼明《しんげんあきらかなら》、受《うく》人信衣《ひとのしんゑを》、還《かへりて》有《ありや》過《とが》也《また》無《いなや》、師云、罪《ざい》犯《ぼん》彌《ミ》天《てん》、默云、如何《いかんが》回《くハい》避《ひせん》、師云、有佛処《うぶつのところハ》、不《ざれ》得《ゑ》住《じう》着《ぢやくすることを》、無佛処《むぶつのところハ》、急須《きふにすべからく》《べし》走過《さうくハす》、默云、徐行《やうやくゆいて》蹈《たふ》斷《だんす》、流水声《りうすいのこゑ》縱《ほしいまゝに》看《ミて》、寫出《うつしいだす》飛《ひ》禽跡《きんのあと》、師云、脚《きやく》跟《こん》下《かの》紅《こう》絲《し》線《せん》不《ふ》斷《だん》、默云、処〻《しよくの》綠《りよく》楊《やう》堪《たへたり》繫《つなぐに》馬《むまを》、家家門《かかのもん》戶《こ》、透《とほる》長安《ちやうあんに》、師云、看《ミ》盡《つくして》瀟湘景《せうしやうのけいを》、和《くハして》舟《ふねに》入《いる》畫圖《ぐハとに》、

悦侍者との問答

悦侍者離《はなれて》位《くらゐを》云、兩《りやう》地《ち》綠水湛《りよくすいたふ》、豈不《あにざらんや》滌《あらハ》此《この》熱惱《ねつなうを》、千嶂《せんしやう》复《か》木茂《ぼくしげし》、可於《かなりよりも》陟《のぼる》彼崔嵬《かのさいくハいに》、到文殊眞前、擧《こして》香《かうを》云、文殊文殊、此間《すかん》如何《いかん》住《がじう》持《ぢす》、道《いひ》得便供《ゑバすなハちくうぜん》箇香《このかうを》、不然《ずんバしから》、一《いつに》捏々住將《ねつにねつじうしもち》來《きたりて》、貶《へん》向《かうし》二《に》鉄圍山《てついせんに》去《さらん》、顧《こ》視《じして》左右《さゆうを》云、却無《かへりてなしや》人有代他下一《ひとのあることかハりてたにくだすいつ》轉《てん》語《こを》麼、傍僧《バうそうの》云、禮《れい》拜《はい》着《ぢやく》、禮拜着、者云、且道手中赤軸《しバらくいへしゆちうのせきぢく》、是什麼經《これなしのぎやうぞ》、傍僧云、此《これハ》是《これ》、無《む》字《じの》大《だい》陀《だ》羅《ら》尼《に》門也《もんなり》、者云、却有《かへつてありや》人《ひとの》信《しん》受《じゆ》奉《ぶ》行《ぎやうする》麼、傍僧云、淸《せい》風《ふう》匝《さふ》地有何《ぢあらんなんの》極《きハまりか》、者云、與麼《よもならバ》、謹爇《つゝしんでぜつ》向炉中《かうしろちうに》、薰《くん》習《じゆし》五《ご》分《ぶん》般若《はんにや》種《のしゆ》智《ちを》去《さらん》、便臨席云、學人入《がくにんいり》炉鞴《ろはいに》來《きたる》、請《こふ》和尙、下《くだせ》鉗鎚《けんついを》、師云、還《げん》丹《たんの》一《いち》粒《りふ》、点《てんして》鉄《てつ》成《になす》金《きんと》、進云、記《き》得《とくす》、臨濟惠照禪師、因《ちなミに》僧問《そうとふ》、如何《いかなるか》、是《これ》佛《ぶつ》法《ほふの》大《たい》意《ゐ》、師竪《じゆ》起《き》拂《すほつ》子《すを》、僧便喝《すなハちかつす》、師便打《すなハちうつ》、謹咨《つゝしんでとふ》和尙《に》、如何《いかなるか》是《これ》德山下佛法《かのぶつほふ》、師云、自《より》古《いにしへ》上賢《しやうけん》、猶未《なをいまだ》識《しらず》造次《さうし》之流《のたぐひ》、豈可《あにべけんや》明《あきらかにす》、進云、僧便喝、師便打、此《この》僧過《とが》在《ある》什麼《いづれの》処《ところにか》、師云、殺《ころしてハ》人《ひとを》、須《すべからく》見《ミるべし》血《ちを》、進云、德山佛法《とくさんのぶつほふ》與《と》臨濟佛法《のぶつほふ》、却有《かへりてありや》誵訛《かうぐハ》麼、師云、沛公《はいこうハ》闘《たゝかハしめちを》智、羽公《うこうハ》闘《たゝかハしむ》力《ちからを》、南岳甚深《なんがくじんく》、般若波羅《はんにやはら》密《ミつ》、者打《うつて》云、元來《ぐハんらい》德山佛法《ぶつほふ》、無《なし》多子《たし》、師云、氷《ひやう》壺《こ》無《なし》影像《ゑふざう》、胡猿《こゑん》探《さぐる》水月《すいげつを》、者云、臨《のぞんで》崕推《きしにをす》人《ひとを》、不《ず》是好心《これかうしんにあら》、師云、唯看《たゞミて》梅子熟《バいしのじゆくするを》、不《ず》覺《おぼへ》鼻頭酸《ひとうのすきことを》、者云、當初只道《そのかミたゞいふ》、茅長《バうのちやう》短燒了《たんとやきおハりて》、方《まさに》知地不平《しるちのふへいなることを》、師云、作家禪客《さくけのぜんがく》、宛《ゑん》尓《にとして》不《ず》同《おなじから》、者云、善財到《ぜんざいいたるも》此《こゝに》、不《じ》彈《だん》指《じせ》、尽《じん》大《だい》地人《ちのひと》歸《かへん》去來《なんいさ》、師云、行路難《かうろだん》、行路難、万《ばん》仭峰《じんほう》頭《とう》、君自看《きミミづからミよ》、

提綱*

提綱《ていかう》

師乃云《しすなハちいハく》、赫々《かくくたる》靈光《れいくハう》、輝《き》騰《とうして》古今《ここんに》、逼《ひつ》塞《そくす》三際《さんさいに》、明々《めいくたる》祖意《そゐ》、脫《だつ》解凡聖《げしてぼんじやうを》、通《つう》貫十方《くハんすじつハうに》、乳燕擧《こうゑんけんし》蒼竹《さうちくに》、流鶯吟《りうあうぎんす》翠楊《すいやうに》、人々《にんく》發《はつ》揮《きし》自他《じたの》妙心《めうしんを》、箇々《ここ》提《てい》掇佛《てつすぶつ》祖洪綱《そのこうかうを》、一《いつ》氣《き》不《ずして》言《ものいハ》、万《バん》物代《もつたい》序《じよし》、百《はく》川無《せんなふして》意《こゝろ》、四《し》海收《かいしう》藏《ざうす》到《いたりて》茲《こゝに》

薦滑《せんとくせバ》、放《ゆるす》レ汝《なんぢに》、逍《せう》二-遙圓覺中《ゑうしゑんがくのうちに》一、遊《ゆけすることを》二-戯無《ぶ》-何《か》有郷《ゆうのきやうに》一矣、一劃《いつくハく》未《いまだ》レ判《わかれ》、大《たい》-千《せん》-一《いち》-時彰《じにあきらか也》、大千彰之矣、只是無《たゞこれなし》二人會《ひとのゑするざるに》一、独有《ひとりあつて》二文-殊《のミ》一、正滑《まさにゑたり》二評《ひやう》章《しやうすることを》一、　諸人還見《しよにんかへりてミるや》二文殊大士《を》一、心心《しんく》不《ず》レ出《いで》二法《ほつ》-性《しやうを》一、歩々《ぶぶ》不《ず》レ離《はなれ》二道-場《だうじやうを》一、强說《しひてとくも》二眞《しん》-證《しやうじつ》-實-語《ごと》一、總《そうに》沒《もつ》-商《しやう》-量《りやう》矣、因《よつてか》レ甚如《なんにごとくなる》レ此《かくの》、伊只《これたゞ》、爲《ため也》下無《なく》三物《もの、べき》可二比《ひ》-興《きやうす》一無《なきか》中事《ことのべき》可上二參詳《さんしやうす》一也、正《しやう》-恁麼時《いんものとき》、向《むかつていづれのところにさらん》二什麼処一去、迦葉門前《かせうもんぜん》、樂《たのしんで》歌《か》-舞酒榼《ぶししゆかつ》、庭《てい》-前醉《ぜんゑふて》、佯《やう》-狂《きやうすいふことハ》、言則言滑《いひゑたり》、只是《たゞこれ》、荒《くハう》-唐《とう》-麻《ま》-三《さ》-斤《ぎん》、放《ハう》-下《げ》-着《ぢやく》、庭《てい》-前《ぜんのはく》-栢-樹《じゆ》-子《し》、東《とう》-山《ざんのミづじやう》水上-行《かう》、多《た》-少《せうの》-禪《ぜん》-和《お》、終難《ついにがたし》二近《きん》-傍《バうし》一、万《ハん》-周《しう》千《せん》-回《くハい》、前《ぜん》-路《ろ》猶茫《なをバう》-々《くたり》、若復有《もしまたありてひと》レ人、驀胸《まくきように》承《じよう》-當《たうせバ》、豈翅《あにたゞ》文-殊耶《のミならんや》、百-千《の》諸《しよ》-佛《ぶつ》、歷《れき》代《たいの》祖《そ》-師《し》、特《どく》-地《ぢに》相《しやう》-見《けんし》了《おハれりて》、亦無《またなく》二所《しよ》-見會《けんのゑも》一、亦無《またなく》二能《のう》-見相《けんのさうも》一、脫《だい》-体現《たいげん》-成《じやう》、覿《てき》-露《ろ》堂々《たうくたらん》、倘《もし》-克《よく》如《ごとくならバ》レ此《かくの》何《なんぞ》-用《もちひん》入《いり》二古《こ》-人《じんの》布《ふ》囊《なうに》一去《ざることを》、巷《かう》-尾《び》街《がい》-頭《とう》、任《にん》-運着《うんにつけ》二衣《い》-裳《しやうを》一、水《すい》-際《さい》雲《うん》-根《こん》、熱《ねつ》-処取《しよにとる》レ涼《りやうを》、隨《したがひて》レ縁《ゑんに》放《ハう》-曠《くハうするも》、又何妨哉《またなんぞさまたげんや》、其脫未《それもしいまだ》レ然《しから》、莫《なかれ》レ怪《あやしむこと》、待《まつて》下烏《う》-飛《とび》、兎《と》-走《ハしり》、縁《ゑん》-聲《じやし》、情《じやう》-亡《ずんバ》歷《バうしてふるを》中一-百三十、又《ゆふ》三之星《せい》霜《さうを》上、更使《さらにしむ》三レ山《さんやをして》-野設《まふけ》二此折《このせつ》-脚床《きやくじやうを》一、却會麼《かへつてゑすや》、以《もつて》レ杖《つゑを》打《うつて》レ案《あんを》云、切忌認《せつにいむとめて》二堂《だう》-中畫《ちうのくハ》文《もん》-殊《じゆを》一、失《しつ》二-却《きやくし》掌《しやう》內《ないの》妙《めう》-德《とく》-王《わうを》一訖《おハることを》、看々《ミよく》大《だい》-居《こ》-士《じ》、卽《そく》-今臨《こんのぞミ》二此法《このほふ》-會《ゑに》一、發《はつ》二-揚玄機《やうしてげんきを》一而、打《た》二開《かい》-法《しほつ》-性《しやうを》一、慶《けい》二-讚《さんすることを》今《こん》-日《にちの》供《く》-養《やうを》一、以《もつて》レ何爲《なにをせん》レ驗《しるしと》、卓拄杖一下《たくしゆじやういちげして》云《いハく》、

薰《くん》-風《ふう》自《じ》南來《なんらい》、

殿《でん》-閣《かく》生《しやう》微《び》-涼《りやう》、

伏《ふして》惟《おもんミれバ》大衆久立《だいじゆきうりつ》、

珍重《ちんてうといひて》下座《げざ》、

＊家老等八名による遠忌覺書

覺

一、此度依甲州、爲御領國、法性院殿御法事、從來四月十日至于同月十二日、三箇日之內、於惠林寺、可執行之、依是、當寺一山者、不及申、末寺・末々寺迄、不殘聚會、御城下之、五箇寺令

引誘之、如法勤修可被致之事、

一、此度御法事中、當家之諸士參詣之輩、各於御牌前、遂拜禮、其後御家老・御城代・寄合・御用人者、揭御魂屋之計帳、可謹拜尊像事、

一、向後不時參詣之節も、揭御計帳、直拜尊像事可限に、御用人以上、其外之諸士者、不開御魂屋之扉、可致拜禮事、

右可相守之旨、所被仰出也、

寶永二年乙酉二月　柳沢權大夫（保格）

荻澤源太右衛門（勝久）

藪田五郎右衛門（重守）

平岡宇右衛門（資因）

近藤圖書（武務）

柳沢帶刀（保誠）

瀧口平太左衛門（武延）

鈴木主水（重員）

*參勤交代の大名暇乞
*妻桂昌院に進上物
綱吉右大臣昇進に桂昌院を振舞ふ
*市ヶ谷龜ヶ岡八幡參詣
妻桂昌院より拜受物
關所修復の特例認めらる
*家宣同道で紅葉山東照宮社參吉保先立

（表紙題簽）

樂只堂年錄　第百六十四卷　寶永二乙酉四月下

此卷は、寶永二年乙酉の四月十三日より、月の終までの事を記す、

十三日、
一、今日、御昇進（綱吉任右大臣）の御祝儀とて、一位樣（桂昌院、綱吉生母）へ御振舞を進したまふ、是によりて、肴二種・樽代千匹を進上し、御紋の時服三つ・銀二十枚・干鯛壹箱を拜受す、
一、今日、一位樣より、妻（曾雌氏、定子）に、檜重一組・肴一箱を下されて拜受す、
一、甲州所々關所の修復の事、此度は拜領せし後、始ての修復なれは、申達しぬ、今より以後は、達せずして修復すへきよしを、老中、幷に右京（松平、大夫側用人）輝貞、列座の時に申達しぬれは、勝手次第の事にて、遠慮に及はさるよし、いつれも申さる、
十四日、
一、蔴上下を着して登城す、大名に歸國の暇を下さるによりて也、
一、妻より、一位樣へ、鮮鯛壹折を進上す、昨日拜受物せしによりて也、
十五日、
一、今朝、一（市、以下同ジ）谷（市ヶ谷）の八幡宮（龜ヶ岡八幡宮、吉保產神）へ參詣し、太刀一腰・馬代金拾枚を献す、幷に和哥を詠して奉る、東圓寺法印海岸へ、昆布一箱・樽代千匹を與ふ、今日、詠する和哥、爰に記す、
　ミなもとの神のめくミとしるよしの
　　かひあるを猶いのるゆくすゑ
十七日、
一、紅葉山（御廟所）の御內宮（東照宮）へ御參詣なり、吉保、御先立を

勤む、大納言様(徳川家宣)も御參詣なり、

十八日、

一、日光(後西皇子、三管領宮、公辨法親王)の註進有によりて、麻上下を着して登城す、時服五つ・檜重壹組を拜領し、又純子五卷・色羽二重五十匹・干鯛一箱を拜領す、晩景に、吉保より、大形更紗染の紗綾廿端(反、以下同ジ)・干鯛一箱、吉里より、豊後絞り染の縮緬十端・干鯛一箱を献上す、拜領物は、吉保に、黒餅の羽二重五十端・色羽二重五十端・干菓子壹箱、吉里に、黒餅の羽二重三十端・色羽二重三十端・檜重壹組、安通(經隆)・信豊(時睦)に、色羽二重二十疋充也、

一、五の丸様(瑞春院、明信院生母)より、干菓子一はこ・塩引の鯛一箱を拜受す、

一、吉里か妻(酒井氏、頼子)の產所の經營、今日柱立す、

廿日、

一、紅葉山の三御佛殿(台徳院・大猷院・嚴有院)へ御參詣なり、台徳院様(徳川秀忠)・嚴有院様(徳川家綱)の御佛殿は、吉保、御先立をつとむ、大猷院殿様(徳川家光)の御佛殿は、吉里なり、大納言様も、

御參詣遊はさる、

廿一日、

一、五の丸様より、妻に、笹卷壹折・鮮干のさより(細魚)一箱を下されて拜受す、

一、八重姫君様(綱吉養女、徳川吉孚室)より、妻に、鯛壹折をくたされて拜受す、

一、當春、公家衆參向有りし時、禁裡(東山天皇)より、八景の詩歌を拜領せしによりて、今日、書を、町尻三位兼量卿へ捧け、硯箱一つ・料紙箱壹つ・肴壹種を献上して御礼を申上く、

　一筆令啓達候、主上(東山天皇)益御機嫌能被成御座、目出度奉存候、然者、御硯・御料紙箱、目錄之通、献上仕度候、不苦候は、於御內々宜願御披露候、恐々謹言、

　　松平美濃守(柳澤吉保)

公辨法親王の注進に吉保父子四人拜領物

*妻瑞春院より笹卷他拜受

*妻八重姫より拜受物

*町尻兼量經由で禁裏へ八景詩歌の禮物贈る

瑞春院より拜受物

頼子の產所柱立

家宣同道で紅葉山三佛殿參詣

吉保台徳院嚴有院佛殿先立吉里大猷院佛殿先立

四月廿一日　　判
町尻（兼量）三位殿

以前紙申入候、弥可為御堅固、珍重候、然者、當春參向有之節、相達候通、獻上物仕度、御硯・御料紙箱、目録之通、此度差登申候、可然様頼存候、以使者獻上可仕候得共、致遠慮無其儀候、御内〻ニ而宜御取成頼入候、恐〻謹言、

松平美濃守

四月廿一日　　判

町尻三位殿

廿二日、

妻桂昌院へ御機嫌伺の進上物

一、妻より、一位様へ、鮮鯛壹折を進上して、御機嫌を伺ふ、

家臣柳澤保格景徳院へ代參
武田勝頼以下面々に香奠捧ぐ

一、吉保か名代とて、家臣、柳澤權大夫保格を、（甲斐國）田野（八代郡）の景徳院へ參詣させて、香奠を（武田）勝頼の牌前に供し、従死の士・女輩までに及ほす、其日録こゝに記す、

覺

（武田勝頼）景徳院殿江、御香奠、銀拾枚、
（武田信勝）法雲院殿江、御香奠、銀拾枚、
（武田勝頼室カ）北條院殿江、御香奠、銀五枚、
一峯宗譽（小原下野守殿）・忠庵存孝（土屋惣藏殿）・中源實寶（小山田平左ヱ門殿）・鐵巖恵舩（小原丹後守殿）・跡叟道張（跡部尾張守殿）・原清道（小原清次郎殿）次・河泊道總（河村下総守殿）・慶室道賀（安部加賀守殿）・源奥（土屋源藏殿）道屋・賀屋道善（有賀善左ヱ門殿）・天眞了然（窪沢次大夫殿）・西安道伊（安西伊賀守殿）・清神道林（神林清十郎殿）・賢英了雄（烋山源三郎殿）・洞巖泉谷（小山田櫛部殿）・金濱道助（金丸助六郎殿）・實山金性（小原源五左ヱ門殿）・松峯道鶴（某氏新藏殿）・桀傳宗英（烋山惣九郎殿）・月窓江海（岩下惣六郎殿）・觀應月心（烋山民部殿）・常叟道溫（温井常陸守殿）・本光道如（皆井小助殿）・虚室道幽（山野居源藏殿）・久植芳昌（小山田氏小児）・空岸東海（小原下總守殿）・烋峯道紀（烋山紀伊守殿）・即應淨心（齊藤作藏殿）・明（小山田弥）

*公辨法親王へ龍眼肉進上

*家宣誕辰に進獻物

*正親町公通昇叙

公辨法親王登城對顔

吉保父子の獻上物拜領物

*吉保吉里慶賀詠贈る

*公通返歌

桂昌院へ六義園の杜若他進上

助殿釜道白・小宮山内膳殿忠嗖道節・山下杢之助殿水村山谷・多田久
助殿圓應寒光・妹山宮内殿清寒霜白、
右三拾三人江、香奠百疋充、
香奠百疋充、女中拾六人、
香奠百疋、麟岳和尚、
寶永二乙酉年四月日、
甲斐少将(柳澤吉保)名代、柳沢(保格)権大夫

廿三日、
一、日光御門跡公辨親王(後西皇子、三管領宮)御登城にて、御對顔なり、麻上下を着して登城す、是によりて、紅白羽二重五十疋・檜重壹組を拜りやうす、晩景に、吉保より、紗綾の紋所物二十端・干鯛一箱、吉里より、嶋(縞、以下同ジ)染の縮綿(緬、以下同ジ)十端・干鯛一箱を献上す、拜領物は、吉保に、島羽二重五十端・干鯛一箱、吉里に、紅白羽二重三十疋・檜重壹組、安通・信豊に、大紋の羽二重十端充也、
一、今日、一位様へ、駒篭(込)の下屋鋪(六義園)の杜若花壹桶、幷に、粕漬の鯛一桶を進上して、御機嫌を伺ふ、
一、公辨親王へ、龍眼肉一曲を進上す、日光より御歸府なるによりて也、

廿五日、
一、今日、大納言様の御誕辰なるによりて、吉保より、干鯛一箱・樽代千疋、吉里より、一箱と、五百疋を進献す、
一、正親町前大納言公通卿、正二位加階の慶賀をよみてつかはしける、

慶賀　雲はれて正しくすゝむくらゐ山
　　みちある君か世にはかくれす　吉保

返し

正二位に叙しけるを賀し侍ける人の返しに

君か代のみちのひかりをしるへにて
　　のほるくらゐの山もたとらす　公通

*桂昌院へ御機嫌伺の花進上
妻瑞春院へ御機嫌伺の進上物
*妻二所に御機嫌伺進上
公辨法親王へ菊粽進上
*御臺所より妻拜受物
家宣夫妻小石川御殿入り
*簾中より檜重拜受
公辨法親王御覧の御能
*源義經筆素書及び素書國字解を吉里に與ふ

慶賀

君か代にのほる位の山たかみ
いまにさかゆく家の例とて　吉里

返し

位山のほるためしもつたなきに

正二位に叙しけるを賀し侍ける人の返しに

ゆるすは君かめくミならすや　公通

廿六日、
一、妻より、五の丸様へ、鮮鯛一折をしん（進）上して、御機嫌を伺ふ、
一、日光御門跡公弁親王へ、菊粽一箱を進上す、
廿七日、
一、今日、大納言様、幷に御簾中様（天英院、近衛基熙女、照姫）、小石川（将軍家離邸）の御殿へ入らせたまふ、
一、日光御門跡公辨親王、御登城にて、御能あり、是によりて、黒餅の麻上下百具・檜重壹組・干鯛一箱を拜りやうす、晩景に、羽二重の紋所物二十端・干鯛一箱を獻上す、吉里よりは、飛紗綾の紋所物十端・干鯛一箱也、拜りやう物は、吉保に、大もんの羽二重五十端・鰑壹箱、吉里に、大紋の羽二重三十端・檜重一組・干鯛一箱、安通・信豊に、紋茶宇十端つゝ也、
一、今日、一位様へ、花壹桶を進上して、御機嫌を伺ふ、
廿八日、
一、妻より、一位様へ、花壹桶・粕漬の魴一桶、八重姫君様へ、花壹桶・粕漬の鰺一桶をしん上して、御機嫌を伺ふ、
一、御臺所様（浄光院、鷹司信子）より、妻に、檜重一組・鯛壹折を下されて拜受す、
一、御簾中様より、檜重一組を拜受す、
廿九日、
一、源義經の筆の、素書一軸、了珉か極にて、代金五十枚の折紙有に、仲の極にて、代金百枚の折帋有、幷に、素書國字解一部・自筆の巻物一軸

を吉里にあたふ、

甲州の米を初めて食す

一、今日、始て甲刕の米を用ひて祝ふ、

吉保預り屋敷拝領

一、定小屋の跡、明屋敷になりてありし方を、吉保か預り屋敷となしたまふ、坪數二千四十五坪余也、

晦日、

天英院の諱字使用を禁ず

一、御簾中様を、常姫〔照カ〕君様と申すによりて、家中の男女の名に、常の字を禁ず、

*烈雷に吉保吉里再登城

*家臣平岡良久甲府城御用完遂

*頼子の產所成就祈禱

熨斗目麻上下で登城

妻御臺所へ御機嫌伺進上

*水戸藩邸落雷の無事を賀す

瑞春院より拝受物

吉保吉里雷鳴により三の丸へ參上

（表紙題簽）

樂只堂年録　第百六十五巻　寶永二乙酉閏四月

此卷は、寶永二年乙酉の閏四月の事を記す、

閏四月小

朔日、甲午、

一、熨斗目麻上下を着して登城す、吉里も同し、

一、五の丸様（瑞春院、明信院生母）へ、覆盆子壹籠をしん上して、御機嫌を伺ふ、

一、妻（曾雌氏、定子）より、御臺所様（淨光院、鷹司信子）へ、芍薬花一桶・鮮鯛壹折を進上して、御機嫌をうかゝふ、

一、御尋とて、五の丸様より、胡麻餅一箱・鮮鯛壹折を拝受す、女臣、文にてつたふ、

一、晝八つ時、雷鳴によりて、三の丸（桂昌院居所）へ參上す、吉里も同し、今日、三丸へ御成なるによりて、御本丸へハ參らず、

二日、

一、晩七つ過、雷はげしきによりて、登城す、吉里も同し、

三日、

一、平岡彦兵衛良久へ、鮮鯛一折を贈る、甲府の御用を仕舞て、一昨日歸るによりて也、

一、吉里が妻の（酒井氏、頼子）産所成就するによりて、愛染院法印俊任を請して、祈禱せしむ、是によりて、俊任へ、銀三枚・昆布一箱・供物代百匹、弟子二人へ、貳百疋充をあたふ、

一、昨夕、水戸宰相綱條卿（徳川）の屋鋪に、雷落ぬれとも、御守殿、其外別儀なきによりて、八重姫君様（綱吉養女、徳川吉孚室）・幷綱條卿・同御簾中（本清院、今出川公規女）・中將吉孚卿へ、使をつかはして賀す、

四日、

二家臣の首尾好き領地請取に贈り物

靈元上皇吉保十五首詠御覽

*吉里の十首和歌添削依頼勅製香及び源氏物語月次之詞書下賜

*御臺所の振舞進上に進上物拜領物

勅製薫衣香源氏物語月次詞書の詳細

一、雨宮勘兵衛忠恆・平岡彦兵衛良久へ、紗綾五巻・干鯛壹箱充を贈る、甲刕領地を首尾能請取たるによりて也、

一、公通(正親町)卿の奉書到來す、

和哥十五首詠草、仙洞(靈元上皇)御覽被遊候条、差下之候、宜申達之旨、御氣色ニ候、恐〻謹言、

四月廿三日　公通

松平美濃守(柳澤吉保)殿

勅製(靈元上皇)薫衣香三・源氏物語月次之詞書一軸、被下之候条、宜相達之旨、仙洞御氣色ニ候、恐〻謹言、

四月廿三日　公通

松平美濃守殿

一筆啓達候、弥御堅固候哉、承度候、然者、

先頃御願候詠草、御覽被下之条、差遣申候、少〻御内用相續、被及御延引候、御沙汰ニ候、且又、源氏物語月次詞書一軸、并勅作之薫衣香三、被下之候、當春、大樹公(綱吉)江、被進候御屛風之写ニ而候間、左様ニ可有御心得候、猶期後便候也、恐〻謹言、

四月廿三日　公通

松平美濃守殿

和哥十首詠草、仙洞御覽被遊候条、差下之候、宜申達候旨、御氣色ニ候、恐〻謹言、

四月廿三日　公通

松平伊勢守(柳澤吉里)殿

五日、

一、御臺所様より、御振舞を進したまふによりて、味噌漬の鯛壹桶を進上し、干鯛一箱を拜受す、御すそわけ(裾分)の拜領物は、吉保・吉里に、檜重壹

組・黑餅の加賀絹三端充（反、以下同ジ）、安通（經隆）・信豊（時睦）に、黑餅の加賀絹三端つゝ也、

瑞春院へ御機嫌伺の進上物

一、五の丸様へ、花壹桶・鮮鯛壹折を進上して、御機嫌を伺ふ、

一、五の丸様より、はな紙十を拝受す、

靈元上皇吉保詠十五首添削

一、公通卿へ、答書をつかハす、

＊源氏物語月次詞は綱吉に進上の寫し

貴翰致拝見候、仙洞御所、益御機嫌能被成御座、奉恐悦候、然者、先頃、奉願候和歌十五首詠草、被遂言上、叡覧御添削被下、謹而頂戴仕、誠以難有仕合奉存候、御序之節、宜預奏達候、恐惶謹言、

松平美濃守

閏四月五日　判

正親町（公通）前大納言殿

敕製薫衣香源氏物語詞書下賜を謝す

御奉書拝見仕候、然者、勅製薫衣香三・源氏物語月次之詞書一軸、拝領被仰付、則奉頂戴、誠以冥加至極、難有仕合奉存候、此旨宜預奏達候、恐惶謹言、

松平美濃守

閏四月五日　判

正親町前大納言殿

御別紙致拝見候、弥御堅固珎重候、然者、愚詠御點被成下、則以前紙御禮申上候通、難有仕合奉存候、且又、源氏物語月次之詞書一軸、幷勅製薫衣香三、拝領被仰付、難有仕合奉存候、是又以別紙、御禮申上候、源氏月次詞書者、當春、公方様（綱吉）江被進候、御屛風之写ニ而御座候由、到而忝仕合奉存候、恐惶謹言、

甲斐少将（柳澤吉保）

閏四月五日　判

正親町前大納言殿

*吉里詠十首の霊元上皇添削を謝す
*妻亀ケ谷八幡參詣戸帳他寄進
瑞春院の御膳献上に進上物拝領物
*御臺所より御尋拝受
*瑞春院より御尋拝受
簾中より拝受物
*土屋定直死去
瑞春院より拝受物
*家臣柳澤保格甲州青木村常光寺へ代參

愚詠十首、仙洞御所被遊叡覧、御點被成下之、謹而頂戴奉拝見、誠以冥加至極、難有仕合奉存候、此等之趣、御内〻ニ而、宜預奏達候、恐惶謹言、

松平伊勢守（柳澤吉里）

閏四月五日　　判

正親町前大納言殿

六日、

一、五の丸様より、御膳を献したまふによりて、味噌漬の鯛一桶を進上す、御すそわけの拝領物、吉保・吉里は、中形染の縮綿（緬、以下同ジ）五巻・檜重壹組充、安通・信豊は、中形そめの縮緬五巻充なり、

七日、

一、御尋とて、御簾中様（天英院、近衛基熈女、照姫）より、さけ（下）帯十筋・蒸鰈壹箱を拝受す、女臣、文にてつたふ、

一、五の丸様より、干鯛壹箱を拝受す、昨日、御膳を献したまふによりてなり、

八日、

一、妻、今日、一ケ谷（市、以下同ジ）（市ケ谷）の八幡宮（亀ケ岡八幡、吉保産神）へ參詣して、三社へ戸帳（帳）三通り・初尾（穂）金千疋・檜重壹組を寄進す、住持東圓寺法印海岸へ、紗綾五巻・行器貳荷・昆布壹箱・岩耳（茸カ）一箱・樽代五百疋を恵む、戸帳の書付、右の方に、壹つは、一谷八幡宮廣前（曠、以下同ジ）神帳、壹つは、一谷八幡宮左相殿神帳、壹つは、一谷八幡宮右相殿神帳、左の方には、いづれも寶永二年乙酉四月十五日、甲斐少將室源氏奉納と記す、

九日、

一、御尋とて、御臺所様より、べに（紅）切一組・鮮鯛壹折を拝受す、

一、同し事にて、五の丸様より、檜重一組を拝受す、

一、土屋出羽守（吉保女婿、稲子夫）定直、今日死去す、

一、吉保か名代とて、家臣柳沢権大夫保格を、甲州青

*綱吉手づからの御朱印拝受

木村の常光寺へ參詣させて、毘耶淨賢居士(第十六世、青木信定)の牌前へ、香奠銀五枚、芳林妙杏大姉(青木信定室)へ、貳枚、泰翁乾康菴室(第十七世、青木信立)へ、五枚、栁下理春大姉(青木信立室)へ、貳枚を供す、

瑞春院より吉保夫妻に御尋の拝受物

十一日、

一、御尋とて、五の丸様より、吉保に、久年母壹籠、妻に、干菓子一箱・蒸籠五組を下されて拝受す、いづれも女臣、文にて傳ふ、

八重姫より土屋定直死去の御尋

十二日、

一、八重姫君様より、ぬり重の內壹組を拝受す、出羽守定直(土屋)か死去せるによりての御尋なり、女臣、文にて傳ふ、

瑞春院御覽の御能

拝受物裾分けの拝領物

十三日、

一、今日、御能ありて、五の丸様、御覽なるにより て、紗綾五巻を拝受す、御すそわけとて、檜重一組を拝りやうす、吉里も同し、

*吉保宛御朱印

十五日、

一、御休息の間に召させられ、御朱印を御手自下されて、幾久万〻年、目出度思召さるとの御意ありて、頂戴して御礼を申上く、御前にて吉里へ、右の御朱印を渡して頂戴致させ、御礼を申上く、子孫繁昌に千秌萬歳、目出度思召さると、吉里へ御意有、御座の間にて、大納言様(徳川家宣)へ存寄らす、結構成御文言の御朱印を、只今頂戴仕たると申上ぬれは、一入目出度思召さると御意あり、件の御朱印の文言は、林大學頭信篤(鳳岡)へ仰付られ、先月廿九日、御覽ありて、政務勤勞と書たるを、大抵の文言に、思召さる、眞忠之勤といへる詞、然るべきのよし、仰出さる、則委しく御吟味の上にて、左の通りに御定め遊はされしなり、老中まて御礼を申上く、

甲斐國者、要樞之地而、一門之歴〻雖領來、

依真忠之勤、今度、山梨・八代・巨摩之三部

一圓目録在別紙充行之證、爲先祖之舊地、永可令
領知之状、如件、
寶永二年四月九日［御朱印］
甲斐少將殿
十六日、
一、延齢丹一・香合蘊合圓一・香合を拜りやうす、
十八日、
一、檜重一組・鮮干の鯛一箱を、妻拜りやうす、不快によりて也、
一、御簾中様より、檜重一組を拜受す、女臣、文にてつたふ、
十九日、
一、吉里か実母の（飯塚氏、染子）病氣重きによりて登城せす、
一、檜重壹組・鮮干の甘鯛一箱を、吉里か実母、拜りやうす、病氣の御尋なり、右京大夫輝貞（松平、側用人）持參してつたふ、
一、五の丸様より、五嶋〔島〕鯣壹箱を拜受す、吉里か実母の病氣を御尋なり、女臣、文にて傳ふ、
廿日、
一、吉里か実母の病氣、少快きによりて登城す、
一、御簾中様より、吉里か実母の病氣を御尋なり、女臣文にてつたふ、
一、吉里か実母の病氣重きによりて、日光御門跡公（後西皇子、三管領宮）辨親王、昨日より中堂（寛永寺、根本中堂）にて御祈禱を執行ひたまふとて、御札、幷に龍眼肉を拜受す、
一、今日、大納言様（徳川家宣）より、吉里か実母の病氣を御尋遊はさる、本多伯耆守（老中）正永、手紙にて傳ふ、
廿一日、
一、吉里か実母の病氣、勝れさるによりて登城せす、
一、吉里か実母の病氣を御尋とて、人參壹片・鮮干の鱈壹箱を拜領す、右京大夫輝貞持參して傳ふ、
一、同し事によりて、五の丸様より、菊粽壹折・干鯛壹箱を拜受す、女臣、文にてつたふ、
一、同し事によりて、御簾中様より、檜重一組・鮮

*染子小康により登城
*簾中染子の病狀御尋
*公辨法親王根本中堂にて染子の延命祈禱
延齢丹他拜領
妻の不快に拜領物
*家宣染子の病狀を問ふ
簾中より拜受物
*染子の病狀優れず登城遠慮
*染子病氣見舞に人參他拜領
染子重篤につき登城遠慮
染子病氣見舞拜領
*瑞春院より見舞の菊粽他拜受
*簾中より見舞の檜重他拜受
瑞春院より染子の見舞拜受

八重姫より染子見舞を拜受
家宣染子の病氣御尋
*瑞春院より染子の病氣御尋
瑞春院より文にて染子の病狀御尋
*染子へ見舞品下賜
簾中より病狀御尋の拜受物
*染子桂昌院より見舞の拜受物
*瑞春院より染子の病狀御尋
妻桂昌院より葛煎餅他拜受
染子龜ヶ岡八幡三社へ簾寄進
*町尻兼量の手簡天皇への獻上品への謝意を傳達

鯛壹折を拜受す、女臣、文にてつたふ、
一、同し事によりて、八重姫君様より、吉里か実母へ、檜重壹組を下さる、女臣、文にて妻まて達す、
一、今晩、大納言様より、吉里か実母の病氣を御尋遊はさる、間部越前守詮房(家宣側用人)、手紙にて傳ふ、
廿二日、
一、登城す、
一、五の丸様より、吉里か実母の病氣を御尋なり、女臣、文にて傳ふ、
一、御簾中様より、吉里か実母の病氣を御尋なり、女臣、文にてつたふ、また鮮干の鱚壹籠を拜受す、是も女臣、文にて傳ふ、
一、今日、一位様より、妻に、葛せんべい壹箱・鮮干の鱚壹箱を下されて拜受す、
一、吉里か実母、今日、一ケ谷八幡宮三社へ、簾三通りを寄進す、右の方に、壹つは、一谷八幡宮廣前御簾、壹つは、一谷八幡宮左相殿御簾、一つハ、一谷八幡宮右相殿御簾、左の方には、いづれも、寶永二年乙酉閏四月十五日、甲斐少将嫡男(柳澤吉里)、侍従實母、橘氏(染子)奉納、と記す、
廿三日、
一、吉里か実母の病氣を御尋とて、五の丸様より、檜重壹組を拜受す、女臣、文にて傳ふ、
一、同し事によりて、干菓子一箱・鮮干のさより壹箱を、吉里か実母へ下さる、御城にて吉保頂戴す、
一、同し事によりて、一位様より、笹粽壹折・味噌漬の鯛壹桶を拜受す、女臣、文にて傳ふ、
廿四日、
一、五の丸様より、吉里か実母の病氣を御尋也、女臣、文にてつたふ、
一、町尻三位兼量卿の奉書到來す、

芳翰令拜見候、主上（東山天皇）倍御安全被爲成候、然者、御硯・御料紙箱・御肴一種、目錄之通、御献上、則於御内々、致披露候處、叡感不斜御事候、此旨、宜申入候御氣色ニ候、恐惶謹言、

町尻三位

閏四月九日　兼量

松平美濃守殿

御別紙令拜見候、弥御堅固之由、珎重存候、然者、當春參向之節、被示聞候御献上物、此度御硯・御料紙箱、幷御肴一種、御目錄之通、則御内々ニ而、以御紙面、遂披露候處、丁寧之品御献上、別而、御㐂悦之御事ニ候、右之趣、從下官、何分も宜申入之旨、御座候、尤以使者、可被申上義候得共、御遠慮之旨、御尤ニ存候、恐惶謹言、

町尻三位

閏四月九日　兼量

松平美濃守殿

*家宣夫妻濱離宮入り

*染子簾中より見舞品拜受

*染子瑞春院より見舞品拜受

*妻經由で御臺所より染子の見舞拜受

*妻經由で桂昌院より染子の見舞拜受

*染子快然に吉保吉里染子拜領物

廿五日、

一、今日、大納言様、幷に、御簾中様、濱の御屋鋪（濱離宮）へ入らせらる、

一、吉里か実母の病氣を御尋とて、御簾中様より、ぬり重の内一組を拜受す、女臣、文にてつたふ、

一、同し事によりて、五の丸様より、交肴一籠を拜受す、女臣、文にてつたふ、

一、同し事によりて、御臺所様より、吉里か実母へ、鮮鯛壹折を下さる、女臣、文にて妻迄達す、

一、同し事によりて、一位様より、吉里か実母へ、行器二荷・干鯛壹箱を下さる、女臣、文にて妻まて達す、

廿六日、

一、吉里か実母の病氣、快然なるによりて、時服十・干鯛壹箱を拜領す、吉里は、五つと一箱、

家宣染子の病狀御尋

簾中染子の病狀御尋

一家公辨法親王他へ染子の祈禱御禮贈る

*甲州本遠寺の領分先規通り承認

*庚申に父子四人拝領物

*瑞春院より染子の病氣見舞拝受

*家臣の外科醫綱吉家宣御目見

同実母ハ、紅白羽二重三十疋・干鯛壹箱也、

一、今日、大納言様より、吉里か実母の病氣を御尋遊はす、間部越前守詮房、手紙にて傳ふ、

廿七日、庚申、

一、吉里か実母の病氣を御尋とて、御簾中様より、鮮干の甘鯛壹籠を拝受す、女臣、文にてつたふ、

一、吉里か実母の病中に、日光御門跡公辨親王、御祈禱を執行ひ給ふ、頃日、漸く快然なるによりて、祝儀とて、公辨親王へ、吉保より、夏珪か畫る墨繪の山水、代千貫なる掛物壹幅・茶弁當壹組・台菓子一組・重食籠一組・時服二十・紅白縮緬五十巻・銀百枚・昆布一箱・干瓢壹箱・樽壹荷、吉里より、紗綾二十巻・檜重壹組・氷こんにやく壹箱・昆布一箱・樽代千疋、同実母より、狩野永徳か畫る名所和哥に、照高院道澄の筆の色紙ある屛風一双・貘の枕香爐壹つ・昆布一箱・椎茸壹箱・樽代千疋を進上す、矢田倍長門守好古・蓮田備前守秀英へ、吉保より、干鯛壹箱・樽代金壹枚充、吉里か実母より、干鯛壹箱・長綿三十把つゝ、蓮光院権少僧都覺雅・明徳院権少僧都玄照へ、吉保より、昆布壹箱・銀二十枚充、吉里か実母より、昆布一箱・編綿十巻充を贈る、

一、甲刕河内領、大野村六十五石餘の場、本遠寺領分入込てあり、先規のことく支配いたし度よし、本遠寺願によりて、先規の通りにいたすべきと申付く、

一、檜重一組を拝領す、吉里も同し、安通(經隆)・信豊(時睦)は、紅白縮綿五巻充、庚申によりてなり、

廿八日、

一、吉里か実母の病氣を御尋とて、五の丸様より、鮮鯛壹折を拝受す、女臣、文にてつたふ、

一、家臣外科丸山昌貞、御目見申上く、大納言様へも同し、

東山天皇へ献上の品の披露を謝す

*老中合議で出仕時著用の衣服定む

町尻兼量の取持を謝し再報

廿九日、

一、先頃、町尻三位兼量卿の奉書到來するによりて、今日、再報をつかハす、

御奉書致拜見候、禁裡（東山天皇）、益御機嫌能被成御座、目出度奉恐悅候、然者、先頃献上之品於、御内ゝ首尾能被遂御披露、忝次第ニ候、不被存寄勅諚、誠以冥加至極、重疊難有仕合奉存候、恐ゝ謹言、

甲斐少將

閏四月廿九日　判

町尻三位殿

御返翰令拜見候、今度献上之品於、御内ゝ首尾能被遂言上候處、御內慮之旨、委細被仰聞承知、御取持故与、至而令大慶候、恐ゝ謹言、

甲斐少將

閏四月廿九日　判

町尻三位殿

一、出仕の時に着用する衣服の事を、老中云ひ合せて定む、其書付こゝに記す、

一、四月朔日計、熨斗目袷着用、同十五日・廿八日・五月朔日・九月朔日ニは、服紗袷着用可仕候、

一、九月九日、花色小袖ニ不限、何色ニても着用可仕候、

一、十二月朔日・同十五日ハ、服紗小袖着用、廿八日計、熨斗目着用可仕候、右之趣可被相觸候、

以上、

酉閏四月、

(表紙題簽)

樂只堂年録　第百六十六巻　寶永二乙酉五月

此巻は、寶永二年乙酉の五月の事を記す、

五月大

朔日、癸亥、

一、今日、御祈禱の料、銀五枚を、護持院(隆光)へ贈る、

一、御尋とて、御簾中様(天英院、近衛熙子、照姫)より鮮鯛壹折を拜受す、女臣、文にてつたふ、

一、今日、一位様(桂昌院、綱吉生母)へ、花壹桶・鮮鯛壹折を進上して、御機嫌を伺ふ、

一、妻より、一位様・御臺所様(淨光院、鷹司信子)・八重姫君様(綱吉養女、徳川吉孚室)へ、鮮鯛壹折充をしん上す、先頃、吉里か實母(飯塚氏、染子)の病中に、度々御尋ありしによりて也、

一、退出の時、三の丸へ參上す、

一、公通卿(正親町、町子實父)の奉書到來す、

和歌十五首詠草、仙洞(靈元上皇)御覽之儀、幷拜領物、難有之旨、以芳札之趣令披露候也、恐々謹言、

閏四月十九日　公通

松平美濃守(柳澤吉保)殿

和哥十首詠草、仙洞御覽難有之旨、以芳翰之趣令披露候也、恐々謹言、

閏四月十九日　公通

松平伊勢守(柳澤吉里)殿

三日、

一、端午の御祝儀とて、時服五つを献上す、大納言(徳川家宣)様へは、銀五枚を進献す、

一、同し事によりて、一位様・御臺所様・御簾中様へ、銀三枚充、五の丸様(瑞春院、明信院生母)・八重姫君様へ、貳枚

*吉保宛て和歌添削關連の公通奉書

*吉里宛て和歌添削關連の公通奉書

護持院へ祈禱料贈る

簾中より御尋拜受

*端午の祝儀に時服家宣へは銀五枚獻上

妻三所へ染子の病狀御尋の禮物進上

*五所へ端午の祝儀進上

充を進上す、

甲州諸社へ祈禱料米寄附

一、甲刕の諸社へ、祈禱料米を寄附す、書付、こゝに記す、

三光院宛書付

八木〔米、以下同ジ〕三俵、

右之通、年〻可被下之条、爲國中安全・年穀豊饒・當家武運長久・子孫繁榮、於御城内稲荷神前、毎年正・五・九月之御祈禱、如先親抽丹誠、猶又御札可相納之旨、少將殿〔柳澤吉保〕仰候也、

寶永二乙酉年四月　鈴木主水〔重員〕
近藤圖書〔武務〕
柳澤權大夫〔保格〕

三光院

*二宮神主宛書付

荒神別當宛書付

八木拾俵、

右之通、年〻可相送之条、爲國中安全・年穀豊饒・當家武運長久・子孫繁榮、從來五月令開白、長日不断之御祈禱、可被抽丹誠之旨、少將殿仰候也、

寶永二乙酉年四月　鈴木主水
近藤圖書
柳沢權大夫

荒神別當御房

八木拾俵、

右之通、年〻可相送之条、爲國中安全・年穀豊饒・當家武運長久・子孫繁榮、從來五月令開白、長日不断之御祈禱、可被抽丹誠之旨、少將殿仰候也、

寶永二乙酉年四月　鈴木主水
近藤圖書
柳沢權大夫

二宮神主殿

大藏寺宛書付

八木拾俵、

右之通、年〻可相送之条、爲國中安全・年穀豊饒・當家武運長久・子孫繁榮、從來五月令開白、長日不断之御祈禱、可被抽丹誠之旨、少將殿仰候也、

寶永二乙酉年四月廿九日　鈴木主水

近藤圖書

柳沢權大夫

大藏寺

惠林寺宛書付

八木拾俵、

右之通、年〻可相送之条、爲國中安全・年穀豊饒・當家武運長久・子孫繁榮、每年正・五・九月中旬酉日、大般若・戌日百座・不断輪之法、令執行可被抽悃誠旨、少將殿被仰也、

寶永二乙酉年四月　鈴木主水

近藤圖書

柳沢權大夫

惠林寺

*東光寺宛書付

八木拾俵、

右之通、年〻可相送之条、爲國中安全・年穀豊饒・當家武運長久・子孫繁榮、從今年令開白、每年正・五・九月、於法誠寺、地藏菩薩宝前懺法執行、御祈禱可被抽悃誠之旨、少將殿被仰也、

寶永二乙酉年四月　鈴木主水

近藤圖書

東光寺

*御嶽山社僧宛書付

八木拾俵、

右之通、年〻可相送之条、爲國中安全・年穀豊饒・當家武運長久・子孫繁榮、從來五月令開白、長日不断之御祈禱、可被抽丹誠之旨、

少將殿仰候也、

寶永二乙酉年四月　鈴木主水

近藤圖書

柳沢權大夫

御嶽山　社僧中

御嶽山社家宛書付

八木拾俵、

右之通、年〻可相送之条、爲國中安全・年穀豐饒・當家武運長久・子孫繁榮、從來來五月令開白、長日不断之御祈禱、可被抽丹誠之旨、少將殿仰候也、

寶永二乙酉年四月　鈴木主水

近藤圖書

柳沢權大夫

御嶽山　社家中

一宮神主宛書付

八木拾俵、

右之通、年〻可相送之条、爲國中安全・年穀豐饒・當家武運長久・子孫繁榮、從來五月令開白、長日不断之御祈禱、可被抽丹誠之旨、少將殿仰候也、

寶永二乙酉年四月　鈴木主水

近藤圖書

柳沢權大夫

一宮神主殿

*三宮神主宛書付

八木拾俵、

右之通、年〻可相送之条、爲國中安全・年穀豐饒・當家武運長久・子孫繁榮、從來五月令開白、長日不断之御祈禱、可被抽丹誠之旨、少將殿仰候也、

寶永二乙酉年四月　鈴木主水

近藤圖書

柳沢權大夫

三宮神主殿

愛宕別當宛書付

八木拾俵、

右之通、年〻可相送之条、爲國中安全・年穀豊饒・當家武運長久・子孫繁榮、從來五月令開白、長日不断之御祈禱、可被抽丹誠之旨、少將殿仰候也、

寶永二乙酉年四月　鈴木主水

近藤圖書

柳沢權大夫

愛宕別當御房

雲峰寺宛書付

八木拾俵、

右之通、年〻可相送之条、爲國中安全・年穀豊饒・當家武運長久・子孫繁榮、從今年令開白、毎年正・五・九月、於觀世音菩薩宝前、懺法執行・御祈禱、可被抽悃誠之旨、少將殿被仰也、

寶永二乙酉年四月廿九日　鈴木主水

近藤圖書

柳澤權大夫

雲峰寺

*福昌院宛書付

八木三俵、

右之通、年〻可被下之条、爲國中安全・年穀豊饒・當家武運長久・子孫繁榮、於御城內稲荷社前、毎年正・五・九月之御祈禱、如先規抽丹誠、猶又御札可相納之旨、少將殿仰候也、

寶永二乙酉年四月　鈴木主水

近藤圖書

柳沢權大夫

福昌院

*八幡神主宛書付

八木拾俵、

右之通、年〻可相送之条、爲國中安全・年穀豐饒・當家武運長久・子孫繁榮、從來五月令開白、長日不斷之御祈禱、可被抽丹誠之旨、少將殿仰候也、

寶永二乙酉年四月　鈴木主水
近藤圖書
柳澤權大夫

八幡神主殿

八木拾俵、

右之通、年〻可相送之条、爲國中安全・年穀豐饒・當家武運長久・子孫繁榮、從來五月令開白、長日不斷之御祈禱、可被抽丹誠之旨、少將殿仰候也、

寶永二乙酉年四月　鈴木主水
近藤圖書
柳沢權大夫

住吉神主殿

＊端午の禮節定例

五日、

＊吉里初めて御玄關より退出し西の丸へ參上

一、當節(端午)の御礼、例年のことし、吉里、始て御玄關より退出して、西の丸へ參上す、

＊桂昌院瑞春院より吉保夫妻當節の拝受物

一、當節の御祝儀とて、一位樣より、銀五枚・粽壹折・干鯛一箱、五の丸樣より、吉保に、干鯛一箱、妻に、粽壹折・干鱘壹箱を下されて拜受す、いつれも女臣、文にてつたふ、

＊吉保父子當節の拝領物
付 住吉神主宛書

一、同し事によりて、拜領物、吉保・吉里に、檜重一組・干鯛壹箱充、安通(經隆)・信豊(時睦)に、紅白縮綿(編、以下同ジ)五巻充也、

六日、

＊染子の病氣御尋拝領

一、水飛の粉一箱・鮮干の鱚一箱を、吉里か実母へ下されて拜領す、病氣の御尋也、

七日、

＊妻桂昌院より御尋拝受

一、御尋とて、一位樣より、妻に、枇杷一篭・鮮干の鯛一箱を下されて拜受す、

家臣二人住吉愛宕荒神へ代參寄進
*簾中より裾分拜受
*飯塚染子死去
寛永寺佛殿參詣先立
家宣紅葉山三佛殿參詣
御臺所より御尋拜受
*三所より染子弔問の御尋
瑞春院より染子の病氣御尋拜受
*八重姫より弔問の拜受物
八重姫初西の丸入りに吉保夫妻拜受物
*弔問の上使來臨

一、吉保か名代とて、家臣、柳澤權大夫保格を、甲斐畔村の住吉大明神へ參詣させて、太刀一腰・馬代金壹枚、近藤圖書武務を愛宕山・荒神山へ參詣させて、金千匹充を寄進す、

八日、

一、東叡山(寛永寺)の嚴有院(徳川家綱)様の御佛殿に御參詣なり、吉保、御先立を勤む、大納言様は、紅葉山(御廟所)の三御佛殿(台徳院・大猷院・嚴有院)へ御參詣なり、

九日、

一、御尋とて、御臺所様より、檜重壹組を拜受す、女臣、文にてつたふ、

一、吉里か実母の病氣を御尋とて、五の丸様より、檜重壹組を拜受す、女臣、文にて傳ふ、

十日、

一、八重姫君様より、行成紙一箱・單物二つ・造り物の内に菓子入たるを拜受す、妻へは、單物二つ也、昨日、西の丸へ始て御入によりての御す(そわけ(裾分))也、女臣、文にて傳ふ、

一、御簾中様より、縮綿十巻・縫入の帯五筋・笹粽一折・干鯛一箱を拜受す、昨日、八重姫君様より、進せられたる内にての、御すそわけなり、女臣、文にて傳ふ、

一、今日八つ時前に、吉里が實母、橘染子死去す、吉保は、遠慮三日、吉里は、忌五十日・服十三月、吉里が妻(酒井氏、頼子)は、忌三十日・服百五十日なり、

十一日、

一、吉里が實母死去せるによりて、一位様・御簾中様・五の丸様より、御尋あり、いづれも女臣、文にてつたふ、

一、同し事によりて、御尋とて、八重姫君様より、ぬり重の内壹組を拜受す、女臣、文にて傳ふ、

一、同し事によりて、上使、松前陸奥守直廣來臨せらる、吉保・吉里、門外まで出迎ひ案内す、大書院上の間の床の前に着座して、上意を述らる、

*登城遠慮
*御臺所簾中より染子弔問の拜受物
*吉保吉里瑞春院より弔問の御尋拜受
*御臺所より吉里朦氣の御尋拜受
*八重姬より吉里朦氣の御尋
吉保の遠慮御免
*染子へ香奠拜領
染子を龍興寺に葬送
法名靈樹院月光壽心大姉
*吉保精進落すべく上意

歸りの節ハ、吉保は遠慮の中、吉里は忌の中なれは、大書院三の間の杉戸の際迄送りぬ、米倉主計昌照は、下座延〔緣〕迄迎へ送る、吉保が名代とて、主計昌照（米倉）を、月番の老中、秌元但馬守喬朝、幷に松平（側用人）右京大夫輝貞か亭へつかはして、上使を下されし有かたさを申上く、陸奥守直廣（松前）が宅へも往て、御礼を申上さす、大納言樣の御使は、岡部和泉守重興也、是も迎へ送る事、上使と同式なり、主計昌照を、戸田大炊頭忠利か亭へつかハして、御使を下されし有かたさを申上く、和泉守重興（岡部）か宅へも往て、御礼を申上さす、

一、吉保か遠慮を御免遊ばさるとの事を、右京大夫輝貞（松平）、手紙にてつたふ、是によりて、八つ半時過に登城す、

一、暮六つ時に、吉里か實母、橘染子を龍興寺（飯塚家菩提寺）に葬る、法名霊樹院月光壽心大姉、

十二日、

一、今日登城せず、

一、御尋とて、御臺所樣、御簾中樣より、ぬり重の內壹組充を拜受す、いつれも女臣、文にて傳ふ、

一、同し事によりて、五の丸樣より、吉保に、胡麻餅壹箱、吉里に、干菓子一はこを下されて拜受す、女臣文にてつたふ、

十三日、

一、吉里か朦氣を御尋とて、御臺所樣より、吉里に、檜重一組を下されて拜受す、女臣、文にて吉保迄達す、

一、同し事によりて、八重姬君樣より、吉里に、ぬり重の內一組を下されて、拜受す、前に同し、

一、吉里か實母死去せるによりて、御香奠とて、銀百枚を拜領す、やがて龍興寺の牌前へ供ず、

十五日、

一、吉保精進を落つべきとの上意にて、鮮鯛一折を下されて拜領す、

桂昌院今宮祭の御膳進上に進上物拝受物
*吉里朦氣の御尋拝領
*綱敎死去により諸大名諸旗本御機嫌伺
*紅葉山佛殿參詣延期
家宣同道で紅葉山東照宮參詣先立
*家宣吉里の朦氣御尋
吉里御臺所より朦氣御尋拝受
*三の丸へ參上
*簾中吉里の朦氣御尋
綱敎死去鳴物停止
*妻八重姫より御尋

一、今日、一位様より、御祭(今宮祭)の御膳を進せらるゝによりて、粕漬の鯛壹桶を進上し、重の内一組、鮮干の鯵壹箱を拝受す、御すそわけの拝りやう物は、吉保に、檜重一組・黒餅の麻上下五具・黒餅の帷子五端・茶屋染の帷子三端、安通・信豊も同し品にて、檜重なし、

十七日、

一、紅葉山の御内宮(東照宮)へ御參詣なり、吉保、御先立をつとむ、大納言様も御參詣遊ばさる、

十八日、

一、吉里か朦氣を御尋とて、御臺所様より、吉里に、檜重壹組を下されて拝受す、女臣、文にて吉保迄達す、

十九日、

一、紀伊中納言綱敎卿(徳川、鶴姫夫)、去る十四日に死去したまへるよしを註進す、今日より廿五日迄、鳴物を停止す、

一、吉里か朦氣を御尋とて、檜重一組を、吉里に下されて拝領す、

廿日、

一、紀伊中納言綱敎卿死去なるによりて、諸大名・諸旗本出仕して御機嫌を伺ふ、

一、例年今日、紅葉山の御佛殿へ御參詣なれ共、中納言綱敎卿の穢氣によりて延ひぬ、

一、吉里か朦氣を御尋とて、大納言様より、吉里に、檜重一組を下されて拝りやうす、間部越前守詮房(家宣側用人)、手紙にて吉保迄傳ふ、

廿一日、

一、登城の時、三の丸へ參上す、

一、吉里か朦氣を御尋とて、御簾中様より、吉里に、檜重壹組を下さる、女臣、文にて吉保まて達す、

廿二日

一、御尋とて、八重姫君様より、妻に、笹粽壹折を下されて拝受す、女臣、文にてつたふ、

吉保吉里瑞春院より御尋拜受

黄檗悦山和尚との供養問答と詩偈贈答

廿三日、

一、五の丸様より、御尋とて、藁巻壹折を拜受す、吉里が朦氣を御尋とて、吉里に、檜重一組を下されて拜受す、女臣、文にて傳ふ、

一、黄檗の住持、悦山和尚入院の御礼とて、參府するによりて、今日、私亭にて供養問答し、詩偈を贈答す、其辭、こゝに記す、

問、

負荷《ふかの》龍象《りうざう》與《とと》二護法《ごハうの》居士《こじ》一那《いづれか》尊《たつとき》、

答曰、

分《わかつて》レ身《ミを》兩《りやう》處《しよに》看《ミよ》、

問、

與《よ》麽《もならバ》則《すなハち》單《たん》二提《ていする》祖《そ》道《だうを》一一句《いつく》作麽生《そもさん》、

答曰、

願《ねがハくハ》淂《ゑん》二人《にん》々《く》作《さ》祖《そ》箇《こ》々成《こじやう》佛《ぶつすることを》一、

問、

却《かへつてしるに》知レ恩《おんをあり》有レ分《ぶん》、

答曰、

明眼人《めいげんのひと》難《がたし》レ瞞《まんじて》、呈《ていして》レ偈《げを》云《いハく》、方外《ハうぐわいの》交情《かうじやう》眞《しんに》可《べし》レ嘉《よミす》、

一任《いちじんす》問話《もんわの》錯《しやく》、也《また》錯《しやく》止《やミ》々《ねく》、我法《わがハふ》妙《ミやうにして》難《かたく》

レ思《おもひ》、常《つねに》說《とく》牆壁《しやうへき》與《とと》二瓦礫《ぐハりやく》一、全透居士《（柳澤吉保）》、

答韻云《たふいんにいハく》、

心性《しんしやう》光輝《くハうき》、事々《じじ》嘉《よく》陰陽《いんやう》、爕理《せふり》毫《がうも》無《なし》レ錯《あやまり》、

君侯《くんかうの》字々《じじ》等《ひとしく》二圭璋《けいしやうに》一、山衲《さんなふ》言々《がげんく》當《あたる》二瓦礫《ぐハりやうに》一、

悦山草、

乙酉年《いついうのとし》、蒲月《ほげつ》吉旦《きつたん》、應《おふじて》二松平少將《まつだいらせうしやう》濃州太守《のうしうのたいしゆ》大居士《だいごじ》招《のまねきに》一、奉《ほう》贈《ざうして》幷《ならびに》謝《じやす》、博《ハくしゆす》二取《しゆす》一粲《いつさんに》一、高名（柳澤吉保）《かうめい》

仰望《あふぎのぞんで》、歷《ふ》二多年《たねんを》一、不《ず》レ讓《ゆづら》伊《い》周《しう》古聖賢《のこせいけん》、何《なんの》

幸《さいハい》ぞ今朝《こんちやう》瞻《ミる》二玉貌《ぎよくハふを》一、如《ごとし》下開《ひらきて》二雲霧《うんぶを》一觀《ミるが》中青天《せいてんを》上、

蒙《かふゝる》下招《まねきて》二山僧《さんさう》頌《をあがつことを》中珍供《ちんくを》上、徹見《てつけんす》、台臺《たいだいの》契《かなふことを》二

夙縁《しゆくゑんに》一、儒佛《じゆぶつ》幷《ならびに》擔《になふ》、眞鐵漢《しんのてつかん》、世間出世《せけんしゆつせ》世事《せじ》、

倶全《ともにまつたし》　黄檗第七代《わうバくだいしちだい》、七十七歳《さい》、悦山　敬《つゝしんで》　草《さうす》、

廿四日、

*紅葉山二佛殿參詣供奉

一、紅葉山の台徳院様(徳川秀忠)・大猷院様(徳川家光)の御佛殿に御參詣なり、吉保供奉す、

*龍興寺への寄付改增

一、例年、龍興寺、幷に愚丘庵へ贈りし俵米扶持方を、此度改增して、百石充を寄附す、書付の詞、こゝに記す

節操院殿(曾雌盛定、定子父)・貞心院殿(定子母)・慶勇居士(曾雌六之助カ)・永薫信女(曾雌定秋妻)・幻相童女(曾雌定秋女)・林相童女〔子〕(曾雌傳次郎)・卽如童子(曾雌市助)・芳德童子(曾雌才次郎)・素仙童女(幸子改意仙、生母染子)、僧糧一百石但三つ六分、右爲祈靈魂之冥福、吉保永被寄附之畢、此旨、然可令演達如斯候也、

柳沢帯刀(保誠)

寶永二乙酉年五月廿四日　平岡宇右衛門(資因)

藪田五郎右衛門(重守)

龍興寺

*愚丘庵主への寄付改增

僧糧一百石但三つ六分、右爲祈霊樹院殿(飯塚染子)之冥福、吉保永被寄附之畢、此旨然可令演達、如斯候也、

柳沢帯刀

宝永二乙酉年五月廿四日　平岡宇右衛門

藪田五郎右衛門

龍興寺中

愚休〔丘〕庵主

廿六日、

*妻桂昌院へ御機嫌伺の進上物

一、妻より、一位様へ鮮鯛壹折を進上して、御機嫌を伺ふ、

廿七日、

*簾中より御尋拜受

一、御尋とて、御簾中様より、造り物重一箱・鮮鯛壹折を拝受す、女臣、文にてつたふ、

廿九日、入土用、

*女房横山繁子女児出産

一、今朝六つ時過に、家の女房横山氏(繁子)、女子を生む、

晦日、

*登城退出両度三の丸へ參上

一、登城の時、三の丸へ參上す、退出の時、再ひま

いる、

桂昌院より御尋拝受

一、御尋とて、一位様より、楊梅壹籠・鱸壹折を拝受す、女臣、文にて傳ふ、

吉里御臺所より御尋拝受

一、吉里が朦氣を御尋とて、御臺所様より、吉里に、杉の提重一組を下さる、女臣、文にて吉保まで達す

町尻兼量の書簡到來

一、町尻三位兼量卿の書簡到來す、

御返礼兩通、令拝見候、然者、先頃御獻上之品、於御內〻遂披露、御內慮之趣申達候處、忝思召候由、致承知候、被入御念候段、御序之節、猶及言上候、弥御勇健之旨、珎重存候、恐惶謹言、

町尻三位

五月廿一日　兼量

(柳澤吉保)
甲斐少將殿

*八重姫より土用の御尋拝受

*登城前三の丸へ參上

*妻御臺所瑞春院に土用の御機嫌伺進上物

*吉里朦氣御尋を拝領

*妻御臺所より土用の拝受物

吉保夫妻桂昌院へ月初の御機嫌伺進上物

*登城せず三の丸へ參上

御臺所より拝受物

*妻桂昌院八重姫へ土用の進上物

八重姫より御尋の拝受物

（表紙題簽）

樂只堂年録　第百六十七巻　寶永二乙酉六月上

此巻は、寶永二年乙酉の六月十二日までの事を記す、

六月小

朔日、癸巳、

一、退出の時、三の丸（桂昌院居所）へ參上す、

一、今日、一位様（桂昌院、綱吉生母）へ、吉保より、甜瓜壹篭・串海鼠一箱、妻（曽雌氏、定子）より、檜重一組・鮮鯛壹折を進上して、御機嫌を伺ふ、

一、御臺所様（淨光院、鷹司信子）より、明石縮三端（反、以下同ジ）・干鯛壹箱を拝受す、

一、御尋とて、八重姫君様（綱吉養女、徳川吉孚室）より、ぬり重の內壹組・味噌漬の鯛壹桶を拝受す、女臣、文にてつたふ、

一、土用の中なれは、御尋とて、八重姫君様より、妻に、絹縮五端・鮮鯛壹折を下されて、拝受す、女臣、文にて傳ふ、

二日、

一、登城の時、三の丸へ參上す、

一、土用の中なれは、御機嫌伺ひとて、妻より、御臺所様・五の丸様（瑞春院、明信院生母）へ、檜重一組・干鯛壹箱充を進上す、

一、吉里か朦氣を御尋とて、葛一箱・干瓢一箱を、吉里拝りやうす、目録を御城にて、吉保頂戴す、

一、御臺所様より、妻に、帷子三つ・干鯛壹箱を下されて拝受す、土用の中なるによりて也、

三日、

一、登城せずして、三の丸へ參上す、

一、土用の中なれば、御機嫌伺ひとて、妻より、一位様・八重姫君様へ、檜重壹組・干鯛壹箱充を進上す、

吉保母子御臺所より常例の土用の拝受物

一、御臺所様より、吉保に、絹縮五端・粕漬の鯛一桶、母(了本院、佐瀬氏)に、絹縮五端・団扇五本を下されて拝受す、土用中の常例也、

四日、

*登城途次三の丸へ參上

一、登城の時、三の丸へ參上す、

簾中より土用の御尋拝受

一、土用の中なれハ、御尋とて、御簾中様(天英院、近衛熈子、照姫)より、模様入たる、帷子五つ・鮮鯛壹折を拝受す、女臣、文にてつたふ、

五所へ土用の御機嫌伺の進上物

一、同し事によりて、御機嫌伺ひとて、一位様へ、甜瓜壹篭・葛一はこ・串海鼠壹箱、御臺所様・御簾中様・五の丸様・八重姫君様へ、葛一箱・串海鼠一箱充を進上す、

五日、

登城せず三の丸へ參上

一、登城せすして、三の丸へ參上す、

出生の女兒妻さなと命名

一、出生の女子(生母横山氏、繁子)、七夜の祝なり、妻、名をつけてさなといふ、

吉保夫妻瑞春院より土用の拝受物

一、五の丸様より、吉保に、明石縮二端・糯廿袋・幷にたはこ(煙草)六種、妻に、帷子三つ・干鯛一箱・甜瓜壱籠を下されて拝受す、土用の中なるによりて也、

六日、

*登城途次三の丸へ參上

一、登城の時、三の丸へ參上す、

*吉保夫妻桂昌院より土用の拝受物

一、今日、一位様より、吉保に、模様入たる帷子五つ・干鯛一箱、妻に、帷子三重・干鯛壹箱を下されて拝受す、土用の中なるによりて也、

七日、

*登城の途次三の丸へ參上

一、登城の時、三の丸へ參上す、

*吉保一家定例の土用拝領物

一、吉保に、匂袋十五・のし(熨斗)縮三端・明石縮二端・越後縮二端・ほた(保多)〔縞、以下同ジ〕嶋壹端・津緱子二巻・茶宇平二端、母に、のし縮七端・匂袋十、妻も同し、安通(経隆)・信豊(時睦)に、匂袋五つ・のしちゝミ三端・明石縮壹端・越後縮壹端・ほた嶋壹端・津緱子貳巻・茶宇平二端充、安通か実母(正親町町子)・稲か実母(横山氏、繁子)に、匂袋五つ・のし縮三端充を下されて拝領す、土

簾中より暑氣の御尋拜受

端午の時服獻上に御內書奉書到來

*晩雷により登城

*登城の途次三の丸へ參上

*登城退出兩度三の丸へ參上

*妻桂昌院に御機嫌伺の進上物

家宣への獻上に老中連署の奉書到來

*妻二所へ文にて御機嫌伺

用中の常例也、

一、暑氣の節なれは、御尋とて、御簾中様より、甜瓜壹篭・粕漬の鯛壹桶を拜受す、女臣、文にて傳ふ、

一、去る端午の嘉儀とて、時服を献上せしによりて、今日、御內書を頂戴す、烋元（老中）但馬守喬朝か亭へ使者をつかハして、御礼を申上く、大納言様へも、白銀を進献せしによりて、老中連署の奉書到來す、

為端午之祝儀、帷子・單物數五到來、觀覺候、委曲、烋元（喬朝）但馬守可述候也、

五月三日 御黒印（綱吉）

甲斐（柳澤吉保）少將殿

大納言（徳川家宣）様江、為端午之御祝儀、以使者如目録被獻之候、首尾好遂披露候、恐々謹言、

五月三日

本多伯耆守 正永

稻葉丹後守 正通

秋元但馬守 喬朝

小笠原佐渡守 長重

土屋相模守 政直

松平（柳澤吉保）美濃守殿

一、晩七つ半前、雷はげしきによりて登城す、

八日、

一、登城の時、三の丸へ參上す、

九日、

一、登城の時、三の丸へ參上す、退出の時、再ひ參上す、

一、妻より、一位様へ、鮮鯛壹折を進上して、御機嫌を伺ふ、

一、妻より、御臺所様・五の丸様の女臣へ、文を捧げて御機嫌を伺ふ、

吉保夫妻護國寺へ桂昌院の病氣平癒祈禱料を贈る
*一家土用の御機嫌伺の獻上物拜領物
八重姫より暑氣の御尋拜受
吉里簾中より朦氣の御尋拜受
*妻文にて桂昌院八重姫へ御機嫌伺
*妻瑞春院より土用の御尋拜受
登城の途次三の丸へ參上
*登城途次三の丸へ參上
吉保吉里染子の初月忌に瑞春院より拜受物
*吉里御臺所八重姫より朦氣の御尋拜受
登城退出の兩度三の丸へ參上
*吉里朦氣御尋の甜瓜拜領

一、吉保より、銀五枚、妻より、三枚を、護国寺（快意）へ贈りて、一位様の御不豫快然ならせ玉〔給〕はん事を祈るべき事を、たのミつかハす、

一、暑氣の節なれは、御尋とて、八重姫君様より、甜瓜一篭・鮮鯛壹折を拜受す、女臣、文にて傳ふ、

一、吉里か朦氣を御尋とて、御簾中様より、吉里に、甜瓜一篭・漬蕨一桶を下さる、女臣、文にて吉保まて達す、

十日、

一、登城の時、三の丸へ參上す、

一、霊樹院（飯塚氏、染子、吉里生母）が初月忌なるによりて、五の丸様より、吉保に、漬蕨壹桶、吉里に、甜瓜一篭を下されて拜受す、女臣、文にてつたふ、

十一日、

一、登城の時、三の丸へ參上す、退出の時、再ひ參上す、

一、土用の中なれは、御機嫌伺ひとて、母より、檜重壹組・干鯛一箱、妻より、紗綾の縫紋所物廿端・檜重壹組・干鯛壹箱を献上す、拜領物ハ、母に、絹縮十五端・干鯛壹箱、妻も同し、安通か実母・稲か実母に、絹縮五端充なり、吉里か妻ハ（酒井氏、頼子）、忌の中（吉里生母染子の忌中）なるによりて、今日、献上物せず、

一、妻より、一位様・八重姫君様の女臣へ、文を捧けて御機嫌を伺ふ、

一、五の丸様より、妻に、團扇壹箱・笹粽壹折・干鱧一箱を下されて拜受す、土用中の御尋也、

十二日、

一、登城の時、三の丸へ參上す、

一、吉里か朦氣を御尋とて、御臺所様より、ぬり重の內壹組・草花一桶、八重姫君様より、甜瓜一篭・漬蕨壹桶を、吉里に下さる、いづれも女臣、文にて、吉保まて達す、

一、同し事によりて、甜瓜一篭を、吉里拜りやうす、

公辨法親王へ林檎進上
老中連署の領地目録

目録を御城にて、吉保頂戴す、

一、日光御門跡公弁親王（後西皇子、三管領宮）へ、林檎一篭を進上す、

一、老中連署の、領地目録を請取る、先頃、荻原近江守（勘定奉行）重秀より來る、郡村帳をもこゝに記す、

目　録

甲斐國

山梨郡一圓、百四拾六箇村、
高六万八千拾四石壹斗壹升六合、

八代郡一圓、百七拾九箇村、
高五万九千五百三拾弐石四斗五升四合四夕、

巨摩郡一圓、三百三拾六箇村、
高拾万千弐百拾九石弐斗五升五合、

都合拾五万千弐百八拾八石七斗三升七合
外
七万七千四百七拾七石壹斗弐升八合四夕内高

右今度、郡村之帳面相改、及高間所被成下、御朱印也、仍執達如件、

寶永二年四月廿九日
本多伯耆守　正永
稲葉丹後守　正通
秋元但馬守　喬朝
小笠原佐渡守　長重
土屋相模守　政直

松平美濃守殿

目　録

*山梨郡一圓百四拾六ケ村の石高

甲斐國

山梨郡一圓、百四拾六ヶ村、

古府中村・東光寺村・坂垣村・横根村・和戸村・川田村・松本村・鎮目村・山崎村・加茂村・寺本村・徳条村・能野堂村・上岩下村・下岩下村・落合村・正徳寺村（落合村之枝郷）・山根村（落合村之枝郷）・別田村・桑戸村・上万力村・八幡南村・八幡北村・市川村・江曾原村・

大工村・堀内村（大工村之枝郷）・水口村・切指村・坂折村・櫻井村・小松村・國府村・西保中村・西保下村・西保北原村・牧平村・城古寺村・岩手村・窪井村・隼村・室伏村・倉科村・杣口村・千野宮村・成沢村・德和村・下荻原村・上釜口村・下釜口村・大野村・上神内川村・下神内川村・上石森村・下石森村・小原村・東後屋敷村・西後屋敷村・西廣門田村・能野村・西原村・山村・中村・寄田村・一町田中村・上栗原村・下栗原村・等々力村・勝沼村・初鹿野村・靏瀬村（初鹿野村枝郷）・牛奥村・川浦村・上柚木村・下柚木村・藤木村・於屋敷村・三日市場村・上井尻村・下井尻村・上塩後村・下塩後村・千野村・竹森村・平沢村（竹森村之枝郷）・福生里村・上小田原村・下小田原村・上萩原村・中萩原村・下萩原村・上栗生野村・下栗生野村・赤尾村・上於曾村・下於曾村・小佐手村・菱山村・綿塚村・休足村・七日市場村・西高橋村・七沢村・向村・蓬沢村・里吉村・上阿原村・中村・東下条村・下鍛冶屋村・中小河原村・下小河原村・上今井村・下今井村・増坪村・畔村・上村・遠光寺村・東青沼村・西青沼村・藏田村・小瀬村・朝氣村・落合村・小曲村・西油川村・國玉村・山宮村・羽黒村・小杉村・上積翠寺村・下積翠寺村・和田村・上飯田村・塩部村・岩窪村・塚原村・湯村・千塚村・竹田向村・高成村・川窪村・上帯野村・下帯野村・平瀬村・塔岩村、

高六万八千拾四石壹斗壹升六合

*八代郡一圓百七拾九ケ村の石高

八代郡一圓、百七拾九ケ村、

一ノ藏村・塩田村・國分村・東新居村・玉塚村・地藏堂村・北都塚村・南田中村・竹原田村・末木村・東原村・門前村・石村・神沢村・橋立村・中尾村・北野呂村・南野呂村・上平井村・下平井村・中川村・成田村・狐新居村・藤井村・新巻

*巨摩郡一圓三百三拾六ケ村の石高

村・千米寺村・窪中嶋村・坪井村・小城村・川中嶋村・八田村・市部村・日影村・國衙村・上岩崎村・下岩崎村・上矢作村・下矢作村・本部塚村・一ノ宮村・二ノ宮村・藤之木村・上黒駒村・下黒駒村・小石和村・米倉村・前間田村・砂原村・小黒坂村・石橋村・大間田村・小山村・廣瀬村・永井村・三椚村・下ノ原村・東油川村・向井河原村・井戸村・四日市場村・東高橋村・河内村・北八代村・南八代村・増利村・尾山村・大野寺村・竹居村・蕎塚村・栗合村・井上村・奈良原村・八千藏村・高家村・岡村・金河原村・唐柏村・大坪村・今井村・金田村・上芦川村・中芦川村・下芦川村・菱目原村・大窪村・大塚村・淺利村・高部村・大鳥居村・関原村・木原村・寺尾村・上向山村・中畑村（上向山村之枝郷）・下向山村・心經寺村・鶯宿村・西湖村・三帳村・八坂村・高萩村・中山村（高萩村之枝郷）・畑熊村（高萩村之枝郷）・袋村（高萩村之枝郷）・折門村（高萩村之枝郷）・來栖村・藤袋村・上曾根村・下曾根村・右左口村・梯村・古関村・精進村・市川大門村・高田村・大鳥居村・八尻村（大鳥居村之枝郷）・上野村・黒沢村・山家村・羽鹿嶋村・楠甫村・岩間村・鴨狩津向村・上田原村・下田原村・波高嶋村・宮木村・上野平村・常葉村・一ノ瀬村・一色村・宮原村・清沢村・大炊平村・杉山村・車田村・樋田村・北川村・三沢村・落居村・五八村・葛籠沢村・岩下村・寺所村・大山村・嶺村・熊沢村・岩欠村・切房木村・道村・久保村・大磯小磯村・根子村・桑草村・水船村・瀬戸村・釜額村・中倉村・古関村・上佐野村・下佐野村・遠嶋村・井出村・内船村・樋ノ上村・湯奥村・下部村・大袋村・桃ヶ窪村・大嶋村・和田村・椿草里村・大崩村（椿草里村之枝郷）・上八木沢村・下八木沢村・帯金村・丸瀧村・角打村、

高五万九千五百三拾弐石四斗五升四合四夕

巨摩郡一圓、三百三拾六ヶ村、

極樂寺村・筑地新居村・玉川村・飯喰村・上河東村・下河東村・河西村・布施村・山神村・上三ノ条村・下三ノ条村・紙漉河原村・押越村・中楯村・西新居村・西下条村・南下条村・北下条村・臼井河原村・大田和村・馬籠村・東南胡村・西南胡村・西鼻輪村・東鼻輪村・今福村・藤卷村・窪中嶋村・後屋村・堀内村・中条村・二日市場村・古市場村・圓滿寺村・上条新居村・上小河原村・古上條村・關口村・宮原村・河東中嶋村・清水新居村・下石田村・高畑村・西条村・成嶋村・今福新田村・井口村・淺原村・高室村・大津村・乙黒村・町野田村・一町畑村・藤田村・炑山村・宮沢村・田嶋村・和泉村・鑄物師屋村・塚原村・小笠原村・一ノ瀬村・江原村・上宮地村・下宮地村・川上村・在家塚村・吉田村・加賀美村・加賀美中條村・山寺村・寺部村・桃園村・百々村・西野村・飯野村・上今諏訪村・下今諏訪村・六科村・野手嶋村・上高砂村・下高砂村・上今井村・下今井村・上八田村・有野村・徳永村・榎原村・駒場村・安通村・曲輪田村・築山村・平岡村・中野村・上野村・清水村・鮎沢村・古市場村・湯沢村・高尾村・大師村・平林村・舂米村・戸田村・落合村・大椚村・青柳村・長沢村・天神中條村・大窪村・小林村・高下村・小室村・最勝寺村・鰍澤村・高田新田・荊沢村・十日市場村・若尾村・（若尾村之枝郷）若尾新田村・鍋山村・武田村・宮地村・上条東割村・上条南割村・上条北割村・上条中割村・下条西割村・下条東割村・下条南割村・下条中割村・須沢村・大嵐村・塩前村・黒澤村・宮脇村・山高村・青木村・牧原村・白須村・横手村・大坊新田（横手村之枝郷）村・柳沢村・三吹村・上教來石村・下教來石村・大武川村・上圓井村・下圓井村・入戸野村・杉居村・樋口村・新奥村・鳥原村・蘆倉村・臺ヶ原村・水上村・三藏村・神取村・小田川村・藤田

村・大豆生田村・村山東割村・村山西割村・村山北割村・谷戸村・大八田村・上篠尾村・下篠尾村・長坂上条村・長坂下条村・日野村・堤村・樫山村・比志村・上手村・上津金村・下津金村・西井出村・夏秌村・塚川村・小池村・五町田村・藏原村・箕輪村・箕輪新田村箕輪村之枝郷・穴平村・東向村・浅尾村・穴山村・小笠原村・小倉村・大藏村・中丸村・上黒沢村・下黒沢村・松向村・澁沢村・小尾村・岩下村・片下風村・小渕沢村・江草村・淺川村・長沢村・小荒間村・向井沢村・大井ヶ森村・若神子村・若神子新町村・中条村・駒井村・坂井村・河原部村・祖母石村・西岩下村・西八幡村・上薫沢村・下芦沢村・万歳村・冨竹村・篠原村・宮窪村・三沢村・天狗沢村・大下条村・神戸村・高町村・上今井村・下金井村・志田村・上石田村・長窪村・長松寺村・荒川村・中村・下飯田村・長塚村・上野山村・牛句村・境村・團子新居

村・猪狩村・上福沢村・下福沢村・漆戸村・打返村・草鹿沢村・御嶽村・黒平村・千田村・安寺村・吉沢村・獅子平村・上菅口村・下菅口村・柳平村・龜沢村・岩森村・嶋上条村・中下条村・龍地村・大窪村・金竹村・金竹新田村金竹村之枝郷・龍王下河原村・德行村・龍王村・龍王新町村龍王村之枝郷・宇津谷村・大袋村・菖蒲沢村・長知沢村・柳川村・鳥屋村・十谷村・久成村・平須村・大塩村・手打沢村・箱原村・西嶋村・切石村・高沢村・福原村・古長谷村・篠走村・中山村・夜子沢村・伊沼村・八日市場村・江尻窪村・塩之上村・梨子村・樽坪村・草塩村・京ヶ嶋村・矢細工村・湯嶋村・新倉村・大原野村・早川村・黒桂村・西ノ宮村・保村・薬袋村・千須和村・遅沢村・飯冨村小縄赤沢高住村、下山村・栗倉村下山村之枝郷・初鹿嶋村下山村之枝郷・大嶋村・雨畑村・大城村・小田舩原村・門野村・梅平村・相俣村・大野村・波木井村・清子村・横根村・光子沢村・中村・中野

村・本郷村・成嶋村・南部村・塩沢村・大和村・楮根村・福士村・万沢村・奈良田村、

高拾万千弐百拾九石弐斗九升五合、

高都合拾五万千弐百八拾八石七斗三升七合、

都合石高と内高

外、

七万七千四百七拾七石壹斗弐升八合四夕、内高、

領地目録請取により荻原重秀等に贈り物

一、領地目録を請取たるによりて、荻原近江守重秀へ、明石縮三十端・越後縮二十端・干鯛一箱、雨宮勘兵衛忠恆・平岡彦兵衛良久へ、明石縮五端・越後縮五端充を贈る、

*妻文にて桂昌院の御機嫌伺
*龍興寺愚丘庵の位牌堂修補
*染子とその腹の三幼兒父母の位牌遷ず
*登城の途次三の丸へ參上
登城の途次三の丸へ參上
*夏切茶拝領定例
吉保夫妻桂昌院へ御機嫌伺の進上物
*妻桂昌院に御機嫌伺の進上物
家臣を紀州の徳川綱教牌前へ遣はす
*山王の祭禮定例
*登城の途次三の丸へ參上
*嘉祥の祝儀に餅飯頂戴定例
登城の途次三の丸へ參上

（表紙題簽）

樂只堂年録 第百六十八巻 寶永二乙酉六月下

此巻は、寶永二年乙酉の六月十三日より、月の終までの事を記す、

十三日、
一、登城の時、三の丸（桂昌院居所）へ參上す、
一、今日、一位様（桂昌院、綱吉生母）へ、吉保より、密漬一壺・砂糖漬壹壺・粕漬の鯛一桶、妻（曾雌氏、定子）より、甜瓜一篭・鮮鯛一折を進上して、御機嫌を伺ふ、
一、今日、家臣後藤小左衛門基栄を、紀刕へつかはして、紀伊中納言（徳川）綱教卿の牌前へ、香奠銀二十枚を供す、
十四日、
一、登城の時、三の丸へ參上す、

一、妻より、一位様の女臣へ、文を捧げて御機嫌を伺ふ、
一、龍興寺（飯塚家菩提寺）の塔頭愚丘庵に、位牌堂を修補して、位牌六座を遷す、霊樹院月光壽心大姉（飯塚染子）、電光院閃影了心居士（俊親、生母染子、元禄五年早世）・惠照院華嶽青葉居士（安基、生母染子、元禄七年早世）・桃園素仙童女（幸子改意仙、生母染子、元禄八年早世）、幷に、自得院茂菴常林居士・不臺院明圓古鏡大姉、此二座は、霊樹院か父母なり、
十五日、
一、登城の時、三の丸へ參上す、
一、夏切の茶一壺を拝領す、例年の式なり、
一、妻より、一位様へ、檜重一組を進上して、御機嫌を伺ふ、
一、山王の祭礼、例年のことし、
十六日、
一、登城の時、三の丸へ參上す、
一、嘉祥の御祝儀にて、餅いひ（飯）を頂戴する事、例年のことし、席の次第は、松平若狭守吉治・松平

左京大夫頼純・松平出雲守義昌・細川越中守綱利・松平備前守長矩・松平陸奥守吉村・松平淡路守綱矩・松平大学頭頼定・松平大膳大夫吉廣・有馬中務大輔頼元・宗對馬守義方・厺平山城守頼雄・松平右近將監義賢・細川兵部大輔吉利・藤堂和泉守高睦・松平出羽守吉透・松平大炊頭吉邦、畢りて、入御なる、それより、吉保、次に酒井雅樂頭忠擧・井伊掃部頭直通・松平讃岐守頼保・土屋（老中）相模守政直・小笠原（老中）佐渡守長重・秌元（老中）但馬守喬朝・稲葉（老中）丹後守正通・本多（老中）伯耆守正永・厺平（側用人）右京大夫輝貞・小笠原右近將監忠雄・松平豊後守宗俊・畠山民部大輔基玄・京極對馬守高時・品川豊前守伊氏・大沢越中守基弥・織田能登守信福・戸田中務大輔氏興・横瀬駿河守貞顯・宮原長門守氏義・中条山城守信治・大沢右衛門督基超・大友因幡守義閭・織田讃岐守信明なり、

一、暑氣の節なれは、御尋とて、御簾中様（天英院、近衛熈子、照姫）より、和（割）利菱紋の熨縮五端（反、以下同ジ）、鮮鯛壹折を拜受す、女臣、文にて傳ふ、

一、妻より、一位様の女臣へ、文を捧けて御機嫌を伺ふ、

十七日、

一、登城の時、三の丸へ參上す、

一、妻より、一位様の女臣へ、文を捧けて御機嫌を伺ふ、

十八日、

一、登城の時、三の丸へ參上す、

一、暑氣の節なれは、御機嫌伺ひとて、吉里か妻（酒井氏、頼子）より、檜重一組を献上し、絹縮十端・干鯛壹箱を拜領す、

一、妻より、一位様へ、鮮鯛壹折を進上して、御機嫌を伺ふ、

一、日光御門跡公辨親王（後西皇子、三管領宮）へ、林檎一篭を進上す、暑

席次

*簾中より暑氣の御尋拜受

*妻文にて桂昌院の御機嫌伺

*登城の途次三の丸へ參上

*妻文にて桂昌院の御機嫌伺

*登城の途次三の丸へ參上

*頼子暑氣の御機嫌伺の獻上物拜領物

*妻桂昌院へ御機嫌伺の進上物

*公辨法親王へ暑氣見舞の進上物

氣によりて也、

＊正親町公通と賀茂祐之仲介す

一、公通（正親町）卿へ書を捧けて、仙洞（靈元上皇）御所の御機嫌を伺ひ奉る、

靈元上皇へ禪錄の書名序跋依賴

一筆致啓上候、雖甚暑候、仙洞御所、益御機嫌能被成御座、奉恐悦候、然者、先達而爲指登候禪錄之儀、奉願候通、書名幷序歟跋歟、御勅撰被爲下候様ニ、大望奉存候、併序歟跋歟被遊、頂戴仕度旨、達而奉願候儀、畏入奉存候、書名之願相叶候得者、本望至極奉存候、序歟跋歟之儀、心底大望奉存候得共、しいて申上候儀、恐多奉存候、御序之節、宜被及御沙汰候樣、賴存候、猶期後㐂之時候、恐惶謹言、

六月十八日　甲斐少將（柳澤吉保）　判

正親町前大納言（公通）殿

以別紙致啓上候、甚暑之節、御一家弥御堅固珎重存候、然者、兼而奉願候禪錄之儀、書名者大形〔方〕相叶可申旨、難有仕合奉存候、序歟跋歟之儀者、難被爲成候段、依之祐之（梨木、賀茂權禰宜）迄被仰聞候趣、承知被御心附忝存候、則任仰以別紙申入候間、宜御沙汰賴存候、彼是御世話之段、忝存候、委細祐之ゟ申述候条不詳候、以上、

六月十八日　甲斐少將

正親町前大納言殿

＊上皇六義園十二境八景繪卷を所望の追伸

猶以御掛物・御繪卷物、御用之儀被仰下、祐之委細爲申聞、別而難有大慶仕候、出來次第献上可仕候、且又、先達而奉願候八景十二境（六義園十二境八景）、出來寄候由、是又忝大悦之到候、以上、

十九日、

＊登城の途次三の丸へ參上

一、登城の時、三の丸様へ參上す、

妻文にて桂昌院の御機嫌伺
*桂昌院逝去
*五十日間の鳴物停止
登城の途次三の丸へ參上
妻文にて桂昌院の御機嫌伺
*妻三所へ文にて御機嫌伺

登城の途次と登城後に三の丸へ參上
*晩に再登城
妻文にて桂昌院の御機嫌伺
*登城の途次三の丸へ參上
桂昌院の容態悪化
*妻三所へ文にて御機嫌伺
*晩に三の丸經由で再登城
登城前に危篤の桂昌院見舞ふ
*桂昌院增上寺に埋葬

一、妻より、一位様の女臣へ、文を捧けて、御機嫌を伺ふ、

廿日、

一、登城の時、三の丸へ參上す、

一、妻より、一位様の女臣へ、文を捧けて、御機嫌を伺ふ、

廿一日、

一、登城の時、三の丸へ參上す、登城の後、再ひ參上して、又登城す、

一、妻より、一位様の女臣へ、文を捧けて、御機嫌を伺ふ、

一、今夜九つ時前に、一位様の御様躰、勝れさせたまハぬよしを、彼御殿伺候の醫師より、告來るによりて、三の丸へ參上し、八つ時前に退出す、

廿二日、

一、今朝六つ半時過に、一位様の御様躰勝れさせたまハぬよしを、彼御殿伺候の醫師より、告來るによりて、三の丸へ參上し、それより登城す、

一、今朝五つ半時、一位様御逝去なる、御戒名、桂昌院殿従一位仁譽興國恵光大姉、今日より、五十日の間、御城下の鳴物を停止し、いづれも精進す、

一、同し事によりて、妻より、御臺所様・五の丸（瑞春院、明信院生母）様・八重姫君様（綱吉養女、徳川吉孚室）の女臣へ、文を捧けて、御機嫌を伺ふ、

一、今晩七つ半過に、再ひ登城す、

廿三日、

一、登城の時、三の丸へまいる、

一、妻より、御臺所様・五の丸様・八重姫君様の女臣へ文を捧けて御機嫌を伺ふ、

一、晩七つ半過に、再ひ登城す、此時も先、三の丸へ參上す、

一、桂昌院様、今夜亥の中刻、增上寺の御廟所へ、入らせらる、導師は、貞譽前大僧正なり、

廿四日、

登城の途次三の丸へ參上

一、登城の時、三の丸へまいる、

妻三所へ桂昌院逝去の御機嫌伺の進上物

一、妻より、御臺所様・五の丸様・八重姫君様へ、檜重一組充を進上して、御機嫌を伺ふ、一位様の御逝去なるによりて也、

晩に再登城

一、晩七つ半過に、再ひ登城す、

廿五日、

檜重拝領

一、檜重一組を拝領す、

晩に再登城

一、晩七つ半過に、再ひ登城す、

龍興寺位牌堂を修補位牌二十一座を遷す

一、龍興寺に位牌堂を修補して、位牌二十一座を遷す、對月普省上座といふは、盛定(曾雌氏、定子父)の高祖父にて、曾雌対馬守定能か事なり、通菴常圓禪定門といふハ、同曾祖父にて、曾雌帯刀定重か事なり、光憶常信禪定門といふは、同祖父にて、曾雌又左衛門定清か事也、笑顔壽芳大姉といふは、同祖母にて、大木外記親重か娘なり、月軒行圓信士といふは、同父にて、曾雌勘左衛門久次か事也、光景芳清禪定尼といふは、同母にて、曾雌民部介定政が娘なり、岩叟玄古居士といふは、貞心院(曾雌氏、定子生母)が父にて、曾雌弥五左衛門定之か事なり、自照院乾陽玄利信女といふは、貞心院か母にて、曾根孫右衛門某か娘也、節操院殿雄岳全忠居士といふは、吉保か妻の父にて、曾雌甚左衛門盛定か事なり、貞心院満界性光大姉といふは、則吉保が妻の母なり、月烁道圓禪定門といふは、盛定か弟にて、曾雌市郎兵衛定知か事也、惠愜童子といふハ、同弟にて、曾雌六之助か事也、花林貞教禪定尼といふは、同妹也、仁海慶勇居士といふは、同子にて、曾雌庄右衛門定烁か事也、香林永薫信女といふハ、定烁か妻にて、松本角左衛門重次が娘なり、芳徳童子といふハ、定秋の子にて、則曾雌才十郎なり、幻相童女、是も同子也、林霜童子、是も同子にて、曾雌傳次郎か事なり、卽如童子、是も同子にて、曾雌

市助といひしなり、幷に、正覺院殿(柳澤安忠、吉保父)張無源良大居士・桃園素仙童女(幸子改意仙、生母飯塚染子)か牌を合せて二十一座也、

廿七日、

一家御機嫌伺の献上物

家宣へも進献

一、吉保、幷に母(了本院、佐瀬氏)・妻・吉里か妻・安通(經隆)・信豊(時睦)・豊前守直重(黒田)か妻(土佐子)・右京大夫輝貞(松平)が妻(永子)・娘稲・山城守政森(内藤)か妻(稲子)・安通か実母(正親町町子)より、檜重一組充を献上して、御機嫌を伺ふ、吉保・安通・信豊より、大納言様(徳川家宣)へ、一組充を進献す、

四所へ御機嫌伺の進上物

一、御臺所様(浄光院、鷹司信子)・御簾中様・五の丸様・八重姫君様へ、檜重壹組づゝを進上して、御機嫌を伺ふ、

妻文で三所の御機嫌伺

一、妻より、御臺所様・五の丸様・八重姫君様の女臣へ文を捧けて、御機嫌を伺ふ、

廿八日、庚申、

廿九日、

妻三所へ林檎を進上し御機嫌伺

一、妻より、御臺所様・五の丸様・八重姫君様へ、林檎一篭づゝを進上して、御機嫌を伺ふ、

（表紙題簽）

樂只堂年録　第百六十九巻　寶永二乙酉七月

此巻は、寶永二年乙酉の七月の事を記す、

七月大

朔日、壬戌、
一、御禮なし、
一、登城の時、三の丸へ參る、
一、吉里、忌明け（生母飯塚氏、染子死去）て後、今日始て登城す、西の丸へも參上す、
二日、
一、菓子重一組を献上す、
三日、
一、吉里も登城す、
一、吉里より、檜重一組を献上す、大納言（徳川家宣）様へも一組を進獻して、御機嫌を伺ふ、
一、吉里より、御臺所（淨光院、鷹司信子）様・御簾中（天英院、近衛熈子、照姫）様・五の丸（瑞春院、明信院生母）様・八重姫君（綱吉養女、徳川吉孚室）様へ、檜重一組づゝを進上して、御機嫌を伺ふ、
五日、
一、吉里も登城す、
六日、
一、吉保・吉里、今日、増上寺に參詣し、桂昌院様の御牌を拝す、
七日、
一、出仕例のことし、御忌中なれは、御礼ハなし、
九日、
一、登城の時、西の丸へ參上し、御簾中様へも參る、
一、檜重一組を献上して、御機嫌を伺ふ、吉里も同し、
一、御臺所様・五の丸様・八重姫君様へ、篠粽壹箱

*家宣へ進獻物
*吉里四所へ御機嫌伺の進上物
*吉保吉里増上寺に參詣桂昌院の位牌拝す忌中により御禮なし
登城の途次三の丸へ參上
吉里染子の忌明け登城西の丸へも參上
*出仕定例御禮なし
*登城の途次西の丸へ參上
*吉保吉里御機嫌伺の檜重獻上
菓子重獻上
吉里登城檜重獻上
*三所へ笹粽進上

甲斐國に關山派の一寺建立
*頼子女兒出產
故雲岩和尙開山第一祖
*家臣蟇目の役等務む
龍興寺の位牌堂に香奠供す
*妻瑞春院へ御機嫌伺の梨子進上
*公通書狀桂昌院逝去を悼む
吉里登城
妻御臺所へ梨子進上
龍興寺東水一寺の第二世を領掌

充を進上して御機嫌を伺ふ、
一、甲斐の國に、関山派の一寺を建立し、故雲岩和尙を、開山第一祖とし、武州小日向の龍興寺の東水座元を、第二世とすへき事を、昨日岱首座へいひつかハしぬ、禮ハ今日來りて、長老点頭のよしを述ふ、
十日、
一、先頃、靈牌を、龍興寺の位牌堂に遷したるによりて、今日、香奠を供す、本尊、幷に、雲岩和尙の牌前へ、金三百疋充、霊樹院(飯塚染子)牌前へも同し、電光院(俊親、生母染子)・惠照院(安基、生母染子)・素仙童女(幸子改意仙、生母染子)・自得院(染子父)・不臺院(染子母)の牌前には、二百疋充なり、
十一日、
一、吉里も登城す、
一、妻より、御臺所様へ、梨子一篭を進上して、御機嫌を伺ふ、
一、龍興寺の座元東水來りて、一昨日、岱首座にいひ傳へしめし事を、領掌しぬるよしを述ふ、
十二日、
一、朝六つ時前に、吉里か妻(酒井氏、頼子)、女子を生む、三日の間、蟇目を射さす、家臣、荻沢源太右衛門勝久は、蟇目の役にて、矢取は、荻沢角左衛門正府なり、いつれも素襖を着す、瀧口平太左衛門武延は、長上下を着して篦の役を勤む、
一、妻より、五の丸様へ、梨子一篭を進上して、御機嫌を伺ふ、
一、公通(正親町)卿の奉書到來す、

一位殿(桂昌院)御事、驚入被思召候、大樹公(綱吉)、御愁傷之程、御察被遊候、弥無御前条候哉、被聞召度候、表向松平紀刕(信庸)ゑ、被仰遣候得共、猶又貴殿迄宜申達之旨、仙洞(霊元上皇)御氣色ニ候、恐々謹言、

七月二日　　公通

松平美濃守殿（柳澤吉保）

靈元上皇禪祿勅名領掌

*禪祿書名と序跋の報告

雖酷暑候、仙洞益御機嫌好被爲成、恐悅之由披露候處、御滿悅被思召候、然者、禪錄書名之儀、願之趣言上候処、御領掌之御事ニ候、右之旨、宜申達之由、御氣色ニ候、恐ヽ謹言、

七月朔日　公通

松平美濃守殿

公通桂昌院逝去後の綱吉氣づかふ

一位樣御事驚入絶言語、公方樣（綱吉）、御機嫌之程、貴殿迄相窺申度、如此御座候、恐ヽ謹言、

六月廿八日　公通

松平美濃守殿

御前翰令披閲候、盛暑之節、御一家弥御堅固之由、珎重存候、當家無異儀候、

靈元上皇所望の圖書完成を心待ちにす

一、圖書御所希之旨、祐之（梨木、賀茂權禰宜）迄申達候處、被畏存

候、出來次第、可在御献上之由、則爲入江（相尙、上冷泉爲條息）迄相達、早速被申上候処、御滿悅不斜之御沙汰ニ候、

一、兼而御願候禪錄書名之事、可相叶申御沙汰之段、卒度申入候處、辱思召候由尤存候間、此度御領掌之旨、被仰出候故、以前紙申入候、

一、右書名之儀、相叶候得者、御本望ニ候、序與跋か候儀、御心底ニハ大望思召候得共、强而被申上候も恐多候由、尤之儀存候、此儀者大切之御事故、同時申上候も、如何存候、書名御領掌之段、此度、被仰出候故、序跋之事者、先指扣（差控）申候、猶窺御機嫌可令沙汰候、爲入江迄ハ、芳翰之趣申達置候、隨分相調候樣ニ、可令被持候、余事、期後音候也、恐ヽ謹言、

七月朔日　公通

松平美濃守殿

追而、十二境八景之詠哥、到來寄候由、祐之迄相達候處、御大慶候由、爲御念入事候、存之外及遲滞候、以上、

六義園十二境八景詠歌完成の由の追

十三日、

一、妻より、使を增上寺につかハして、桂昌院様の御牌前へ、御香奠銀拾枚を供す、

＊番人の下座御免
妻桂昌院牌前に香奠供す

一、今日、退出の折、御前に出ぬるに、残暑の節なれは、氣の草臥なき様に、随分保養いたし、日〻の出仕を務むへし、諸事を止めて氣を養へなと、御懇の上意あり、毎度有かたき上意と謹て、御請を申上け、兼て心にこめて願ひし三の品を序なから申ぬれは、保養のためなれはとて、御懇の上意にて、早速御免を蒙りぬ、

奉公専念のため三品の停止條項望む
＊吉保輝貞の連署を廢し輝貞一人の認とす

其趣一つにハ、吉保が恙は、何方の悩ましきといふ事もなく、食事もよくたうへぬれとも、去春中より、連〻氣の草臥たるやうに覚へ侍りぬ、それにつけて、常〻願ハしき事ハ、身に懇りたる要用をすくなくして、御奉公を一途につとめ、日〻の出仕もおこたりなきやうにとなり、是によりて、御城中にて、所〻の番人、下座しぬれハ、吉保も失礼なきやうに會釋せんとおもひて、心に油断なく煩ハしき事に思ひ侍りぬ、自今、番人の下座せぬやうにいたし度、といふ事を申上く、成程尤に思召さる、御前にも、前方御免遊はされたるなり、せわしくて惣敷ものなり、弥止させよとの御意なり、有かたきよしを申上く、

二には、諸大名より、御機嫌伺ひの書狀等、その外、御用向の事共を、右京大夫輝貞（松平、側用人）と吉保と、兩人連名にて認行ひし事なるを、向後は、輝貞壹人にて、申行ハしめたきよしを申上く、是も又尤に思召さる、弥左様にいたす

公儀御禮に伴ふ吉保宛祝儀物の不受納

へしと仰出されて、御礼を申上く、
三には、端午・重陽・歳暮、又は、參勤・継目・隱居なと、惣して公儀へ御礼を申上るわけの祝儀物なと、受納いたさぬやうにいたし度、といふ事なり、
是も尤に思召さる、さりなから、自分へ見廻〔舞〕にとて、贈惠まん物は、受納すべきとの仰なり、

三の願全て叶ふ

三の願、皆叶ひぬれは、年寄共へも申聞すへし、兼ては、今日申上くへきとハ思ひまうけねとも、吉保か恙を保養の事を、御懇に御意遊はすによりて、序なから申上ぬれは、早速御免の仰を蒙りて、有かたきよしを申上く、この外、御懇の上意とも筆に盡されず、

御免三品の書付

一、右の願ひ叶へるによりて、老中より、大目付・御目付へ渡せる書付、こゝに記す、

覺

一、年始・端午・重陽・歳暮、且又、御加増・所替・家督・參勤・官位・婚姻、其外、公儀江附候御礼之音物、御三家を始、向後被差越候ニ不及候、尤隱居之祝儀・遺物等、同前之事、
一、常〻獻上物之御殘、是又右同前之事、
一、在國在所之面〻より、御機嫌伺之書狀、向後、不及連名、松平右京大夫（輝貞）計江之充所ニ可被致候、格狀被差越候ニ茂不及候、御門跡方・堂上方之衆、書札幷遠國御役人より之書狀・注進狀等も右同前之事、
一、御城中御番所・与力・同心・其外、下座不及候事、右者、松平美濃守病身ニ付、氣色爲養生奉願、右之通、付屆改ニ候間、向〻江可被相達候、以上、

七月十三日

*公通宛答書
*綱吉の無事を傳ふ

一、公通卿へ答書を捧く、

桂昌院殿御逝去之段、仙洞御所達上聞、公方様御愁傷之程、御察被遊、無御別条候哉、被聞召度旨、表向松平紀伊守被仰出候得共、猶又御安否御尋之趣、御紙面則及披露候處、被爲入御念候段、忝被思召候、御機嫌無別事、被成御座候、此旨宜有奏達候、恐惶謹言、

松平美濃守

七月十三日　　判

正親町前大納言殿（公通）

公通宛答書綱吉の御機嫌を傳ふ

十四日、

一、公通卿へ答書をつかハす、

桂昌院殿御逝去之段、驚被存由致承知候、依之公方様御機嫌之御様躰、被相窺之候、被持つ替儀無之候間、可御心安候、御紙面之趣及高聞候、恐惶謹言、

松平美濃守

七月十四日　　判

正親町前大納言殿

*吉里登城せず

*公辨法親王へ新蕎麥粉進上

*吉保宛黄檗悦山和尚書簡

十五日、

一、出仕なき故に、吉里は登城せす、

一、日光御門跡公辨親王（後西皇子、三管領宮）へ、新蕎麥粉一箱を進上す、

一、先頃、黄檗住持悦山・前廣壽法雲より書簡を恵むによりて、今日、返翰をつかハす、

曩《むかし》者、李《り》太白《たいはく》與《あたふる》二韓荊州《かんけいじうに》一書《しよ》曰《いハく》、白《はく》聞《きく》天下《てんかの》談士《だんし》、相聚《あひあつまり》而《て》言《いつて》曰《いハく》、生《いきて》不《ず》レ用《もちひ》レ封《ほうせらるゝことを》二萬戸侯《ばんここうに》一、但《たゞ》願《ねがハくハ》一《ひとたび》識《しられんことをと》二韓荊州《かんけいじうに》一、何《なんそして》令《しむる》二レ人《ひとを》之景慕《けいばうせ》一、一《いつに》至《いたるや》二於此《こゝに》一、豈《あにならずや》不下、以《もつて》二周公《しうこうの》之風《ことのふうを》一、躬《ミづからし》二吐握《とあく》之事《のことを》一、使《して》中海内《かいだいの》豪俊《がうしゆんを》一、奔走《ほんさうし》而《て》歸《きせ》上レ之《これに》、一《ひとたび》登《のぼれバ》二龍門《りやうもんに》一、則聲價《せいか》十倍《しふばいす》、云云《うんく》、山衲《さんなふ》久《ひさしく》聞《きくこと》二高名《かうめいを》一、如《ごとし》二雷灌《らいのそゝぐがみゝに》レ耳、前月《ぜんげつ》二十《にじふ》三日《さんにち》、蒙《かふゝる》二招《まねきて》供養《くやうせらるゝことを》一、直《ぢきに》至《いたるまで》二于今《いまに》一、牙《げ》

*悦山和尚宛吉保書簡

歯與《しとと》二毛孔一生レ香《まうくしやうずかを》、所レ聞傾談《ところのきくけいだん》・妙語《みやうご》・問話《もんわ》・詩偈《しげ》、不《ず》下惟《たゞに》出二入《しゆつじふし》孔孟之門《こうもうのもんに》一、弘《こう》中揚《やうするのミなら》伊周之事《いしうのことを》上、實是《じつにこれは》裴休《はいきう》再世《がさいせ》、維摩重來《ゆいまのてうらい》、乃《すなハち》能具《よくそなふる》二此威《このゐ》徳崇高《とくそうかう》辨才《べんざい》無礙《むけなることを》一、大有《おほひにあり》レ功《こう》二于國家《こくかに》一、大有《おほひにあり》レ力《ちから》二於禪社《ぜんしやに》一、又不《またず》二啻令《たゞして》レ人《ひとを》之景《けい》慕《ぼせしむるのミなら》一、而法門《ほふもんの》緇輩《しはい》、又景慕《またけいほすること》之深《のふかゝらん》耶《か》、前《さきに》兩次《りやうし》登城《とうじやう》首尾《しゆび》、倶好《ともによきこと》皆出《ハミないづ》二、於大居士《だいこじ》道《だう》光《くハうの》所《ところ》レ庇《おほふ》、徳沢《とくたくの》弘施《ひろくほどこすに》一、今月初七日《こんげつしよしちにち》、平《へい》安《あんにして》到《いたる》レ山《やまに》、茲修《こゝにしゆして》二小啓《せうけいを》一奉謝《ほうじやし》、兼候《かねてこうす》二天氣炎《てんきゑん》蒸《しよう》起居《ききよ》戬穀《しんこくを》一、其黄檗《そのわうばく》全頼《まつたくよることハ》二大居士《だいこじの》護法《ごほふに》一、又不《またず》二但山叟《たゞさんさうが》感佩《かんはいするのミなら》一、而開山《かいさん》大光《だいくハう》普照國《ふせうこく》師与《しとゝも》二佛國《ぶつこく》開山《かいさん》高山《かうせん》和尚《おしやう》一、亦歡《またくハん》二喜破《ぎは》三顔《がんせん》、於常寂光中《じやうじやくくハうちうに》一也、餘情《よじやう》未《いまだ》《ず》レ既《つくさ》、

右、上、

松平少將（柳澤吉保）全透大居士台下

承《うく》レ寫《うつさるゝことを》二問話《もんわ》之語《のご》・錦繍《きんしう》之偈《のげを》一、永作《ながくなさん》二黄檗《わうばくの》寶貝《はうはいと》一、謝《じやく》〻、

六月初十日黄檗山叟宗

悦山和南

別後《べつご》瞻望《せんバう》未《いまだ》《ず》レ已《やま》、忽得《たちまちう》二檗嶠《バくきやう》之信《のしんを》一、譾《つまひらかにするに》、長途《ちやうと》平安《へいあんに》回《かへることを》レ山《やまに》、曷任《なんぞたへん》二抃躍《へんやく》之至《のいたりに》一、今《いま》也千里《やせんり》、不《ず》レ裹《つゝまかてを》レ糧、函根《はこね》識《みて》而、不《ず》レ征《せいせす》鈴鹿《すゞか》、殘《のこす》二闕路名《せきぢのなのミを》一、大道《だいだう》透《とをる》二長安《ちやうあんに》一、趙州《じやうしう》於《こゝにおゐて》乎説得《ときゑて》好《よし》、大日國《だいにちこく》之承平《のしやうへい》、當世《たうせい》高《たかし》二乎萬古《バんこ》之上《のうへに》一、不《ずや》二是王化《これわうくハ》、武徳《ぶとくの》之大印證《だいいんしやうにあら》一耶、空門《くハうもん》之士《のし》、此之時《このときずんバ》不二穩便《おんびんにしゆせ》修レ道《ミちをさらに》、更待《まつとも》二彌勒《ミろくの》下生《げしやうを》一、何益之有《なんのゑきかあらん》、來教《らいきやう》津〻《しんくたる》之軟語《のなんご》讀《よミてこれを》レ之不《ず》レ覺《おぼへ》、使《しむ》二人《ひとをして》汗《あせうるほ》沾《せ》レ衣《ころもを》、憶《おもふに》佛《ほとけ》者《ハ》、儒《じゆ》之眞隱《のしんいん》、其脱洒《そのだつしや》可《べし》レ愛《あいしつ》、自《より》二從古《いにしへ》一、賢士大夫《けんしたいふ》方外《ハうぐハい》之《の》交《まじハり》坡《は》、公之《こうが》於《おける》レ佛印《ぶついんに》、湛然《たんねん》之於《がおける》二從容《しようように》一、豈《あに》不《ずや》二亦塵外《またじんぐハいの》風致《ふうちなら》一哉、嚮者《さきに》僕《ぼく》剰《あまつさへ》不《ざれとも》レ過《よぎら》二竹院《ちくいんに》一、招《まねきて》レ師《しを》使《しむバ》レ忙《うせ》二半日《はんじつを》一、願《ねかハくハ》將《まさに》《す》レ歩《ほせんと》二古《こ》人之下風《じんのかふうに》一矣、不《ず》レ知《しら》何時《いづれのときか》亦《またくハ》會二聚《いじゆして》一堂《いちだうに》一、

重《かさねて》見《みん》三 麈尾《しゆびの》翻《ひるがへすことを》二 玉露《ぎよくろを》一、但《たゞ》期《ごする》二 好因縁《かういんゑんを》一 耳《のミ》、時維西風侵《ときこれせいふうおかせども》レ 牕《まどを》、未《いまだ》レ 鑒《ミなごろき》二 殘暑《ざんしよを》一、爲レ人爲《ためひとのため》レ 天《てんの》、自《ぢ》二 愛《あいせんことを》 道軀《だうくを》一、惟冀《これこひねがふ》、草此復《さうしてこゝにふくす》、

黄檗主法悦山大和尚猊右

全透居士艸

法雲和南の吉保宛尺素

維時薫京《これときくんりやう》 恭《うやうやしく》 惟《おもんミれバ》、甲陽次將公閣下《かふやうのじしやうこうかふか》、台候納福《たいこうなふふく》、曷勝《なんぞたへん》二 慶幸之至《けいかうのいたりに》一、春間承《しゆんかんうく》レ 辱《かたじけなくすることを》二 復函之賜《ふくかんのたまものを》一、文義燦然《ぶんぎさんぜん》、不《ず》三 特《ことに》光《くハうひするのミならさんもんを》二 賁 山門一、在《あつても》二 豊牧忠雄《ほうぼくたゞたに》一、亦 荷《またになふこと》レ 徳《とくをあらじ》 非レ 淺、茲因《あさきにこゝによつて》二 端便《たんびんに》一、敬《つゝしんで》 修《しゆし》二 尺素《せきそを》一、奉《ほう》二 候《こうすこうきを》 鴻禧一、伏祈《ふしていのる》二 星鑑《せいかんを》一、不備《ふび》謹上、

松平吉保公閣下

廣壽洞法雲和南

＊徳川家宣へ御機嫌伺進獻

法雲和尚宛吉保返書

開《ひらきてかんをこゝにつまびらかにす》レ 函 茲 審二 平安禪悦《へいあんぜんゑつを》一、不《ず》レ 勝《たゑ》二 歡喜《くハんぎに》一、西豊東武《せいほうとうぶ》、千里之沼《せんりのてう》 遞《ていたる》 峻坂《しゆんハん》、奇峯《きほう》 何《なんぞ》

＊吉里頼子夫妻の娘の七夜

＊吉保保と命名

＊頼子の兩親共々祝ふ

妨《さまたけん》二 朶雲飛來《だうんのひらいすることを》一、唱《となへて》二 紙上半行之曲《ししやうハんかうのきよくを》一、以《もつて》 奏《さうす》二 高山流水於知音《かうさんりうすいをちいんに》一、翰墨場中大神通《かんぼくじやうちうのだいじんつう》、何人《なんひと》 實發《かじつにはつして》二 其機《そのきを》一、至《いたるまで》二 于今《いまに》一、俾《しむる》二 人之情《ひとのじやう》懷《くハいをして》 流通《るつうせ》一 耶、於《おゐて》レ 是《こゝに》、不立文字《ふりうもんじならバ》、縱使《たとひ》 百《ひやく》千達磨《せんのだるま》、再活來《さいくハつしきたるとも》、殆《ほどんと》 不《ざる》レ 免《ことまぬかれ》二 一大缺事《いちだいけんじを》一在《あらん》、三世火宅《さんがいくハたく》、況《いハんや》 時維《ときこれ》 炎熱盪《ゑんねつとらかす》レ 金《きんを》、知道《ちだうす》福聚蘭若《ふくじゆれんにや》、月性吐《げつしやうハき》レ 山《やまを》、雲心呑《うんしんのむ》レ 海《うミを》 之 興箇《きやうこの》中《うち》、清涼三昧《せいりやうさんまい》、法喜無量《ほふきむりやう》、何慳《なんぞおしまんや》二 下《か》方《ハうにいつてきのりやうを》 一滴涼一、乎可《べし》レ 羨可《うらやむべし》レ 羨《うらやむ》、草此復《さうしてこゝにふくす》、

廣壽法雲大和尚猊右

全透居士草

十六日、

一、今日、大納言様へ檜重一組を進献して、御機嫌を伺ふ、

十八日、

一、吉里か妻は、袖をふさぎ、娘（生母酒井氏、頼子）は七夜なれは、吉保、名をつけて保といふ、雅楽頭忠擧（酒井）、幷に吉

*綱吉別勅の忌服輕減により精進明け
吉里も登城
寺社修復願帳を松平輝貞へ引渡す
吉里も登城
一家檜重一組充献上
*吉保も夕飯より精進停止
登城の途次三の丸へ參上
吉保吉里桂昌院の牌前に香奠を供す
*家宣へ御機嫌伺の進獻物
綱吉の精進明けに絹物獻上

里か妻の實母（松平光之女）來りて祝ふ、御忌（桂昌院逝去）の中なれとも、
御內意を伺ひて今日ばかり精進せす、

十九日、

一、吉里も登城す、

一、去る十三日の願ひ事（三品の停止）、叶へるによりて、天下の寺社修復の願ひ帳を、松平右京大夫輝貞方へ渡す、

廿二日、

一、吉里も登城す、

一、吉保、幷に母（了本院、佐瀨氏）・妻（曾雌氏、定子）・吉里・安通（經隆）・信豊（時睦）・安通が實母（正親町町子）・いね（稲）か實母（横山氏、繁子）より、檜重一組充を献上す、

廿三日、

一、登城の時、三の丸へ參る、

一、桂昌院樣の御牌前へ、吉保より、御香奠二十枚、吉里より、十枚を供す、吉保か使者は、柳生內藏助（勝興）、吉里か使者は、酒井幸次郎（季治）也、

一、晩景に、紅縮緬の紋所物十端〔反、以下同ジ〕・散し染の縮綿〔緬、以下同ジ〕十端・大形更紗染の紗綾十端・しほり染の紗綾十端・羽二重の紋所物十端を献上す、今日、御精進を落たまふによりて也、

一、先頃、禁裡（東山天皇）より仰出されしは、公方樣（德川綱吉）御忌中にて、御精進久しき事なれは、御機嫌の御さハり（障）にもなりぬべし、別勅の例にて、御忌三十日・御精進も同し事なるへしと、思召さるゝよしを、仰進せらる、兩樣共に、御辭退は遊はされかたく思召れて、御精進は勅諚に任せられ、御忌は五十日、御請遊はさるべきよしを、上方へ仰進せらる、是によりて、今日、御精進を落たまふ、大納言樣は、十八日に落たまひし也、是によりて、吉保、今日の夕飯より精進せす、

廿五日、

一、今日、大納言樣へ、縮綿の染物五十端を進献して、御機嫌を伺ふ、

廿六日、

三息男家宣へ御機嫌伺の進獻物

*母妻等女子四人に拝領物

四所へ御機嫌伺の進上物

*瑞春院より吉保夫妻拝受物

吉保息男息女等桂昌院牌前へ香奠供す

*本郷元町失火

桂昌院牌前へ花を供す

妻三所へ御機嫌伺の進上物

*八重姫より本郷屋敷の安否御尋

經隆時睦黒書院にて家宣へ初御目見

*三息男より御機嫌伺の獻上物

三息男拝領物

一、吉里、西の丸へ(徳川家宣居所)参上して御機嫌を伺ふ、
一、吉里・安通・信豊より、大納言様へ、檜重一組充を進献して、御機嫌を伺ふ、
一、御臺所様・五の丸様・八重姫君様へ、龍眼肉一箱充、御簾中様へ、砂糖漬壹壺を進上して、御機嫌を伺ふ、
一、桂昌院様の御牌前へ、安通・信豊・右京大夫輝貞が妻(永子)・豊前守(黒田)直重が妻(土佐子)・娘いね(生母横山氏、繁子)・安通か實母・稲か実母より、御香奠銀二枚充を供す、
廿七日、
一、桂昌院様の御牌前へ、造り花二桶を供す、
一、妻より、御臺所様・五の丸様・八重姫君様へ、笹巻一箱つゝを進上して、御機嫌を伺ふ、
廿八日、
一、安通・信豊も登城し、黒書院にて、大納言様へ始て御目見す、
一、吉里は、檜重壹組、安通・信豊は、香合三つ充を拝領す、
一、母に、砂糖漬の天門冬壹壺、妻に、朝鮮飴一曲、安通か實母・稲か實母に、氷砂糖一壺づゝを下されて拝りやうす、
一、御尋とて、五の丸様より、吉保に、梨子・葡萄一篭・干菓子一箱・鱸一折、妻に、梨子一篭・砂糖漬壹壺・鱸壹折を下されて、拝受す、女臣、文にて傳ふ、
廿九日、
一、本郷元町、失火あるによりて、使をつかはして、八重姫君様の御機嫌を伺ふ、
晦日、
一、昨夜の失火、吉保か本郷の屋敷の近邉なるによりて、八重姫君様より、御尋あり、女臣、文にて傳ふ、
一、吉里より、絞り染の縮綿三十端、安通より、遠山染の縮緬十端、信豊より、中形染の縮緬十端

を献上して、御機嫌を伺ふ、

＊一家御機嫌伺の檜重獻上

＊信玄持佛の毘沙門像入手

＊吉里も登城

桂昌院の忌中にて八朔御禮なし

＊登城の途次三の丸へ參上

太刀馬代獻上延期御臺所等四所への進上遠慮

＊吉里に刀を式臺に持上る許可

公辨法親王へ梨子進上

（表紙題簽）

樂只堂年録　第百七十巻　寶永二乙酉八月上

此卷は、寶永二年乙酉の八月朔日より、廿二日迄の事を記す、

八月大

朔日、壬辰、

一、御忌（桂昌院逝去）の中にて、御禮なけれは、長上下を着せず、吉里も同し、

一、いつも太刀・馬代を献上する事なれとも、御忌の中なる故に延ひぬ、御臺所（御臺所・天英院・瑞春院・八重姫）御女中様方への進上物も同し

一、日光御門跡公辨親王（後西皇子、三管領宮）へ、梨子一篭を進上す、

四日、

一、吉保・吉里・安通（經隆）・信豊（時睦）・吉保が母（了本院、佐瀬氏）・妻（曾雌氏、定子）・豊前守直重（黒田）が妻（土佐子）・右京大夫輝貞（松平）が妻（永子）・娘稲（生母横山氏、繁子）・山城守政森（内藤）が妻（悦子）・安通が實母（正親町町子）・稲が實母（横山氏、繁子）より、檜重一組充を献上して、御機嫌を伺ふ、

五日、

一、高野山天徳院權大僧都問津、今日、信玄（武田）公の取持し給ひし、毘沙門の像を持來りて、惠むによりて、縮綿（緬、以下同ジ）十巻を與ふ、

六日、

一、吉里も登城す、

七日、

一、登城の時、三の丸へ參る、

九日、

一、吉里が刀を、御式臺に持上るべきよしを、稲垣（老中）對馬守重冨より、柳澤八郎右衛門信尹へ申渡す、刀を御式臺へ持上る列は、松平加賀守綱紀・同若狭守吉治・松平左京大夫頼純・松平攝津守義

＊御忌明けに諸大名出仕

妻土佐子永子桂昌院の遺物拝受

＊吉里女児出生を綱吉家宣の上聞に達す

＊保神田明神へ參詣

退出時に三の丸へ參上

晩景菓子重獻上

吉保吉里桂昌院の遺物拝受

行・松平出雲守義昌・枩平肥後守正信・枩平兵部大輔昌明・枩平主税頭頼方・松平備前守長矩・酒井雅樂頭忠擧・松平播磨守頼隆・松平大学頭頼定・枩平山城守頼雄・枩平右衛門督吉明・松平右近將監義賢・井伊掃部頭直通・吉里・松平讃岐守頼保・松平能登守頼如也、

一、故一品桂昌院様の御遺物とて、拝受物有、妻に、時服五つ・丁子釜壹通り、豊前守直重か妻・右京大夫輝貞か妻に、時服三つ・丁子釜壹通充なり、三の丸の女臣、文にて妻まて達す、

十一日、

一、退出の時、三の丸へまいる、

一、晩景に、菓子重壹組を献上す、

十二日、

一、登城の時、三の丸へまいる、吉里は、麻上下を着して參る、故一品桂昌院様の御遺物を、拝受せしによりて也、其品は、吉保に、二条爲重卿の筆の續古今集一部、俊成卿の筆の繪讃有三幅對のかけ物・こい（濃）なし（梨子）地に牡丹を蒔繪にせる料紙・硯壹通り、吉里に、二条爲世卿の筆の後撰集一部・見臺壹つなり、

十三日、

一、今日、御忌明けにて、諸大名出仕あるによりて、吉里も登城す、

一、吉里か娘保（生母酒井氏、頼子）、出生せる事を上聞に達す、大納言（徳川家宣）様へも同し、御忌中なるによりて、今日、申せしなり、

一、保、今日、産地神、神田明神へ參詣し、神前へ銀十枚・行器二荷・昆布一箱・鯣一箱・干鯛一箱・樽二荷、幷に神樂の料、銀三枚を奉納す、社家、芝崎宮内少輔好高に、縮綿十巻・干鯛一箱・樽代千匹、惣社人に、銀五枚、芝崎兵庫頭好連に、金五百疋・干鯛一箱・幷に馳走のためとて、出しによりて、名主に金貳百疋、社中の

町人十七人に、百匹充を與ふ、

簾中より御尋の拝受物

一、御尋とて、御簾中様(天英院、近衛熙子、照姫)より、梨子・葡萄一篭・鱸壹折を拝受す、女臣、文にてつたふ、

*禪祿書名依頼取持に關する再度の謝意

一、書を公通卿(正親町)へ呈して、吉保か禅錄の書名を願ひ奉りしに、仙洞(靈元上皇)御所の御領掌遊はしぬる御礼を申上く、又氷砂糖一曲を献上して、御機嫌を伺ふ、公通卿、幷に新大納言局(上冷泉爲條女、靈元上皇官女)・入江民部權少輔(上冷泉爲條息)相尙へ、同し品を贈る、去年は、夏の中に献上しぬれとも、今年は、障りの事つゞきたる故に、今日なり、

靈元上皇依頼の禪祿書名諒承の儀に吉保謝意

一筆致啓上候、仙洞御所、益御機嫌能被成御座、奉恐悦候、然者、兼而奉願候禅錄(祿、以下同ジ)書名之儀、願之通、御領掌被遊之旨、誠以冥加至極難有仕合奉存候、宜御取成所仰候、恐惶謹言、

甲斐少將(柳澤吉保)

八月十三日　判

正親町前大納言(公通)殿

御別紙之御再報、致拝見候、弥御一家御堅固、珎重存候、愚拙家内無異儀居在候、

一、奉願候禅錄書名之儀、御領掌之旨被伝聞、誠以冥加至極、難有仕合奉存候、且又序之儀者、大切成儀故、先此度者、御指扣候成、追而被窺御機嫌、御沙汰可候成之旨、致承知候、兼而得御意候通、序之儀、大望至極候得共、恐多奉存候へ者、達而奉願候儀、指扣申候、貴殿御万簡ニ而、宜頼存候、彼是乍毎事御世話之段、至而忝存候、委細祐之(梨木、賀茂權禰宜)ゟ申述候条、不詳候、恐惶謹言、

甲斐少將

八月十三日　判

正親町前大納言殿

靈元上皇への氷砂糖献上依頼
*瑞春院へ吉保夫妻月見の進上物
*靈樹院の遺物献上の仰せ
*月桂寺秀長老退院
*月桂寺住持隆西堂入寺
光貞逝去鳴物停止
*御臺所より御尋の拝受物
光貞逝去により御禮なし
*伊勢神宮へ米を寄付
献上物遠慮
月見に瑞春院より吉保夫妻拝受物

一筆致啓上候、仙洞御所益御機嫌能被成御座、奉恐悦候、猶以御安全之旨、奉伺候ニ付、氷砂糖一捲、献上仕候、宜御沙汰頼入候、恐惶謹言、

甲斐少将

八月十三日　判

正親町前大納言殿

十四日、

一、徳川對山公(徳川光貞)、去る八日に逝去のよしを註進す、是によりて、今日より廿日迄、鳴物を停止す、

十五日、

一、徳川對山公、逝去なるによりて、御礼なし、諸大名出仕して、御機嫌を伺ふ、

一、對山公の逝去によりて、献上物せす、

一、五の丸様(瑞春院、明信院生母)より、吉保に、造り物盃臺壹通り、扣共に、ぬり重の内壹組・干鯛壹箱、妻に、ぬり重の内壹組・干鯛壹箱を下さる、いつれも女臣、文にてつたふ、月見によりてなり、

一、五の丸様へ、檜重壹組・干鯛壹箱を進上す、妻も同し、月見とて、拝受物あるによりて也、

十六日、

一、霊樹院(飯塚氏、染子、吉里生母)か遺物を献上すべきとの仰事あり、

十七日、

一、月桂寺秀長老退院す、

一、月桂寺の住持隆西堂入寺す、

十八日、

一、御尋とて、御臺所様(浄光院、鷹司信子)より、ぬり重の内一組を拝受す、女臣、文にて傳ふ、

十九日、

一、米百俵を、太神宮(伊勢内宮・外宮)へ寄附す、幸福出雲光般へつかハす、書付の詞、こゝに記す、

米百俵但甲州納俵、

右奉寄附于、

*妻瑞春院より御音問拜受

*染子百箇日に瑞春院より吉保吉里拜受物

*中院通茂添削の染子の遺詠を龍興寺に納む

*愚丘庵へ納入の染子の遺物

甲斐國に菩提所建立の希望を上聞

家宣の寛永寺佛殿參詣雨天延期

大神宮意趣者依、
當家先祖之領地、
甲斐國三郡一圓、
今度拜領之益所、
仰願武運長久、
子孫繁榮也、幸福氏者、
先祖代〻之爲祈願所、
至于今無有断絶、
弥於　神前可抽
丹誠給者也、謹言、

甲斐少將

寶永二酉
八月十九日

幸福出雲殿

一、甲斐國に菩提所を建立し度との事を、上聞に達す、

廿日、

一、東叡山（寛永寺）の兩御佛殿（大猷院・嚴有院）へ、大納言樣御參詣なるべきを、雨天故に延ぬ、

一、五の丸樣より、妻に、干菓子一箱を下されて拜受す、尋常の御音問なり、

一、霊樹院か百ケ日なるによりて、五の丸樣より、檜重壹組を拜受す、吉里も同し、

一、霊樹院、世にありし時、詠せし和歌二十余首の、中院内大臣通茂公の添削を經たりしを、壹軸の卷物となし、吉保、其奥書を加へて龍興寺（飯塚家菩提寺）に納む、

一、又霊樹院か遺物とて、愚丘庵（龍興寺塔頭）へ納めし品、左は、生駒山の繪に、吉保が詠したる歌を自筆にて讃に書き、右は、玉川之里の繪に、是も吉保か詠したる哥を、自筆にて讃に書たる、二幅對のかけ物、此二首は、去る比、仙洞御所の叡覽にいれしに、御長點を下されたる故に、狩野常信に其圖をかゝ（書）しめて、その歌を記せるなり、吉里か幼年の時に畫ける福祿寿に、左は牡丹・右は

*染子百ケ日に偈一首を龍興寺へ遣はす

芙蓉の、三幅對のかけ物、同人の筆の、四句文授の圖一幅、同人の筆の祖師の繪一軸、詠歌大概と雨中の吟は、四辻宰相公韶卿の筆、百人一首と未來記は、愛宕中將通統（通晴）朝臣の筆にて、外題は冷泉三位爲綱卿の筆なる一冊、霊樹院か居たりし庭に、小齋（書カ）を構へて枩戸亭と名づく、それに掛たる、狩野常信か畫ける小倉山庄の繪に、冷泉爲綱卿の讚ある掛物一幅、同筆の人丸（柿本）の繪一幅、其亭に置たる吉保か詠哥一首、公家衆寄合書の歌仙三十六首、公辨親王の筆の式帋三枚、公家衆寄合書の近江八景の哥八首、十二月の歌二通りにて、二十四首の式紙を集めたる手鑑壹帖、狩野常信か十二月の躰を畫きたるに、公家衆寄合書の式紙・短冊三十六枚をを（捺）したる屏風一双、黒ぬりに玉川の里を蒔繪にして、引出しのある机壹脚、同しき様の蒔繪ある硯はこ（箱）壹つ、惣梨子地に菱の葉・梅の花をまきゑ（蒔繪）にしたる乘物、香爐壹つなり、

一、霊樹院か百ケ日なるによりて、偈一首を作りて、龍興寺へつかハす、首に、特賜武田累世遺壤中興甲斐一流源氏、尾に、甲斐少將と、松平吉保と云へる印を用ゆ、

寶永乙酉《きのとのとり》八月念日《ねんじつ》、値《あふ》二靈樹院《れいじゆゐん》百日忌《のきに》一、因《よつて》思《おもふ》、頃《この》-者《ごろ》特《まことに》蒙《かふゝりて》二台命《たいめいを》一、恭《うやくゝしく》献《けんず》二遺物《ゆいもつ》、愚《ぐ》堂《だうの》墨跡《ぼくせき》一幀《いつたう》・和歌《わか》二十一代集《だいしふ》・源氏物語《げんじものがたり》各《をのくゝ》一部《いちぶを》一・其墨跡《そのぼくせきに》、有《あり》二靈雲《れいうん》桃花《たうくハ》悟道《ごだう》事《のこと》一、故《かるがゆへに》、拙偈《せつげ》及《およぶこと》此《こゝに》尓《しかり》、

百日風光《ひやくにちのふうくハう》特《ことに》自《をのづから》來《きたる》、
無《なく》レ前《せん》無《なく》レ後《ご》亦奇哉《またきなるかな》、
靈雲《れいうん》拍《うてバ》レ手《てを》愚堂《ぐだう》笑《わらふ》、
靈樹《れいじゆの》桃花《たうくハ》滿地《まんち》開《ひらく》、

（柳澤吉保）全透居士、

廿一日、

簾中より保の出生祝ひ拝受

一、保(吉里女、生母酒井氏、頼子)か出生を祝ひたまふてとて、御簾中様より、吉保に、縫入の單物五つ・干鯛一箱、吉里に、縮緬十巻・干鯛一箱、保に、産衣五つ・干鯛一箱を下されて拝受す、女臣、文にてつたふ、

吉保女佐奈子神田明神へ參詣

一、さな(生母横山氏、繁子)、今日産地神神田明神へ參詣し、神前に銀五枚・行器壹荷・干鯛一箱・昆布一箱・樽壹荷、幷に神樂の料金三百疋を奉納す、

*綱吉桂昌院佛殿參詣先立

黒田直重妻土佐子女子出産

一、今晩八つ時に、黒田豊前守直重が妻、女子を生む、則としなり、

*晩景に吉保吉里獻上物

八重姫より御尋の拝受物

一、御尋とて、八重姫君様(綱吉養女、徳川吉孚室)より、三度栗一篭・鮭二尺を拝受す、女臣、文にて傳ふ、

甲斐國の新寺に四至牓示の杭打

一、甲斐國山梨郡岩窪村に、新寺を建つべき勝地あるよしを、註進するによりて、今日、四至傍(牓)示の杭を建しむ、

新寺建立に關する老中への書付

一、甲刕に新寺を建立するによりて、老中へ渡せる書付こゝに記す、

甲州山梨郡之内ニ、私菩提所一寺建立仕度候、古跡並ニ被仰付寺領等、永ミ迄断絶無之様仕度旨、達上聞候、處ニ可任其意旨、被仰出、難有仕合奉存候、寺社奉行衆江、右之趣、書留置被申候様、御通達頼入候、寺号幷寺領之儀者、追而寺社奉行衆江、可申達候、以上、

八月廿一日　松平(柳澤吉保)美濃守

廿二日、

一、增上寺にて、桂昌院様の御佛殿へ御參詣なり、吉保、御先立を勤む、

一、晩景に、菓子重一組を献上す、吉里よりは、墨流紙百枚・行成紙二百枚・はな紙袋二十・大小のさげ緒十五通り・色ほた(保多)羽二重廿端也、

*入江相尚禪祿敕名書付く

吉里も登城

公辨法親王へ葡萄進上

禪祿に護法常應録の敕名

*梨木祐之病臥への配慮を謝す

（表紙題簽）

樂只堂年録　第百七十一巻　寶永二乙酉八月下

此卷は、寶永二年乙酉の八月廿三日より、月の終までの事を記す、

廿三日、

一、吉里も登城す、

一、日光御門跡公辨親王（後西皇子、三管領宮）へ、葡萄壹篭を進上す、

一、公通卿（正親町）の奉書到來して、吉保か禪録の名を、護法常應録と、仙洞（靈元上皇）御所の御定め下されしよしを傳へらる、卽日、公通卿へ書を呈して御禮を申上く、

内々之禪録、勅名書付一紙被下之候、右之趣宜申達候旨、仙洞御氣色ニ候、恐々謹

言、

八月十三日　　公通

松平美濃守（柳澤吉保）殿

一筆令啓候、漸向冷氣候、御家内弥御堅固候哉、承度存候、然者、内々御願候禪録勅名之儀、此度首尾好相調、珎重存候、則入江民部（相尚）權少輔ニ被仰付、御書付一帋被下之候、書名之御意趣、爲御心得前紙書付候、幷入江書狀一通進覽之候、

一、乍序申入候、左京權大夫義（梨木祐之、賀茂權禰宜）、大病之處、看病之儀迄御念比（懇）ニ被仰付、醫師等無殘所御深切之至、依之早速快復冥加ニ相叶たる義、殊之外難有かり申候、留主之者共も、同前ニ申越候、於愚拙も辱存候事候、段々御懇意之至、御礼難述筆舌候、猶期後便候也、恐々謹言、

入江相尚正親町公通に宛て禪録敕名を傳達

*入江相尚書狀に謝意傳達敕名護法常應録

護法常應の語釋

公通へ護法録敕撰の謝意を傳ふ

八月十三日　公通

松平美濃守殿

内々被願申上候禪録之事、仙洞御名被下候条、
宜有傳達之由ニ候、誠惶謹言、

八月十三日　相尚（入江、上冷泉爲條息）

〆　正親町（公通）前大納言殿　相尚

護法常應録

右一帋、護法常應録、

護法ハ、佛法ヲ護持スルノ意、
常應ハ、須彌山不變、常ニ
應ス二一切事一ト云、發明ノ
語ヨリ出タリ、

右一帋、

御奉書拝見仕候、然者、奉願候禪録書名、勅
撰被成下、則謹而頂戴仕、生前之大望相叶、
誠以冥加至極、難有仕合奉存候、此等之趣、
宜預奏達候、恐惶謹言、

八月廿三日　甲斐少将（柳澤吉保）
判

正親町前大納言殿

今月十三日之貴翰、同廿三日相達、致拜見候、
弥御堅固珎重存候、然者、兼々奉願候禪録書
名之儀、勅撰被成下、誠以冥加至極難有仕合、
生前之大望本懷、相叶候儀與奉存候、罷成候
儀候て、上京も仕、御礼申上度程ニ奉存候、
忝大慶仕候段、難尽筆頭候、幾重ニも宜御礼
被仰上可被下候、將又前紙書付、幷入江民部
少輔殿ゟ之書狀一通被遣之、落手忝存候、入
江殿書狀留置申候、此度之大望、左京權大夫、
彼是致世話、畢竟者、貴殿御願故、首尾好相

＊飯塚染子の遺物献上
＊良純法親王筆の源氏物語
＊法山愚堂墨跡
禪祿敕名への重ねての謝意傳達依頼
＊甲州の新寺の山號寺號を定む
家宣增上寺參詣

調候儀與、到而忝存候、
一、梨木左京権大夫(祐之、賀茂権禰宜)病中之儀、被入御念儀存候、
早速得快復、令大慶候、委細祐之(梨木、賀茂権禰宜)ゟ申述候
条、不詳候、恐惶謹言、

八月廿三日　　甲斐少将
判

正親町前大納言殿

一筆致啓上候、仙洞御所、益御機嫌能被成御
座、奉恐悦候、兼而奉願候書名、勅撰被成下、
冥加至極難有仕合奉存候、御礼之儀、宜願奏
達候、恐惶謹言、

八月廿三日　　甲斐少将
判

正親町前大納言殿

廿四日、
一、增上寺の台徳院(徳川秀忠)様の御佛殿へ、大納言(徳川家宣)様御參詣
なり、御歸の時、桂昌院(綱吉生母)様の御佛殿へも御參也、
一、靈樹院(飯塚染子、吉里生母)か遺物とて、愚堂の墨跡の掛物一幅、飛
鳥井雅豊卿の筆の二十一代集壹部、知恩院宮良
純法親王の筆の源氏物語一部を献上す、墨跡の
詞、こゝに記す、

盲《まう》-人《じん》端《たん》-的《てき》有《あり》レ眼《まなこ》、
鉄《てつ》-牛《ぎう》通《つう》-身《しん》無《なし》レ骨《ほね》、
不《ず》レ信《しんぜ》三問《もん》二-取《しゆすることを》　桃《たう》-花《くハを》一、
便《すなハちみる》　見二靈《れい》-雲《うんの》敗闕《はいけつを》一、
右《みぎ》雪峰《せつほうの》空《くう》和《お》尚《しやうの》偈《げ》、
前《さきの》　法山《ほふざん》愚堂《ぐだう》書《しよす》、

一、龍興寺の座元東水、并に岱首座を招きて、此度
甲州に建立する寺の山号・寺号を議し、穏云山
靈臺寺と定む、穏くの字は、竺道先師の示しに、
到不疑地、可有歸家穏坐時節、といへると、又

*靈元上皇他に禪祿敕名の御禮獻上

吉保吉里八朔の祝儀を綱吉家宣へ獻上

四所へ八朔の祝儀進上

*恕川畫の六義園圖三軸獻上

瑞春院と祝儀拜受進上

*靈元上皇への深謝取次を依頼

妻八重姫より御尋の拜受物

年久しく所持したる呂洞賓か自筆の穏齋記に、得一穏心置之穏地、と云へるを取れり、靈臺の字は、林希逸か莊子の註に、靈臺心也といへるなり、

廿五日、

一、八朔の御祝儀とて、吉保・吉里より、太刀一腰・馬代金壹枚充を今日献上す、大納言様へも同し、

一、同し事によりて、御臺所様（淨光院、鷹司信子）・御簾中様（天英院、近衛熈子）・五の丸様（瑞春院、明信院生母）・八重姫君様（綱吉養女、徳川吉孚室）へ、干鯛壹箱・樽代五百疋充を進上す、

一、五の丸様より、御妹（光照院、白須才兵衛妻）病氣快然の後、今日始て御對面遊はすによりての御祝儀とて、紅白紗綾五端・鯛壹折を拜受す、女臣、文にて傳ふ、是によりて、干鯛一箱・樽代五百疋を進上す、使を勤めたる徒の者、銀壹枚を拜受す、

一、御尋とて、八重姫君様より、妻（曾雌氏、定子）に、檜重一組を下されて拜受す、

一、吉保か禪録の書名を、仙洞御所の御定め下されしによりて、今日、書を公通卿へ捧けて、御礼を申上け、嶋〔縞〕縮緬二十端・縫入のふくさ（袱紗）百・肴代銀廿枚を獻上す、又兼て御愛の聞へあれは、狩野養朴法眼常信か畫ける、墨繪の瀧の三幅對のかけ物、同人筆の、桃に牛・櫻に駒を彩色にしたる二幅對、同人筆の、靈照女を彩色にせるかけ物一幅、狩野隨川か畫ける、百靍の繪巻物壹軸、狩野恕川か畫ける、百子之繪巻物壹軸、恕川か畫ける、六義園の圖三軸を献上す、公通卿へ、紅白羽二重五疋、新大納言局（上冷泉爲條女、靈元上皇官女）・入江民部權少輔相尚へ、紅白紗綾五巻・肴代五百疋充を贈る、

誠恐誠惶奉願候錄名、勅賜護法常應錄、恭奉頂戴候、廣大之殊恩銘心肝、万代眉目、傳子

孫、不知所申上、宜仰奏達候、誠恐頓首、

甲斐少將

八月廿五日　判

正親町前大納言殿

禮物の目錄披露を依頼

一筆致啓上候、然者、奉願候禪錄書名、勅撰被成下、冥加至極、難有仕合奉存候、爲御禮先達而、呈愚札候、猶以御禮申上度、目錄之通、献上之候条、於御內〻宜願御披露候、恐惶謹言、

甲斐少將

八月廿五日　判

正親町前大納言殿

別紙での禮物目錄披露依頼

以別紙申入候、今度禪錄書名勅撰被成下、難有仕合奉存候、先書ニ申達候通、段〻御願故、首尾好相調、忝大慶存候、依之目錄之通、致進覽之候、猶期後㐂之時候、恐惶謹言、

甲斐少將

八月廿五日　判

正親町前大納言殿

＊新大納言局入江相尚への禮物進入依頼

追啓、新大納言御局・入江民部權少輔殿、御取持故、首尾好相調候旨、大悅之至候、御兩人江、目錄之通令進入之候、宜御心得賴入存候、以上、

甲斐少將

八月廿五日

正親町前大納言殿

＊仙洞仰せつけの六義園十二境圖献上を傳ふ追伸

追啓、先頃從仙洞御所御用之由、御內意被仰聞候繪出來、今度差登候、

一、十二境（六義園圖）之圖、先達而被仰聞ニ付、是又差上候、委細祐之方ゟ可申進候、以上、

八月廿五日　甲斐少將

*保は初献上拜領

瑞春院より七夕八朔の祝儀拜受

*御臺所より裾分の拜受物

妻瑞春院へ御機嫌伺の進上物

*雛子初御覽に八重姫より拜受物

妻御臺所八重姫に進上物

*忌明後初出御と雛子に献上物拜領物

保の出生祝儀一家の献上物拜領物

*簾中へ吉保吉里保進上物

正親町大納言殿

廿六日、

一、七夕・八朔の御祝儀とて、五の丸様より、干鯛貳箱を拜受す、女臣、文にて傳ふ、

一、妻より、五の丸様へ、鮮鯛壹折を進上して、御機嫌を伺ふ、

廿七日、

一、妻より、御臺所様・八重姫君様へ、鮮鯛壹折充を進上して、御機嫌を伺ふ、

廿八日、

一、保（吉里女、生母酒井氏、頼子）が出生の祝儀とて、献上物、吉保より、縮綿（緬、以下同じ）三十巻・干鯛壹箱・樽代千疋、吉里より、廿巻壹箱・千疋、吉保か母（了本院、佐瀬氏）・妻より、檜重一組・干鯛壹箱・樽代千匹充、吉里か妻（酒井氏、頼子）も同し、保より、縮綿十巻・干鯛一箱・樽代千疋也、拜領物は、吉保に、綿百把・肴三種・樽二荷、吉里に、百把・二種・壹荷、母・妻に、紗綾三十巻・干鯛壹箱充、吉里か妻も同し、保に、產衣五重・肴二種・樽一荷なり、保か献上物・拜領物、今度始てなり、

一、御臺所様より、單物壹つ・袷壹つを拜受す、御簾中様、昨日、御本丸へ入らせられて、進せられたる內にての、御すそわけ（裾分）と也、

一、八重姫君様より、單物壹つ・袷壹つを拜受す、御雛子を今年始て御覽なるによりて也、

一、御忌明けて後、今日始て表へ出御なりて、御雛子あるによりて、檜重壹組・干鯛一箱を献上す、吉里も同し、拜領物は、吉保に、色羽二重三十疋・干鯛壹箱、吉里に、二十疋・一箱、安通（經隆）・信豐（時睦）に十疋充なり、

廿九日、庚申、

一、御簾中様へ、吉保より、紗綾二十巻・干鯛一箱、吉里より、羽二重十疋・干鯛一箱、保より、紗綾十巻・干鯛壹箱を進上す、先頃、保か出生せ

しとて、拜受物有しによりて也、

簾中より裾分拜受

一、御簾中樣より、縮綿十卷・黑ぬりに蒔繪有文夾壹つ、內にふくさ二十入たるを拜受す、一昨日、御臺所樣より進せられたる內にての、御すそわけとなり、女臣、文にてつたふ、

父子四人庚申の拜領物

一、檜重一組を拜領す、吉里も同し、安通・信豐は、縮綿五卷充、庚申によりてなり、

（表紙題簽）

樂只堂年録　第百七十二巻
寶永二乙酉九月上

此巻は、寶永二年乙酉の九月朔日より、廿五日迄の事を記す、

九月小

朔日、壬戌、

一、御祈禱の料とて、護持院へ銀五枚、大護院豊藏坊へ三枚充を贈る事、例年のことし、

一、安通（經隆）・信豊（時睦）も登城す、

一、安通・信豊か四書の素讀畢るによりて、献上物、吉保より、紗綾二十巻・干鯛一箱、妻（曾雌氏、定子）より、檜重壹組・干鯛一箱、安通・信豊より、紗綾十巻・干鯛一はこ（箱）充、安通か實母（正親町町子）より、檜重一組

也、拜領物は、吉保に、紅白縮綿（緬、以下同ジ）三十巻・干鯛一箱、妻に、廿巻と壹箱、安通・信豊に、紅白縮緬二十巻・能の繪有手鑑一箱・干鯛壹箱充、安通か實母に、紅白縮綿十巻・干鯛一箱なり、

一、同し事によりて、安通に、光忠の刀一腰、代五百貫の折帋有、一乘の脇指一腰、代金十枚の折紙有、信豊に、國行の刀一腰、代五百貫の折帋有、一乘の脇指一腰、代金十枚の折紙有に、何れも五經壹部、其外品〻を添て與へて祝ふ、

一、家臣外科醫丸山昌貞、召出されて直參となる、

二日、

一、大典侍の局（清閑寺定俊女）、内證にて御膳を献するによりて、杢蕈一篭・粕漬の鯑壹桶を贈る、

一、今日、有氣（卦、以下同ジ）に入らせたまふ御祝儀とて、八重姫（綱吉養女、徳川吉孚室）君様より、檜重壹組・干鯛壹箱を拜受す、進上物は、干鯛一箱なり、

一、御臺所様（浄光院、鷹司信子）より、妻に、重の内壹組を下されて拜

*四書素讀終了に吉保刀類與へ祝ふ

*外科醫丸山昌貞直參となる

護持院大護院へ定例の祈禱料贈る

*大典侍局に松蕈他贈る

經隆時睦も登城

經隆時睦四書素讀終了に献上物拜領物

*八重姫より有卦入の祝儀拜受

*妻御臺所より音問拜受

*綱吉御臺所西の丸入り延期
妻瑞春院より音問拜受
*御成豫告
晩景に拜領物
*瑞春院より有卦入の祝儀拜受
重陽の時服獻上
家宣へ銀進獻
四所へ重陽の祝儀進上
*瑞春院へ有卦入の祝儀進上
家臣を徳川光貞牌前に遣はす
*妻八重姫より音問の拜受物
登城の途次西の丸へ參上
公辨法親王へ龍眼肉進上
*紅葉山三佛殿參詣
*台徳院嚴有院佛殿先立

受す、尋常の御音問なり、
一、五の丸様(瑞春院、明信院生母)より、妻に、檜重一組を下されて拜受す、前に同し、
一、晩景に、檜重一組・干鯛一箱を拜りやうす、御すそわけ(裾分)物となり、
三日、
一、重陽の御祝儀とて、時服五つを献上す、大納言(徳川家宣)様へは、銀十枚を進献す、
一、同し事によりて、御臺所様・御簾中様(天英院、近衛熙子)へ、銀五枚充、五の丸様・八重姫君様へ、三枚充を進上す、
一、今日、家臣岩田六左衞門正甫を紀刕へつかはして、徳川對山公(光貞)の牌前に銀廿枚を供す、
五日、
一、登城の時、西の丸へ參上す、
一、日光御門跡公辨親王(後西皇子、三管領宮)へ、龍眼肉壹曲を進上す、近々日光山へ御發駕なるべきによりて也、

六日、
一、西の丸へ、御成なるへし、御臺所様も入らせたまふべきを、雨天なる故に延ひぬ、
一、來る廿六日、私亭に御成なるべきとの仰事あり、
一、五の丸様より、長綿五把・御紋の袷一重・干鯛一箱を拜受す、吉保か有氣に入たるをいわひたまふてとなり、長綿は五の丸様、有氣に入らせたまふによりて、御拜りやう物の內にての御すそわけ也、
一、五の丸様へ、紅白縮綿五巻・干鯛一箱を進上す、有氣に入らせらるゝによりて也、使につかハしたる徒の者、銀壹枚を拜受す、
七日、
一、八重姫君様より、妻に、檜重一組を下されて拜受す、尋常の御音問なり、女臣、文にてつたふ、
八日、
一、紅葉山(御廟所)の三御佛殿(台徳院・大猷院・嚴有院)へ御參詣なり、台徳院(徳川秀忠)様、嚴(徳

家宣東叡山の兩佛殿參詣
*秀長老へ返答の七言絶句
月桂寺秀長老退院の偈
*重陽の御禮定例
*吉里從者御玄關式臺へ刀を携え初控
*瑞春院より重陽の拝受物
*經隆時睦五經他漢籍拝領
*父子四人重陽の祝儀拝領

有院様（徳川家綱）の御佛殿は、吉保、御先立をつとむ、大納言様（家宣）は、東叡山（寛永寺）の兩御佛殿（大猷院・嚴有院）へ御參詣なり、

一、月桂寺（柳澤家菩提寺）の秀長老退院するによりて、偈を惠まる、其韵を次て贈る、首に、特賜武田累世遺壤中興甲斐一流源氏、尾に、甲斐少將と松平吉保と云へる印を用ゆ、

今茲《ことし》、寶永《はうゑい》乙酉《きのとのとり》仲秋《ちうしう》十六、烏《う》、將《もつて》㆓老病《らうびやう》逼《せまるをみに》㆑身、謝《じやして》㆓覺山《かくさん》妙峰《ミやうほう》之《の》院事《ゐんじを》㆒而、閑《かん》-隱《いんし》銅《どう》瓶《びやう》鉄鉢《てつはつ》掩《おほひ》㆑室《しつを》、杜《とつ》㆑詞《ことばを》方《まさに》慣《ならふ》㆓濟水風《さいすいのふうに》㆒、因《よつて》綴《つゞりて》㆓野偈《やげ》一章《いつしやうを》㆒辭《じす》㆑衆《しうを》、云《いふ》、

六十三年立《たつ》㆓祖《そ》-關《くハんに》㆒、
言《ごん》-思無《じなくして》㆑路絶《ミちぜつす》㆓來還《らいくハんを》㆒、
而《い》-今《ま》-深隱《ふかくかくる》院東北《いんのとうぼく》、
折《せつ》-脚《きやく》-鐺《しやう》-邊《へん》午《ご》-睡《すい》閑《しづかなり》、
前圓覺月桂退衲一睡叟《ぜんえんがくげつけいたいなふいつすいさう》、

月桂《げつけいの》秀《しう》和尚《おしやう》、退《たい》-院《いん》閑《かん》-居《きよす》、伽《か》-陀《だ》以《もつて》示《しめさる》次《ついで》㆑韻《いんを》、乃《すなハち》贈《おくる》

三間《さんかんの》茅屋《バうおく》杜《とづ》㆓禪關《ぜんくハんを》㆒、
不《ず》㆑許《ゆるさ》參徒《さんとの》往《わう》與《と》㆑還《くハん》、
將《まさに》謂《おもへり》無《む》心《しん》雲《くも》出《いつと》㆑岫《くきを》、
元來《ぐハんらい》輸《しゆ》㆓了《りやうす》老僧《らうそうの》閑《かんに》㆒、
全透居士（柳澤吉保）、

九日、

一、御禮例のことし、

一、吉里か刀を持たる者、御玄關の式臺へあがりて居る事、今日始てなり、

一、當節の御祝儀とて、五の丸様より、干鯛壹箱を拜受す、女臣、文にて傳ふ、

一、五經白文十三冊・孝經大義一冊・近思錄二冊、合て壹箱にしたるを、安通も信豊も拜領す、

一、晩景に、檜重壹組を拜領す、吉里も同し、安通・信豊ハ、紅白羽二重五疋充、當節の御祝儀

*吉里も登城
家宣夫妻濱屋敷入り
*一家月見の獻上物拝領物
有卦入りの祝儀獻上
一家の拝領物
*吉保夫妻八月十五夜に代わり御臺所瑞春院へ進上物
*吉保夫妻御臺所より菊花他拝受
妻御臺所より音問の拝受物
*吉保夫妻瑞春院より拝受物
瑞春院へ御機嫌伺の菊進上
*月見により吉保父子四人絹物拝領

也、

十日、

一、濱の御屋敷(後の濱離宮)へ大納言様御成なり、御簾中様も入らせたまふ、

十一日、

一、有氣(卦)に入たる祝儀とて、散し染の縮綿三十・桧重一組・干鯛壹箱を献上す、拝領物は、吉保に、時服十・干鯛一箱・昆布一箱、樽壹荷、母と妻(了本院、佐瀬氏)に、大紋の紗綾廿端(反、以下同ジ)・干鯛一箱充、吉里に、時服五つ・干鯛一箱、同妻(酒井氏、頼子)に、紅白縮綿十・干鯛一箱、安通・信豊・稲(生母横山氏、繁子)も同し、安通か実母・稲か実母(横山氏、繁子)に、大紋の羽二重五つ充也、

一、御臺所様より、妻に、花一桶・鯛壹折を下されて拝受す、尋常の御音問なり、

十二日、

一、五の丸様へ、菊の花一桶をしん上(進)して、御機嫌を伺ふ、

十三日、

一、吉里も登城す、

一、月見によりて、檜重壹組を献上す、吉里も同し、吉保、幷に母・妻・吉里・同妻・安通・信豊・安通が實母・稲か實母、いつれも壹組充を拝りやうす、

一、同し事によりて、御臺所様・五の丸様へ、檜重壹組充を進上す、妻も同し、例年妻より、御臺所様へ、今日進上物せされとも、今年は、八月十五夜に進上物せさる故に、今日進上物す、

一、御臺所様より、吉保に、菊の花壹桶・鯛壹折、妻に、鮭二尺を下されて拝受す、いつれも女臣、文にてつたふ、

一、五の丸様より、吉保に、ぬり重の內壹組・粕漬の魴一桶、妻に、ぬり重の內一組・粕漬の鯛壹桶を下されて拝受す、前に同し、

一、晩景に、黑餅の羽二重五十端・裏羽二重五十端

を拝りやうす、吉里は、三十端充、安通・信豊
ハ、紋茶宇十端充、月見によりて也、
十四日、
一、徳川内藏頭頼龝（徳川光貞男、吉宗兄）（職、以下同ジ）、去る八日に逝去のよしを注進
す、是によりて、今日より廿日まで鳴物を停止
す、
十五日、
一、徳川内藏頭頼龝逝去なるによりて、御礼なし、
諸大名出仕して御機嫌を伺ふ、吉里も登城す、
一、御料理にも成ぬへきとて、甲州の産の松蕈一箱
を、荒川土佐守重好・内藤日向守正喬まて献上
して、臺盤所へ傳へしむ、
一、少くの風氣にて、例より早く退出す、是により
て、大納言様より、御尋有、間部越前守詮房（家宣側用人）、
手紙にてつたふ、
十八日、
一、甲刕の産の大和柿壹篭を献上す、大納言様へも

*四所へ大和柿進上
*公辨法親王へ大和柿進上
徳川頼職逝去鳴物停止
*簾中より吉保の風邪見舞
徳川頼職逝去により御禮なし
甲州産の松蕈献上
*吉里靈元上皇に和歌添削願ふ
風邪氣味で早退に家宣より御尋
綱吉家宣へ甲州産の大和柿献上

同し、
一、同し品壹篭充を、御臺所様・御簾中様・五の丸
様・八重姫君様へ進上す、
一、同し品壹籠を、日光御門跡公辨親王（後西皇子、三管領宮）へ進上す、
一、吉保か風氣を御尋とて、御簾中様より、奈良柿
一箱・粕漬の魴一桶を拝受す、女臣、文にて傳
ふ、
一、吉里か詠草十首を、公通卿（正親町）へつかはして、仙洞（靈元上皇）
御所の叡覧なしたまはん事を願ふ、
一筆啓上仕候、仙洞御所、益御機嫌能被成御
座、奉恐悦候、然者、私詠草十首相認、今度
致進上之候、不苦思召候は、宜御沙汰所仰候、
恐惶謹言、
松平伊勢守（柳澤吉里）
九月十八日　　判
正親町前大納言殿（公通）

*公辨法親王へ葡萄進上
吉保吉里詠を上皇に添削依賴
*八重姬へ御用の珍多酒進上
吉保詠の添削は遠慮
*靈元上皇禪錄敕名拜領への謝意諒承
*禪錄敕名拜領仲介の經緯を祝ふ
信豊名乘を時睦に改む
晚景に饂飩献上

一筆致啓上候、隱向冷氣候、仙洞御所、益御
機嫌能被成御座、奉恐悅候、然者、愚息(吉里)伊勢
守詠草叡覽之儀、奉願候付、此度差登申候、
不苦思召候は、御機嫌次第、宜御披露賴存候、
愚詠も何とそ差上申度候得共、從夏中氣力不
快ニ而、詠哥無之、其上當年者、彼是願申上
候付、差扣〔控〕奉、以不能其儀候、御序之刻、可
然樣御取成賴入候、恐惶謹言、
九月十八日　甲斐少將(柳澤吉保)
判
正親町前大納言殿

十九日、
一、左門が名乘信豊を改めて、時睦と云、
廿二日、
一、晚景に溫飩一組を献上す、
廿三日、

一、日光御門跡公辨親王へ、葡萄一篭を進上す、日
光より御歸府なるによりて也、
一、八重姬君樣へ、弥多酒(赤葡萄酒)一德利を進上す、御用に
よりて也、
一、公通卿の奉書到來す、やかて答書をつかハす、
禪錄(護法常應錄)書名被成下之、難有之由、則以飛翰之趣、
令披露候處、宜申達之旨、仙洞御氣色ニ候、
恐々謹言、
九月六日　公通
甲斐少將殿

先月廿三日之芳翰、令披閲候、弥御堅固之由、
珎重存候、然者、禪錄書名之儀、御願之通相
調、難有思召候由、芳札之趣、具令言上候、
入江(相尚、上冷泉爲條息)書狀御留置候由、尤ニ存候、左京權大夫(梨木祐之、賀茂權禰宜)
致世話、畢竟愚拙取持故与、御大慶之由、爲

*靈元上皇護法常應祿序文寄稿應諾

御念入義存候、万〻期後音之時候、恐〻謹言、

九月六日　公通

甲斐少將殿

靈元上皇吉保獻上の禮物に滿悅

護法常應錄、賜勅名万代之眉目、難有頂戴、
仍目錄之通獻上之、則、飛翰之旨、令披露候
處、御滿悅之御事候、右之趣、宜申達候由、
仙洞御氣色ニ候、恐〻謹言、

九月十二日　公通

甲斐少將殿

*禪錄敕名取持への禮物を深謝

靈元上皇御用の六義園繪卷獻上に滿悅

*御用の六義園繪卷の出來映へに滿悅

繪事(六義園繪卷カ)御用之由、申達候処、今度獻上之、則令
披露候、模樣宜出來、殊表具等丁寧、御滿悅
不斜御事ニ候、幾重も相心得可申達旨、仙洞
御氣色ニ候、恐〻謹言、

九月十二日　公通

甲斐少將殿

護法常應錄序之儀、願之通言上候處、被有御
辭退度候得共、禪法修行然、御感御領掌被遊、
右之趣宜申達旨、仙洞御氣色ニ候、恐〻謹言、

九月十二日　公通

甲斐少將殿

御別紙披見、弥御堅固之由、珎重存候、然者、
禪錄書名御願之通、相調難有思召候、愚拙取
持故與御大慶、仍御目錄之通仰之、爲御念入
儀令祝着候、局(新大納言局、靈元上皇官女)・入江えも、御目錄之通被遣
之、相達候処、辱被存候、宜申遣旨被申候、
一、内〻申進候繪事、今度御献上之、則令披露
候處、何も見事出來、殊表具等丁寧成、殊
外候之、御滿悅不大形候思召、相叶忝存事
ニ候、

上皇六義園繪巻の出來映へに感じ禪錄序文を領掌
*禪錄の序文領承に深謝

一、常應錄序之義、御領掌被遊、目出度存候、先達而申上候得共、御辞退被遊候故、如何與存候處、今度御献上之繪、殊外入御意、御機嫌宜幸之時節故、又申上候得者、則御領掌之御事ニ候、猶愚拙も忝存候、嘸難有思召候はと察入候、猶祐之(梨木、賀茂權禰宜)迄申達候、恐〻謹言、

九月十二日　公通

甲斐少將殿

上皇の禪錄の序文領掌を深謝
*繪巻滿悅を言祝ぎ禪錄序文諒承を謝す

御奉書拜見仕候、仙洞御所、益御機嫌能被成御座、奉恐悅候、然者、常應錄序之儀、願之通、御領掌被遊之旨、誠以冥加至極、難有仕合奉存候、宜御取成所仰候、恐惶謹言、

甲斐少將

九月廿三日　判

正親町前大納言殿

一筆致啓上候、然者、今度常應錄、勅序可被成下之旨、難有仕合、冥加相叶忝奉存候、先頃申入候通、卑懷之錄、如草稿候得者、序之儀奉願も畏入存候處、今度御領掌之御事、難有儀難尽短毫候、恐惶謹言、

甲斐少將

九月廿三日　判

正親町前大納言殿

御別紙致拜見候、弥御家內御堅固之由、珎重存候、手前無異儀候、

一、內〻被伝聞候御繪之事、被遂披露候處、御感不大形之旨、忝本望之至奉存候、

一、常應錄序之儀、今度能御敍(序)を以被及言上候處、御領掌之御事、誠以難有次第、賢察之

通ニ御座候、猶、祐之ゟ申述候条、不能腐毫候、恐惶謹言、

甲斐少將

九月廿三日 判

正親町大納言殿

廿五日、

護持院參詣供奉

一、護持院へ御參詣なり、吉保供奉す、

*御休息間の室禮

綱吉御成御成書院の室禮

*上覽所の室禮

（表紙題簽）

樂只堂年錄　第百七十三巻　寶永二乙酉九月下

此巻は、寶永二年乙酉の九月廿六日より、月の終までの事を記す、

廿六日、

一、今日天氣好く、私亭に御成なり、

御殿の飾り物ハ、御成書院の床に、狩野探信か畫ける蓬萊の掛物、左右、桐に鳳凰・のぼり龍・くだり龍の三幅對を掛け、立花二瓶をまふく、瓶は、黃砂張也、棚の上段に、惣梨子地に岩組・松・櫻・流水を蒔繪にせる料紙・硯壹通り、中段は、明けたり、下段には、香爐壹つを置く、黑ぬりに、芳《吉》野山の景を蒔繪にせる、御刀掛壹つ・御褥壹つ、狩野探雪か金のむら《斑》砂子に若松・熊笹を畫ける小屛風壹双、火鉢壹つを列らぬ、

御休息の間の床に、狩野探信か畫ける、竹に鶴、杏に龜の二幅對のかけ《掛》物をかけ、惣ぎん《銀》にてつゝミ、老杏をおきあげにし、海邊・遠山に、流を金の色繪毛ぼり《彫》にし、かなもの《金物》赤銅に、若松を毛彫にせる冠たな《棚》壹つ、棚の下に惣ふんだミにて、つゝら《葛籠》形の香合壹つ、銀の盞、梅・椿を金銀の色繪にせる香爐一を置く、棚の上段に、惣ふんだミにて、松・竹・梅、遠山に家居・流を蒔繪にせる文臺・硯一通り、中段は明けたり、下段には、伊部燒の花生に、生花をまふく《設》、黑ぬりに、梅・若杏を蒔繪にせる御刀掛壹つ、御褥壹つ、梨子地に、梅を蒔繪にせる見臺壹つ、惣金、流に若松を、狩野探信か畫きたる小屛風壹双、火燵をあけて、黑ちりめん《縮緬》に桑染の裏を附たる蒲とん《布團》をかく《掛》、火鉢壹つを置く、

上覽所には、黑ぬりに、若杏を蒔繪にせる、御刀

掛壹つ、畫工正信(狩野)か、琴・碁・書畫を畫ける屛風壹双、御裝束の間には、黒ぬりに若枩を蒔繪にせる御刀掛壹つ、增田松桂か畫ける、むら砂子にて、濱枩に千鳥の屛風一双、二の間に、狩野常信か、白梅に流を畫ける大屛風一双、狩野峯信か、西王母・東方朔を畫ける大屛風一双を列らぬ、獻上の品〻を例のことく、御成書院の廊下に並へ置く、

一家の献上物

吉保より、遠方染の縮綿(緬、以下同ジ)五十端(反、以下同ジ)、中形そめ(染)の縮緬五十端、二重そめの紗綾五十端、飛紗綾の帶二百筋、難波を畫ける檜重壹組、吉里より、散し染の縮綿五十端、輪違絞りそめの縮緬五十端、飛紗綾の両面の羽織三十、印篭二十、玉井を畫ける檜重一組、安通(經隆)より、絞り染の縮綿二十端、時睦より、豐後絞りに染たる縮綿二十端、吉保か母(了本院、佐瀬氏)より、唐染の紗綾三十端・檜重一組、妻(曾雌氏、定子)より、縫付紋の紅縮綿三十端、縫入の繻子の帶三十筋、蓬萊を畫ける檜重壹組、吉里か妻(酒井氏、賴子)より、大形の更紗染の縮緬三十端・干鯛一箱、保(吉里女、生母酒井氏、賴子)より、長綿百把・檜重一組・昆布一箱・干鯛一箱・樽一荷、豐前守直重(黒田)か妻(土佐子)より、唐染の羽二重廿端、右京大夫輝貞(松平)か妻(永子)より、格子染の縮緬二十端、稻(吉保女、生母横山氏、繁子)より、ちらし染の縮綾二十端、山城守政森(内藤)か妻(悅子)より、中形染の羽二重廿端、直重か娘豐(生母土佐子)より、檜重壹組、安通か實母(正親町町子)より、嶋染(縞、以下同ジ)の縮緬十端、稻か實母(横山氏、繁子)より、遠山そめの紗綾十端、輝貞・直重・政森より、檜重壹組充なり、外に吉保より、縫入の繻子の帶十筋と五筋とを、二包にして御休息の間の緣頰に置く、

*御殿の勝手に伺候の輩

御殿の勝手に伺候せる輩は、酒井雅樂頭忠擧・藤堂和泉守高睦・松平讃岐守賴保・折井淡路守正辰・武田織部信冬・柳沢八郎右衛門信尹・曾雌權右衛門定救・鈴木三郎九郎重助・山高兵助信政・松平新左衛門政容、

*伺候の醫官

醫官にハ、藥師寺宗仙院法印元常・澁江枩軒法眼長㐂・井關正伯法眼・吉田一菴法眼宗貞・小嶋昌

伺候の僧衆
＊一家表向の拝領物
出迎の幕臣家臣
＊一家の内々の拝領物

怡法眼・小森西倫法眼・丸山昌貞、針醫僧東歴、僧衆には、護持院前大僧正隆光・金地院僧錄司元云・覺王院前大僧正最純・凌雲院前大僧正義天・進休庵僧正英岳・護國寺僧正快意・觀理院權僧正智英・月桂寺西堂碩隆・龍興寺座元東水・靈雲寺比丘戒琛・愛染院法印俊任・東圓寺法印海岸・愚休庵首座祖圓なり、

四つ半時に、御成なり、吉保・吉里・右京大夫輝貞・松平伊賀守忠德・安通・時睦、幷に家臣荻沢源太右衞門勝久・藪田五郎右衞門重守・平岡宇右衞門資因・柳沢帶刀保誠・瀧口平太左衞門武延・荻澤角左衞門正府・瀧口金五右衞門長宥・飯塚彦右衞門正朝・荻沢又右衞門正久・豊原權左衞門勝羨・池上善左衞門爲昇を率ひて、御成門の外に出て、老中・土屋相模守政直・稲葉丹後守正通・大久保加賀守忠增・井上河内守正任は、塀重門の外に出てゝ迎へ奉る、吉保、上意を蒙りて、御駕輿を導き奉り、御成玄關より、

入らせたまふ、式〔敷〕舞臺の後、溜りの間にて、雅樂頭忠擧・和泉守高睦・讃岐守頼保拝謁す、それより御休息の間に入御なりて、吉保、のし(熨斗)を捧く、召上られて、吉保・吉里・安通・時睦に下さる、それより御成書院に渡御なる、女輩拝謁し、妻のしを捧く、召あけたまひて、妻、幷に女輩みなく〵へ下さる、拝領物、表向より、吉保に、鮮干の鯛壹箱、妻に、檜重壹組、(若老中)加藤越中守明英、目錄を傳ふ、

御内〻よりは、吉保に、郡内百匹・裏羽二重百匹、母に、色羽二重三十疋、妻に、紅白羽二重三十疋、吉里に、郡内五十匹・裏羽二重五十疋、同妻に、嶋繻子十卷、安通に、紅白羽二重廿匹、時睦も同し、豊前守直重か妻に、色羽二重二十疋、右京大夫輝貞か妻に、大紋の綸子廿卷、稲に、大紋の紗綾二十卷、山城守政森か妻に、紅白羽二重廿疋、安通か實母に、大紋の綸子十卷、稲か實母に、紅

*吉里論語子路偏講釈
*經隆時睦學而篇素讀
吉里女保正親町町子に抱かれ初御目見
*經隆時睦清書を上覧に入る
*梨木祐之神代巻日神降誕講釈
御手自の拝領物
*御成書院にて御兵法
*經隆時睦三學吉里天狗抄
綱吉論語陽貨篇講釈
*御膳三汁十菜
*甲州の作物追加

白羽二重十疋、輝貞に、檜重壹組、直重・政森に、紅白羽二重十疋充、直重か娘豊も同し、
吉里が娘保、始て御目見す、安通か実母抱きて出づ、御手自のしを下され、拝領物の目録をも御手自下さる、緞子二十巻・干鯛壹箱・昆布一箱・樽一荷也、
此外、御手自の拝りやう物は、母に、はな紙袋五つを服紗に包ミて、妻も同し、安通に、印篭・巾着三通り、時睦に、伽羅を香合に入れて壹つ、稲に、繪巻物一軸也、
それより御休息の間に出御なる、此時、献上・拝領の品ゝを引く、再ひ御成書院に渡御なりて、論語陽貨の篇にて、性相近といへる章を御講釈遊はす、雅樂頭忠擧・和泉守高睦・讃岐守頼保、老中四人、若老中、久世大和守重之・加藤越中守明英・永井伊豆守直敬、御側衆・僧衆・醫官、幷に吉保か一族・家臣拝聞す、
次に、吉里、論語子路の篇にて、葉公問政と云へる章を講釈す、安通、論語學而の篇の首章を素讀す、時睦は、同篇の第二第三の章なり、安通・時睦が清書を上覧に入る、
次に、山刕賀茂の権祢宜、梨木左京権大夫祐之、神代の巻(日本書紀)の内、日神(天照大神)降誕の一段を講釈す、
悉く畢りて、御兵法あり、御成書院の三の間にて、安通・時睦、三學をつかふ、請太刀は、柳生助五郎勝往なり、吉里、天狗抄までをつかふ、請太刀は、汀佐五右衛門勝賢なり、助五郎勝往三學をつかふて、請太刀は、佐五右衛門勝賢なり、柳生内藏助勝興、小太刀三つ、助五郎勝往も小太刀をつかふて、是も請太刀は、皆佐五右衛門勝賢也、御成書院の下段にて、三學と小太刀二つとを遊はす、請太刀は、いつれも佐五右衛門勝賢也、
畢りて御休息の間にて、御膳をすゝむ、三汁十菜なり、領國の葡萄・梨子・栗・松蕈・柚を御料理

に加へて、捧けぬれは、御満足に思召れて、御手を附させたまふ、御菓子にも、梨子・葡萄・大和柿を捧けぬ、吉保、御茶の下を頂戴する事、例のことし、

それより御休息の間に、雅樂頭忠擧・和泉守高睦・讃岐守頼保を召させられて、八丈織十端充を下さる、同所に、藥師寺宗仙院法印元常・澁江杰軒法眼長䓙を召させられて、御脈を伺ひ奉らせたまひ、藥を調合させて上覧なりて、御紋の時服一重充を下さる、杰軒長䓙か御紋の出たるを拜領する事は、此度始て也、

それより、舞臺にて能あり、寝覺、和泉守高睦、是界、讃岐守頼保なり、それにつゞきて御仕舞始る、老松、後の出端より御(綱吉)なり、放下僧の小哥、吉里、龍田の曲、安通、田むらの曲、時睦、山姥、御なり、芦刈の曲、直重、自然居士、政森、舩辨慶、後の出端より御なり、箙のきり(切、以下同ジ)、吉里、小塩の曲、安通、熊野の曲、時睦、白樂天のきり、和泉守高睦、賀茂のきり、讃岐守頼保、氷室のきり、和泉守高睦、殺生石のきり、讃岐守頼保、羽衣の曲よりきりまてと、養老のきりとは、いつれも御なり、

悉く畢りて、御休息の間にて、吉保・吉里・安通・時睦に、御懇の上意ありて、拜りやう物、吉保に、べんがら(辨柄)二十疋、吉里に、御紋の裏付上下地十具、安通・時睦に、御紋有着料の小袖三つ充也、

それより御成書院へ渡御なりて、女輩みな〱へ御懇の上意有て、拜りやう物、母に、桑染の縮緬十五端、妻に、唐緋縮綿十五巻、吉里か妻も同し、豊前守直重か妻・右京大夫輝貞が妻・娘稻・山城守政森か妻に、十巻充、保に、八丈織五端、安通か実母・稻か実母に、唐緋縮緬五巻充、直重か娘豊にふくさ十なり、

醫官二人脉を伺ひ藥調合

*吉保父子に懇の上意と拜領物

*一家再びの拜領

御仕舞に子息三人活躍

暮六つ時前に御機嫌好く還御

暮六つ時前に御機嫌好還御なり、吉保・吉里、やかて登城して、今日の有かたさを申あげ、還御なりての御機嫌を伺ひ奉り、御手自のしを頂戴して退出す、

＊家宣より拝領物
家臣学輩等の拝領物

一、今日、家臣等か拜りやう物、御弟子の用事を勤むる者、上田新五兵衛重孝・加古紋左衛門長榮・疋田元右衛門尚重・森久兵衛長恆・學輩、志村三左衛門楨幹・荻生惣右衛門茂卿・渡邊惣左衛門幹・小俣三郎右衛門弼種・沢田五左衛門正信・村井源五郎直方・津田宗助利行・酒見權之丞俊秀・柏木藤之丞全故・田中清大夫省吾・都筑又左衛門春親・村上權平以成・金子權七郎清隣・鞍岡文次郎元昌、劍術者、柳生内藏之助勝興・汀佐五右衛門勝賢・柳生助五郎勝往、幷に神官、梨木左京權大夫祐之、いつれも時服二つ充なり、

徳川家宣へ進献物

一、今日、大納言様へ、檜重一組を進献す、

吉保夫妻四所奥向へ御成祝儀贈る

一、進上物、御臺所様(淨光院、鷹司信子)・御簾中様(天英院、近衛基熈女)・五の丸様(瑞春院、明信院生母)・八重姫君様(綱吉養女徳川吉孚室)へ、檜重一組充なり、妻より、御臺所様・五の丸様・八重姫君様へ、一組充なり、右衛門佐の局(大奥總取締、町子生母)・大典侍(壽光院、清閑寺熈房女)・新典侍(清心院、日野弘資養女)・豐原(奥女中)・高瀨(奥女中)・松江(奥女中)に、檜重一組を贈る、妻も同し、

一、今日、大納言様より、干鯛一箱を拜領す、御使、井上遠江守正方なり、

＊吉保夫妻四所より拝受物

一、拜受物、御臺所様より、檜重壹組・干鯛壹箱、妻も同し、御使、高木甚右衛門元茂、御簾中様より、檜重壹組、御使、堀源左衛門正勝、五の丸様より、檜重壹組・干鯛一箱、妻に、まんぢ(饅頭)うの折壹つ・干鯛壹箱、御使、河野善左衛門貞通、八重姫君様より、檜重一組・干鯛一箱、御使、山高八左衛門信賢なり、

＊甲府城内外所々の名を改む

一、甲府城の内外所〻の名を改む、或ハ元の名を用ひ、或ハ新構に名つくるもあり、

一、鉄門、元ハ南門・銅門、元ハ西門・天守曲輪門、元ハ稲荷曲輪四足門・天守曲輪、元ハ東帯曲輪・中之門、

元ハ武具藏前矢來門・帯曲輪門、新規・松陰之門、元ハ長番所前門・屋形曲輪、元ハ三之丸

〔ココニ圖二点アリ、便宜口繪ニ載ス〕

屋形曲輪御門、元ハ埋門・梅林門、元ハ長番所後四足門・中之江門、元ハ長番所脇四足門・仕切門、元ハ水之手口出口四足門・清水曲輪、新規・竹林門、新規・稲荷曲輪門、元ハ鍛冶曲輪出口四足門・數寄屋曲輪、元ハ隱居曲輪・數寄屋勝手門、元ハ隱居曲輪入口四足門・數寄屋門、元ハ隱居西門・鍛冶曲輪門、元ハ藏前四足門・臺所門、新規・坂下門、元ハ臺所前四足門・樂屋曲輪、新規・大廣間門、新規・長屋門、新規・追手門、元ハ南追手・柳門、元ハ西追手・山之手門、元ハ水之手門・花畑、新規・追手曲輪、新規北ハ厩、平岡宇右衛門・柳澤隼人・近藤圖書、南ハ、鈴木主水・飯塚彦右衛門屋鋪迄・柳曲輪、新規南ハ外藏より柳澤權大夫、北ハ、山本十郎右衛門屋鋪迄・山之手曲輪、新規東ハ、藪田五郎右ヱ門、西ハ、青木藤兵衛、北ハ、千葉七郎右衛門屋鋪迄・穴切口見付門、元ハ百石町口・横沢口見付門、青沼口見付門、下横沢口見付門、元三日町口見付門元ハ古三日町口見付門と云、今元ニ改む・立町口見付門、元連雀町口見付門・元城屋町口見付門、上之二ケ所古を元と改む・愛宕町口見付門、以上之八ケ所は新規、

一、只今迄、古府中と申候事、相止、府中と計、

一、右城と申事、相止、元御舘跡と、

一、町之古と申事、相止、元何町と、

一、山田町、元ハ伊勢町・綠町、元ハ川尻町・元連雀町・元城屋町・元三日町・元柳町・元川尻町、右之分、古と申事、相止、何も元と改、増山町、元ハ古府中与力町

一、山之手曲輪之內、小名、

梅小路・櫻小路・森下小路、

一、柳曲輪之內小名、

馬場小路・先手小路、一番町ゟ七番町迄足輕屋鋪

一、追手曲輪之內小名、

西小路・東小路・中小路、元ハ中殿町、
一、横澤町、元ハ百石町・穴切小路、新規・新代官町、元ハ同心町・田町、元ハ新組町・小砂町、新規・堀江町、元ハ同心町・浦佐渡町、元ハ小役人町、

廿七日、

西の丸へ御臺所同道で御成吉里も參向

一、西の丸へ御成なり、御臺所様も入れせらる、吉里も參候す、

妻御臺所瑞春院へ西の丸御成の祝儀進上

一、妻より、御臺所様へ、大和柿壹篭・鮮鯛壹折、五の丸様へ、大和柿壹籠を進上す、昨日の御成によりて也、

妻八重姫より音問拝受

一、八重姫君様より、妻に、檜重一組を下されて拝受す、尋常の御音問なり、

父子四人御裾分拝領

一、今日の御すそわけ（裾分）物とて、時服二つ・御紋の麻上下三具・茶宇貳端を拝領す、吉里・安通・時睦も同し、

廿八日、

妻八重姫へ御機嫌伺の進上物

一、妻より、八重姫君様へ、柿壹篭・鯛壹折を進上して、御機嫌を伺ひ、一昨日御成の有かたさをも申上く、

*吉保夫妻御臺所より裾分拝受

一、昨日の御すそわけ物とて、御臺所様より、吉保に、模様入たる小袖二つ・造り物重壹つ、妻に、小袖貳つ・張子の內に服紗十入たるを、下されて拝受す、女臣、文にて傳ふ、

廿九日、

*簾中より裾分拝受

一、御簾中様より、大紋の紗綾十端・女模様の呉服三つ・鯛壹折を拝受す、一昨日の御すそわけ物也、

*桂昌院百箇日に菊花供す
*百箇日の御機嫌伺に菓子重献上
*瑞春院御茶口切の御膳献上に進上物拝受
*吉保父子四人裾分の拝領物
茶壺拜領定例
保妻の居所初訪問に祝儀の拝領物
*徳川綱重傳通院より増上寺へ改葬
柳澤家酒井家一同に祝ふ

（表紙題簽）

樂只堂年錄　第百七十四巻　寶永二乙酉十月

此巻は、寶永二年乙酉の十月の事を記す、

十月大

朔日、辛卯、
一、御茶壺壺を拝領する事、例年のことし、
二日、
一、保（吉里女、生母酒井氏、頼子）、今日始て妻（曾雌氏、定子）か居所へ來る、是によりて、檜重一組・鮮干の小鯛壺箱を拝りやうす、
一、同し事によりて、酒井雅樂頭忠擧（頼子父）・松平伊豆守信輝・同甲斐守信高、幷に吉里か妻の実母（松平光之女）、此外一族あまたを招きて祝ふ、囃子をもさす、
三日、
一、桂昌院（綱吉生母）様の御沒後、百ケ日なるによりて、菊花二桶を増上寺へつかはして、御牌前へ供す、
一、同し事によりて、晩景に、菓子重壹組を献上して、御機嫌を伺ふ、
四日、
一、五の丸様（瑞春院、明信院生母）より、御茶の口切の御膳を献したまふ、是によりて、麴漬の鮭壹桶を進上し、長綿五把・干鯛壺箱を拝受す、御すそわけ（裾分）物とて、紗綾の両面の羽織壹つ・檜重壹組を拝領す、吉里も同し、安通（經隆）・時睦は、紗綾の両面の羽織壹つ充なり、
五日、
一、御改葬の事によりて、清楊院（徳川綱重）様の御柩、傳通院より、増上寺へ入らせらるゝによりて、大納言（徳川家宣）様へ菓子重壹組を進献して、御機嫌を伺ふ、
六日、
一、今度、桂昌院様・清楊院様の、両御佛殿へ、諸

吉保甲斐國主と名乗るべき由の仰せ
*龍興寺の增地分を拜領
八重姫より拜受物
*玄猪に再登城し餅飯拜領
退出途次西の丸へ參上
道尊法親王遷化
*席の次第
公辨法親王へ朧氣伺の進上物
公辨法親王へ朧氣伺の進上物

臣燈臺を献するに、老中は、何の所の城主と署名するによりて、吉保か事をは、甲斐國主と記すへきやと、林大學頭信篤（鳳岡）より尋しを、自分にはいひかたし、上意を伺ひ、城主と記し然らんか、と申達し言上しぬれは、國主と記すへきよしを仰出さる、

一、八重姫君（綱吉養女、徳川吉孚室）様より、茶一はこ・柿・葡萄壹篭・鯛壹折を拜受す、御茶の口切によりてなり、

一、退出の時、西の丸（徳川家宣居所）へ參上す、

一、日光御門跡公辨親王（後西皇子、三管領宮）の御兄、照高院御門跡二品法親王道尊、去月十八日に、遷化なるによりて、公弁親王へ使をつかはして弔ふ、

七日、

一、公辨親王へ、大和柿一篭を進上す、御朧氣の中なるによりて也、

八日、

一、公辨親王へ、蕎麥切一組・大根一篭を進上す、御朧氣の中なるによりて也、

一、龍興寺（飯塚家菩提寺）へ寄附すへきために、小日向村にて、夏目杢左衛門直重か抱屋鋪、四百四十貳坪五夕、小間遣勘右衛門か町屋敷、百拾九坪四合、都合五百六拾壹坪四合五夕の地を買得たり、寺地を廣むる事なるによりて、言上しぬれは、御免許を蒙り、其上拜領地となさしめ給ふ、

九日、玄猪、

一、玄猪の御祝儀によりて、晩七つ半過に、再ひ登城す、吉里も登城す、いつれも熨斗目長上下を着して、餅いひ（飯）を頂戴す、席の次第は、松平左京大夫頼純・松平出雲守義昌、次に吉保、次に酒井雅樂頭忠擧、松平大學頭頼定・井伊掃部頭直通、次に吉里、次に藤堂和泉守高睦、・松平讃岐守頼保・土屋（老中）相模守政直・秌元（老中）但馬守喬朝・稲葉（老中）丹後守正通・松平（側用人）右京大夫輝貞・小笠（老中）原佐渡守長重・本多（老中）伯耆守正永・小笠原右近將

*八重姫違例
*登城途次八重姫館に參上
一家玄猪の餅飯拝領
*徳川家宣清楊院の佛殿參詣
*吉里清楊院の佛殿參詣
購入せし地を龍興寺へ寄付
*八重姫疱瘡に感染
長昌院改葬に家宣へ進獻物
*妻御臺所へ進上物

監忠雄・松平豊後守宗俊・畠山民部大輔基玄・品川豊前守伊氏・大澤越中守基珎・織田能登守信福・戸田中務大輔氏興・畠山下總守義福・横瀬駿河守貞顯・宮原長門守氏義・中条山城守信治・大沢右衛門督基超・大友因幡守義閭・織田讃岐守信明なり、

一、母（了本院、佐瀬氏）・妻・吉里か妻（酒井氏、頼子）・同娘保・安通・時睦・稲（吉保女、生母横山氏、繁子）・豊前守直重（黒田）か妻（土佐子）・右京大夫輝貞（松平）か妻（永子）・山城守政（内藤）森か妻（悦子）・安通か実母（正親町町子）・稲か実母（横山氏、繁子）、いつれも餅いひ一包充を拜りやうす、

十日、

一、先頃買求めし五百六十壹坪四合五夕の地を、今日、龍興寺へ寄附す、

十二日、

一、長昌院（家宣生母、田中氏、保良）様の御墓も、今日御改葬にて、御柩、東（寛永寺）叡山へ入るによりて、大納言様へ、檜重壹組を進献して御機嫌を伺ふ、

十三日、

一、八重姫君様、少〻御違例なるによりて、彼御舘へ參上して直に登城する時、御臺所様の御殿へもまいる、

十四日、

一、八重姫君様の御舘に參上して直に登城す、

一、增上寺にて、清楊院様の御佛殿へ、大納言様、御參詣なり、吉保供奉すへきなるを、八重姫君様の御舘へ參上する故に參らず、

一、吉里、のしめ長上下を着して、清楊院様の御佛殿へ參詣す、

十五日、

一、八重姫君様、疱瘡に染たまふによりて、鮮鯛壹折を進上して、御機嫌を伺ふ、妻よりハ、檜重壹組・鮮干の甘鯛の披（開）一箱也、

一、同し事によりて、妻より、御臺所様へ、鮮鯛壹折を進上す、

御臺所の口切茶の御膳進上に進上物拝受物

*妻瑞春院より御尋の拝受物

*八重姫より帯拝受

登城途次八重姫館へ參上

*馬牽士二人增人

吉保吉里清楊院の牌前へ香奠供す

*妻八重姫へ御機嫌伺の進上物

*妻御臺所より御尋の拝受物

八重姫より御尋の拝受物

八重姫へ御機嫌伺の進上物

御臺所より御尋の拝受物

一、御臺所様より、御茶の口切の御膳を進したまふによりて、麴漬の鮭壹桶を進上し、まんちう（饅頭）の折壹つを拝受す、御すそわけとて、棧留三端〔反、以下同〕・〔ジ〕檜重一組を拝りやうす、吉里も同し、安通・時睦ハ、棧留三端充也、

十六日、

一、八重姫君様の御館へ參上して、直に登城す、

一、清楊院様の御牌前へ、御香奠銀十枚を供す、吉里よりは、五枚なり、吉保か使者、柳生内藏助勝興、吉里か使者、酒井幸次郎季治也、

十七日、

一、御尋とて、八重姫君様より、菊の造り花壹臺・ぬり重の内一組を拝受す、女臣、文にてつたふ、

十八日、

一、八重姫君様へ、檜重一組・鮮鯛壹折を進上して、御機嫌をうかゝふ、

一、御尋とて、御臺所様より、鮮鯛壹折を拝受す、女臣、文にてつたふ、

一、同し事によりて、五の丸様より、妻に、大和柿壹篭を下されて拝受す、

十九日、

一、八重姫君様の御館に參上して、帯五筋を拝受す、それより登城す、

一、今日より、内郭門の外へ出る時は、馬牽せたる士貳人を召つる、

一、妻より、八重姫君様へ、柿一篭・粕漬の鰡壹桶を進上して、御機嫌を伺ふ、

一、御尋とて、御臺所様より、妻に、檜重壹組を拝受す、

廿日、

一、のしめ長上下を着して、清楊院様の御佛殿へ參詣す、今日、參詣すべきよしを、昨日上聞に達しぬれは、桂昌院様・清楊院様の御佛殿廻りを見分して、存寄たる所もあらは、直させよとの

*八重姫の酒湯に祝儀の參上

*八重姫の酒湯に一家の獻上物

清楊院の佛殿改築を申渡さる

*八重姫酒湯に御臺所へ進上物

八重姫へ御機嫌伺の進上物

*八重姫酒湯に徳川綱條等へ進上物

八重姫より御尋の拜受物

上意ありて、御請を申上く、老中へ其よしを達し、且清楊院様の御佛殿は、先達て經營成就して、大納言様の御參詣もすミて、思召にも叶ひたる事なるを、明日、もし存寄たる所もありて直させん事、いかゝ（如何）しく覺ゆれ共、上意ある事なれハ、指ひか（控）ゆましくおも（思）ふといふ事を語る、今日見分せしに、桂昌院様の御佛殿にハ、存寄たるところなし、清楊院様の御佛殿は、山を切崩し、塀をかけ直し、石垣を直させ、よろしき所ある故に、其所〻を直さすべきよしを、小幡上總介重直へ申渡す、此時、稲垣對馬守重冨立合へり、增上寺より歸りて後、登城して、右のよしを申上く、老中へも達しぬ、

廿一日、

一、八重姫君様へ、柿壹篭・鮮鯛壹折を進上して、御機嫌を伺ふ、

一、御たづねとて、八重姫君様より、檜重一組・鮮鯛壹折を拜受す、女臣、文にてつたふ、

廿三日、

一、八重姫君様、今日、酒湯をかゝりたまふによりて、のしめ麻上下を着して彼御舘へ參上して、御祝儀を申上け、それより登城す、吉里も同し、吉保は、御召の小袖五つ・餅一重を拜受す、

一、同し事によりて、干鯛壹はこ・昆布壹箱・樽代千疋を献上す、母・妻・吉里よりハ、干鯛壹箱・樽代千疋充、吉里か妻・安通・時睦・豐前守直重か妻・右京大夫輝貞か妻・娘稲・山城守政森か妻・吉里か娘保よりは、一箱・五百疋充、安通か實母・稲か實母よりハ、壹箱三百疋充なり、

一、同し事によりて、御臺所様へ、干鯛壹箱・昆布壹箱・樽代千疋を進上す、妻も同し、吉里よりは、干鯛壹箱・樽代千疋なり、

一、同し事によりて、八重姫君様へ、紅白縮緬二十

巻・干鯛壹箱・樽代千疋を進上す、妻よりは、十巻・壹箱・千疋、吉里も同し、吉保より、水戸宰相綱條(徳川)卿・中將吉孚(徳川)卿、幷に季姫(綱條室、今出川公規女)の御方へ、干鯛一箱充を進す、吉里より、綱條卿へも同し、

八重姫酒湯に一家の拝領物

一、同し事によりて、拝領物、吉保に、小袖五つ・干鯛壹箱・樽壹荷、母に、紅白羽二重二十疋・干鯛壹箱、妻も同し、吉里に、小袖三つ・干鯛壹箱、同妻に、紅白羽二重十疋・干鯛一箱、安通・時睦・豊前守直重か妻・右京大夫輝貞か妻・いね・保・山城守政森か妻も同し、安通か實母・稲か實母に、五百疋と壹箱充なり、

柳澤家の使者の拝受物

一、八重姫君様への使をつとめし吉保か使者、吉岡善右衛門直茂、妻が使者、近藤与右衛門祐守、吉里か使者、塚本郷右衛門勝房、銀貳枚充を拝受す、

妻瑞春院へ御機嫌伺の進上物

一、妻より、五の丸様へ、鮮鯛壹折を進上して、御機嫌を伺ふ、

公辨法親王へ朦氣伺の進上物

一、日光御門跡公辨親王へ、野菜一籠を進上す、御朦氣の中なるによりてなり、

廿五日、

*八重姫の酒湯の祝儀拝受

一、八重姫君様、酒湯を懸りたまふ御祝儀とて、行器二荷・干鯛一箱・樽壹荷を拝受す、女臣、文にてつたふ、妻は、綸子五端・行器一荷・干鯛壹箱なり、

一、又銀三枚、干鯛壹箱を拝受す、吉里は、紗綾五巻・干鯛一箱也、御使、安藤源五左衛門安儀、

*八重姫二番酒湯に進上物

一、八重姫君様、二番酒湯をかゝらせたまふによりて、羽二重の紋所物五十端・粕漬の鯛一桶を進上して、御機嫌を伺ふ、使者、稲毛瀬兵衛廣眞、銀貳枚を拝受す、

*長昌院佛殿前に石燈臺二基獻納

*石燈臺に彫刻の文言

一、長昌院様の御佛殿の前に、石燈臺二基を今日建つ、件の燈臺に彫り付たる詞、こゝに記す、

奉獻石燈臺兩基

東叡山

*瑞春院へ御機嫌伺の進上物

*御臺所より八重姫快然の祝儀拜受

八重姫より御尋の拜受物

八重姫への使者二人徳川綱條等から拜受物

*瑞春院より悦子の疱瘡見舞拜受

*妻八重姫より悦子の疱瘡見舞拜受

*徳川家宣長昌院佛殿へ參詣供奉

登城途次八重姫館へ參上

八重姫へ御機嫌伺の進上物

*八重姫より悦子の疱瘡見舞拜受

長昌院殿　尊前

寶永二乙酉年十月二十八日

従四位下左少將兼美濃守甲斐國主松平吉保

一、御たつねとて、八重姫君様より、ぬり重の內壹組を拜受す、女臣、文にてつたふ、

一、先頃、八重姫君様の御祝儀の使者をつとめたる吉保か使者、後藤小左衞門基榮へ、宰相綱條卿より、銀二枚、中將吉孚卿より、紗綾二巻、季姫の御方より銀二枚、吉里か使者、塚本郷右衞門勝房へ、綱條卿より、銀二枚、吉孚卿より、紗綾二巻を下されて拜受す、

廿七日、

一、八重姫君様の御舘へ參上して、はな帋袋十五を拜受す、それより登城す、

一、八重姫君様へ、蜜柑壹籠・鮮鯛壹折を進上して、御機嫌をうかゝふ、

廿八日、

一、五の丸様へ、寒菊の花壹桶・粕漬の鯛壹桶を進上して、御機嫌を伺ふ、

一、八重姫君様の、御疱瘡快然ならせたまふ御祝儀とて、御臺所様より、二千疋と干鯛壹箱とを拜受す、妻、幷に吉里も同し、

一、山城守政森か妻、疱瘡を煩らふによりて、五の丸様より、鯛壹折を拜受す、妻には、行器壹荷・鰑一箱也、

一、同し事によりて、八重姫君様より、妻に、行器一荷・鯛壹折を下されて拜受す、

廿九日、

一、東叡山(寛永寺)にて、長昌院様の御佛殿へ、大納言様、御參詣なり、吉保、のしめ(熨斗目)長上下を着して參候す、是によりて登城せず、

一、八重姫君様より、檜重壹組を拜受す、女臣、文にてつたふ、山城守政森か妻、疱瘡を煩ふによりて也、

*家宣への白銀進獻に奉書頂戴

重陽の時服獻上の御内書頂戴

初めて家臣登城し御内書受取る

*柳の間にて御内書受取

晦日、庚申、

一、今日、御内書を頂戴すべきによりて、麻上下を着して登城す、

一、去る重陽の賀儀とて、時服を獻上せしによりて、今日、御内書を頂戴す、家臣、岡田新平行次を、御城へつかはして、受取らしむ、大納言樣へも白銀を進献せしによりて、奉書を頂戴す、新平行次、時服貳つを拜領す、使者を御城へつかハして、御内書を受取らする事、始てなり、家臣、吉田惣左衛門正恆を、稲葉丹後守正通か亭へつかハして、御内書を頂戴するの御禮を申上、幷に家臣の時服を拜領せるのかたしけなさをも述へさす、御内書の詞、こゝに記す、

爲重陽之祝儀、小袖五到來、歡覺候、委曲、稲葉丹後守可述候也、

九月七日　御黒印（徳川綱吉）

甲斐少將殿（柳澤吉保）

爲重陽之御祝儀、以使者、如目録被獻之候、首尾好遂披露候、恐々謹言、

九月七日　本多伯耆守　正永判

小笠原佐渡守　長重判

松平美濃守殿

一、御城にて、御内書を受取らするの列は、尾張中納言吉通（徳川）・水戸宰相綱條卿（徳川）は、躑躅の間にて、松平加賀守綱紀（前田）・松平左京大夫頼純・松平攝津守義行・細川越中守綱利・松平伊豫守綱政・松平兵部大輔吉昌・吉保・松平備前守長矩・松平陸奥守吉村・枩平薩摩守吉貴・枩平播磨守頼隆・松平安藝守綱長・松平淡路守綱矩・松平肥前守綱政・松平大學頭頼定・松平大膳大夫吉

長昌院牌前へ香奠供す

庚申により父子四人絹物拜領

廣・松平信濃守綱茂・宗對馬守義方・伊達遠江守宗昭・松平右衞門督吉明・松平土佐守豐房・藤堂和泉守高睦・上杉民部大輔吉憲・松平讚岐守頼保・佐竹源次郎義格・南部備後守久信、幷に兩本願寺は、柳の間にて也、

一、長昌院樣の御牌前へ、御香奠銀五枚を供す、使者、柳生內藏之助勝興、

一、檜重壹組・龜綾の時服壹つ・郡內壹端・中形染の加賀絹壹端・裏羽二重壹端・紅紗綾壹卷・黑餅の麻上下壹具・絞り染壹端を拜りやうす、吉里も同し、安通・時睦は同し品にて、檜重なし、庚申によりてなり、

（表紙題簽）

樂只堂年錄　第百七十五巻　寶永二乙酉十一月

此卷は、寶永二年乙酉の十一月の事を記す、

十一月大

朔日、辛酉、

簾中より御尋の拝受物

一、御尋とて、御簾中様（天英院、近衛熈子）より、縫入たる呉服三つ・檜重一組・鮮鯛壹折を拝受す、女臣、文にてつたふ

八重姫より御尋の拝受物

一、同し事によりて、八重姫君様（綱吉養女、徳川吉孚室）より、鮮鯛壹折を拝受す、前に同し、

妻八重姫より悦子の疱瘡見舞拝受

一、山城守（内藤）政森か妻（悦子）の疱瘡を煩ふを御尋とて、八重姫君様より、妻（曾雌氏、定子）に、重の内壹組を下されて拝受す、

*家宣來春吉保亭へ來臨すべきの上意

一、今日、大納言様（徳川家宣）、御本丸へ入らせたまひ、御休息の間にて、御對顔の時、來る六日に、大納言様へ御振舞を進せらるべきとの上意あり、其上にて、春になりなば、吉保か亭へ入らせたまひ、御馳走をねたりたまふべきよしを、大納言様へ仰せのたまふ、大納言様にも疾にも入らせられ度、思召されしかとも、上意なき故に差扣（控）へ給ひぬるに、此度の上意、御大慶におほしぬ、春にもなりなは、早ゝ入らせたまふべきとの御請なり、吉保も疾に願ひ奉るべきことなるを、病身なる故、かけ走ての御馳走もなりかぬべき事を、かしこまりおもひ奉りて、差扣へ侍りぬるに、上意の有かたき事を申上ぬれハ、大納言様の仰に、何の馳走なきとても、入らせたまふを、御大悦に思召さるなり、去なから、かゝる上意のうへは、色ゝ馳走をねたりたまふべきなと、上様（徳川綱吉）にも、大納言様にも段ゝ、御懇の上意なり、

則西の丸へ參上して、御礼を申あげて退出す、

松平輝貞亭御成參候

献上物拜領物

*妻瑞春院より御尋の拜受物

*家宣夫妻本丸にて初振舞進上

吉里來春の家宣來臨豫定に御禮言上

*簾中より小袖手自頂戴

八重姫悦子に疱瘡見舞

*簾中悦子に疱瘡の御尋

吉保夫妻八重姫に御機嫌伺の花他進上

*父子四人冬至に絹物拜領

瑞春院より御尋の拜受物

二日、

一、松平右京大夫輝貞か亭へ御成なり、吉保、幷に妻・吉里、參候す、献上物は、吉保・吉里より、檜重壹組充、妻より、中形そめの縮綿（緬、以下同ジ）三十端（反、以下同ジ）なり、拜りやう物は、吉保・吉里に、檜重一組充、妻に、大もん（紋）の羽二重三十端・干鯛壹はこなり、

三日、

一、吉里、今日、西の丸へ參上して、來春、私亭に入らせらるべき事を、仰出されし御禮を申上く、

一、八重姫君様より、山城守政森が妻に、夜着二つ・味噌漬の鯛壹桶を下さる、女臣、文にて妻まで達す、

四日、

一、八重姫君様へ、菊の造り花一臺・鮮鯛壹折を進上して、御機嫌を伺ふ、妻も鮮鯛壹折を進上す、

一、御尋とて、五の丸様（瑞春院、明信院生母）より、ぬり重の內壹組を拜受す、女臣、文にてつたふ、

五日、

一、御尋とて、五の丸様より、妻に、甘干の柿壹箱を下されて拜受す、

六日、

一、今日、大納言様も、御簾中様も、御本丸へ入らせられて、御休息の間にて、始て御振舞を進したまふによりて、麻上下を着して登城す、

一、御廉中様より、御召の小袖一重を下されて、御城にて御手自頂戴す、

七日、冬至、

一、御簾中様より、檜重一組・鮮鯛壹折を拜受す、山城守政森か妻、疱瘡を煩ふを御尋となり、女臣、文にてつたふ、

一、色大紋羽二重三十端・干鯛壹箱を拜りやうす、吉里は、二十端と一箱、安通・時睦は、五端と一箱充、冬至によりて也、

法雲和尚の答書
*人參拜領
*養女悦子死去一家服忌
*弔問の上使御使來臨
法雲和尚の七言絶句
*吉保の忌御免

一、前廣壽法雲和尚の答書、幷に絶句一篇到着す、

久《ひさしく》不《ず》レ奉《ほうせ》レ狀《じやうを》、恐《おそらくハ》勞《らうし》二賢覽《けんらんを》一、有《あらんことを》レ妨《さまたげ》二
攝養《せつやうに》一、正《まさに》渴念《かつねん》-間《あいだの》、忽《たちまち》辱《かたしけなくして》二尊翰《そんかんを》一、盥《くハん》-
手領《しゆりやう》-讀《どく》、伏《ふして》 - 審《つまびらかにす》台候動止《たいこうどうし》萬《バん》福《ふくなることを》、不《ず》
レ勝《たへ》二慶幸《けいかう》之《の》至《いたりに》一、況《いハんや》蒙《かふゝるをや》レ錄《ろくせらるることを》二吐《と》-山呑《さんどん》-
海《かい》之《の》野趣《やしゆを》一、自《よりハ》レ非《あらさる》三沒《もつ》-量《りやうの》大《だい》-人《にん》、具《そなふるに》二出《しゆつ》-格《かくの》
志識《ししきを》一、安《いづくんそ》淂《ゑんや》下在《あつて》二繁《はん》-華《くハ》-堆《たい》-裏《り》一不《にざることを》上レ遺《わすれ》下山《さん》
林《りんの》枯槁《こかうを》上乎、感銘《かんめい》不《ず》レ盡《つき》、贊仰《さんきやう》曷《なんぞ》涯《かぎらん》、維《これ》時《とき》
稍《やゝ》冷《ひやゝかなり》、惟《たゞ》千萬《せんばん》順《したがつて》レ時《ときに》、保重《はうちよう》以《してもつて》副《かなはんことを》
二區〻《くくの》瞻企《せんきに》一、至禱《したう》謹上、

松平少將源吉保（柳澤）公台下

廣寿洞法雲和南

春間《しゆんかん》賜《たまつて》二復啓《ふくけいを》一、承《うけたまハる》レ當《あたることを》二榮慶《ゑいけいに》一、時《ときに》有《あり》二負《ふ》
芒之語《バうのご》一、君子《くんし》內《うち》自《ミづから》所《ところ》二涵養《かんやうする》一、昭《せう》-然《ぜんとして》可《べく》レ視《ミつ》
下《か》-懷《くハい》、不《ず》レ勝《たへ》二感《かん》-激《げきに》一、時《とき》乃《すなハち》賦《ふす》二一篇《いつぺんを》一、今《いま》
正《まさに》奉《たてまつる》二錄呈《ろくていし》一、
近《ちかごろ》接《せつす》二手書《しゆしよに》一江海東《かうかいのひがし》、曾《かつて》將《もつて》二榮遇《ゑいぐうを》一不《ず》レ言《いハ》
レ功《こうを》、知《しんぬ》君《きミが》素性《そせい》存《そんすることを》二謙《けん》-遜《そんを》一、實《じつに》在《あり》二負《ふ》
芒雙字中《バうさうじのうちに》一、

八日、

一、人參一斤を拜りやうす、

一、吉保か養娘、內藤山城守政森か妻、今夜四つ時に死去す、戒名を珠松院忍譽慈法貞玉大姉といふ、吉保、幷に妻は、忌十日・服三十日、母、幷に吉里・安通（經隆）・時睦・稻（吉保女、生母横山氏、繁子）・豊前守直重（黒田）か妻（土佐子）・右京大夫輝貞か妻（永子）も、定式の服忌を受く、

九日、

一、山城守政森か妻、死去せるによりて、上使、菅谷近江守政憲來臨せらる、吉保・吉里、門外まて出迎へ、案內す、大書院の上の間に着座して、上意を述らる、妻、幷吉里へも、御懇の上意あり、且吉保が忌を御免遊はさるゝとの事を傳へ

*簾中より弔問

*瑞春院より吉保夫妻朦氣の御尋

*八重姫より吉保夫妻朦氣の御尋

忌御免で暮に登城

*御臺所より吉保夫妻朦氣の御尋

八重姫瑞春院より弔問

*吉保夫妻朦氣の拝領物

登城途次西の丸へ參上

らる、近江守政憲歸らるゝ時、大書院の三の間の杉戸の際まて送る、柳沢八郎右衛門信尹は、下座莚迄迎へ送る、大納言様よりは、岡部和泉守重興來臨せらる式、上使に同し、但、折井淡路守正辰・山高兵助信政、下座莚まて迎へ送る、上使も御使も歸りて後、小笠原（老中）佐渡守長重・右（側用人）京大夫輝貞か亭へ、八郎右衛門信尹を、稲葉（老中）丹後守正通・松平（老中）伊賀守忠德か亭へ、淡路守正辰をつかはして、御礼を申上く、近江守政憲・和泉守重興か亭へも、兵助信政をつかハす、

一、吉保か忌を御免なるによりて、暮七つ半時過に、麻上下を着して登城す、妻へも御懇の上意あり、

一、山城守政森か妻、死去せるによりて、八重姫君様より、御弔問《くやミ》あり、女臣、文にて傳ふ、五の丸様よりも同し、

十日、

一、麻上下を着して登城の時、西の丸へ參上して、昨日の御禮を申上く、

一、山城守政森か妻、死去せるによりて、御簾中様より御尋あり、女臣、文にて傳ふ、

一、吉保が朦氣を御尋とて、五の丸様より、大和柿壹篭を拝受す、女臣、文にて傳ふ、妻へも同し品に、張子の內にはな帋袋十を入たるを添へて下さる、

一、同し事によりて、八重姫君様より、吉保に、梅の造り花一臺・大和柿一篭、妻に、重の內壹組を下されて拝受す、

一、同し事によりて、御臺所様より吉保に、文夾三つ、內に小人形・香合を入れたると、柿一篭、妻に、重の內壹組を下されて拝受す、

一、同し事によりて、檜重一組を拜りやうす、妻も同し、右京大夫輝貞・松平伊賀守忠德、手紙にてつたふ、

十一日、

四所へ書を捧げ御尋の御禮言上

*御臺所より御尋の拜受物

徳川綱重の佛殿前に石燈籠獻納

*精進落つべきとの上意

石燈臺に彫刻の文言

*經隆時睦鼻紙袋拜領

*吉保夫妻吉里八重姫より御尋の拜受物

吉里朦氣の御尋拜領

*瑞春院より不時の御尋の拜受物

さな水痘癒へ酒湯

一、山城守政森か妻死去せるによりて、御臺所様・御簾中様・五の丸様・八重姫君様より、御尋ありしによりて、書を女臣に捧けて御禮を申上く、

一、清楊院(徳川綱重)様の御佛殿の前に、石燈臺二基を、今日建つ、件の燈臺に彫り付たる詞、爰に記す、

奉獻石燈臺、兩基、

增上寺、

清楊院殿　尊前

寶永二乙酉年十月十四日

從四位下左少將兼美濃守甲斐國主

松平(柳澤)吉保

十二日、

一、吉里か朦氣を御尋とて、檜重一組を、吉里に、下されて拜りやうす、御城にて、吉保頂戴して傳ふ、

一、さなが(吉保女、生母横山氏、繁子)水痘癒へて、今日、酒湯をかゝる、

十三日、

一、御尋とて、御臺所様より、蜜柑壹篭・花壹桶を拜受す、

一、精進落つべきよし上意ありて、鮮鯛壹折を拜領す、妻ハ、鱸壹折、吉里も鮮鯛一折を拜りやうす、いつれも目錄を御手自下されて、吉保頂戴す、

十六日、

一、安通(經隆)・時睦、いつれもはな帋袋十を、拜りやうす、

一、御尋とて、八重姫君様より、吉保に、ぬり重の内壹組、妻に、行器二荷、吉里に、枝柿一箱を下されて拜受す、

十七日、

一、五の丸様より、妻に、まんちう(饅頭)の折壹つを下されて拜受す、不時の御尋なり、

十八日、

十二月四日の御成豫告
*吉里の忌御免
八重姫の床上げを祝し拝受物
*瑞春院より忌明の鮮鯛拝受
簾中より本丸入の祝儀拝受
*吉里も登城し退出時西の丸へ參上
甲府城修復伺
*入寒の御機嫌伺の獻上物
徳川吉孚の疱瘡順快を賀す
*靈元上皇吉里詠を添削
妻三所へ忌明初の書を捧ぐ

一、來る十二月四日に、私亭へ成らせ給ふべきとの仰事有、
一、八重姫君様より、檜重一組・干鯛一箱を拝受す、御疱瘡の後、今日始て御床あけを祝ひたまふてなり、
一、八重姫君様へ、鮮鯛壹折を進上す、前に同し、
一、御簾中様より、紅白羽二重拾疋・香合五つ・檜重一組を拝受す、女臣、文にてつたふ、去る六日に、御本丸へ、入らせたまふによりてなり、
一、甲府城の曲輪修復の事を繪圖にて伺ふ、

〔ココニ圖アリ、便宜口繪ニ載ス〕

十九日、
一、水戸中將吉孚(徳川)卿の疱瘡、順快なるによりて、八重姫君様へ使者をつかはして賀す、
一、妻より、御臺所様・五の丸様・八重姫君様の女臣へ、書を捧けて御機嫌を伺ふ、忌明けて後、始て也、
一、吉里か忌を御免遊はす、來る廿一日に登城すべきとの仰事有、吉保退出して傳ふ、
一、五の丸様より、鮮鯛壹折を拝受す、女臣、文にてつたふ、忌あけたるによりて也、
廿一日、
一、吉里も登城す、退出の時に、西の丸へ參上す、麻上下を着しぬ、
廿二日、入寒、
一、晩景に、饂飩一組・杉重一組を献上して、御機嫌を伺ふ、寒に入たるによりて也、
一、公通(正親町)卿の奉書到來す、

一筆令啓候、御一家中、弥御堅固候哉、承度存候、當家無異儀候、然者、當秌、伊勢守(柳澤吉里)殿、御願候和哥十首詠草、御覽被下候条、差進之候、少〻難致披露義候而、及遲引候、其節被

*寛永寺本坊御成供奉
體調不良故の添削依願遠慮は無用
*公辨法親王へ進上物
*徳川吉孚疱瘡快然にて酒湯
公通豊への配慮に深謝
*妻三所より寒中御尋拝受
上皇の吉里詠草添削を傳ふ
*吉保母御臺所より拝受物

示聞候、貴殿ニも詠草被差上度候得共、從夏中御不快ニ付、御詠も無之、其上、當年は、彼是御願之儀共在之候故、被指扣〔控〕候由、以芳翰之旨、具令言上候處、不快之段無御心え、被思召候、遠慮之儀は、少も不苦候間、何時ニ而も、可被指上旨、御沙汰ニ候、

一、豊之儀、段〻御懇意之旨、度〻申越、忝かり申候、誠以於愚拙も、大慶存候、弥萬端御心添候事、頼入存候、猶、期後便候条、令省略候也、恐〻謹言、

十一月十二日　　公通

甲斐少將殿(柳澤吉保)

當秋被願上候和哥十首詠草、御添削被下候、宜申達之旨、仙洞(靈元上皇)御氣色ニ候、恐〻謹言、

十一月十二日　　公通

松平伊勢守殿(柳澤吉里)

廿三日、

一、日光御門跡公辨親王(後西皇子、三管領宮)の東叡山(寛永寺)の坊に御成なり、吉保、供奉す、

一、公弁親王へ、檜重壹組を進上す、御成によりて也、

一、水戸中將吉孚卿の疱瘡、快然にて、酒湯をかゝりたまふによりて、御祝儀とて、八重姫君様へ、干鯛一箱を進上す、宰相綱條(徳川)卿・同御簾中(本清院、季姫)へ、干鯛壹箱充、吉孚卿へ、干鯛一箱・昆布壹箱・樽代千匹を進す、

一、妻に、御臺所様・五の丸様より、のし餅壹折・鯛壹折充、八重姫君様より、行器壹荷・重の内壹組を下されて、拝受す、寒中によりての御尋なり、

廿五日、

一、御臺所様より、母(了本院、佐瀬氏)に、小袖三つ・鯛壹折を下さる、女臣、文にて吉保まで達す、

甲府城曲輪の修復願叶ふ

*八重姫より寒中見舞拝受

*淺草寺御成供奉

*瑞春院より寒中見舞拝受定例

*妻瑞春院八重姫へ寒中の進上物

一、甲府城の曲輪の修復の願ひ叶へる事を、老中連署の奉書にて傳ふ、

以上

甲斐國府中城屋形曲輪、西之方有來門取除之、石垣仕、冠木門建直事、從稻荷曲輪、淸水曲輪江出候、矢來門取除之、石垣仕、冠木門建之事、樂屋曲輪東之方、石垣上ぇ、三尺程築足事、花畑屋敷北之方、長三拾四間・幅五間、新規堀附之事、追手門前・山手門前、貳箇所喰違石垣塀共、取拂事、稻荷曲輪貳箇所、石垣孕候付而、築直事、山手門際堀浚之事、追手曲輪・柳曲輪、堀埋、土手崩候付而、堀浚之、土手・石垣築直事、追手曲輪之通、柳曲輪ニ、八箇所見付門仕事、東北外曲輪、土手崩候付而、堀浚之、土手築直之事、繪圖書付之趣、得其意候、願之通、普請可被申付候、

恐々謹言、

寶永二酉
十一月廿五日

稻葉丹後守正通
井上河內守正岑
大久保加賀守忠増
秌元但馬守喬朝
土屋相模守政直

(柳澤吉保)
松平美濃守殿

一、八重姫君様より、頭巾五つ・檜重一組・鯛壹折を拝受す、女臣、文にてつたふ、寒中によりて也、

廿六日、

一、淺草寺へ御成なり、吉保、羽織袴を着して供奉す、

一、五の丸様より、小袖三つ・蜜柑壹篭・鯛壹折を拝受す、寒中例年の式也、

一、妻より、五の丸様へ、蜜柑一箱・粕漬の魴壹桶、八重姫君様へ、蜜柑一篭・味噌漬の鯛壹桶を進

＊黒田直重の詔屋敷を吉保の預り屋敷となす
吉保靈元上皇より思儘日記拝領
＊正親町公通宛吉保答書
妻御臺所へ寒中の進上物
簾中八重姫へ寒中の進上物
御臺所より寒中の拝受物
徳川頼方襲封の御禮
裾分の拝領物

上す、寒中によりてなり、

廿七日、

一、荒木志摩守政羽來りて、仙洞御所より、吉保か拝領せる思儘日記（二條良基著）一冊をつたふ、件の筆者ハ、東園宰相基長卿にて、外題は、清水谷前大納言実業卿なり、

一、妻より、御臺所様へ、粕漬の鰷一桶・蜜柑一箱を進上す、寒中によりて也、

一、御簾中様へ、粕漬の鰷壹桶・蜜柑壹篭、八重姫君様へ、鮮鯛壹折・蜜柑壹箱を進上す、前に同し、

一、御臺所様より、はな帋袋十・ぬり重の內壹組を拝受す、女臣、文にてつたふ、前に同し、

廿八日、

一、紀伊主税頭頼方（徳川）、家督の御禮あるによりて、月次の御礼なし、

一、檜重一組を拝りやうす、御すそわけ（裾分）物と也、

一、黒田豊前守直重か詔屋敷を、吉保が預り屋敷となしたまふ、今日、請取る、坪數貳千五百八十坪余也、

一、公通卿へ答書をつかハす、

貴翰致拝見候、弥御家內御堅固、珎重存候、然者、炑中、愚息伊勢守和哥十首詠草、叡覧之儀奉願候處、被遂御披露、殊御添削被成下、誠毎度冥加至極、於私難有仕合奉存候、宜御沙汰頼入候、偏御影（蔭）故と、忝次第、御礼難申尽候、將又愚拙義、夏中不快、其上、當年彼是御願申上ニ付、詠草不指上候旨、被達上聞候處、御懇之叡慮之趣、難有仕合奉存候、是又可然樣ニ御取成頼存候、

一、お豊方、弥被相替儀無之候、被入御念、被示聞候趣、令承知候、猶期後音之時候、恐惶謹言、

*公辨法親王へ寒中の進上物

*吉里靈元上皇の添削を謝す正親町公通宛吉里答書

簾中より寒氣の御尋拜受

*護國寺へ御成供奉

瑞春院へ寒中の進上物

十一月廿八日　甲斐少將（柳澤吉保）　判

正親町前大納言殿

御奉書奉拜見候、愚詠十首、奉願候通、被遊叡覽、御添削被成下、謹而頂戴奉拜見候、誠以冥加至極、難有次第奉存候、殊御點數頂戴仕、別而忝、仕合奉存候、此等之趣、宜預奏達候、恐惶謹言、

十一月廿八日　松平伊勢守（柳澤吉里）　判

正親町前大納言殿

廿九日、

一、御簾中様より、唐染の縮綿十端・檜重壹組・鮮鯛壹折を拜受す、寒氣の御尋なり、女臣、文にてつたふ、

一、五の丸様へ、蜜柑壹篭・鮮鯛壹折を進上す、寒中によりて也、

一、日光御門跡公辨親王へ、蜜柑壹篭を進上す、前に同し、

一、吉里より書を、公通卿へ捧けて、詠草を、仙洞（靈元上皇）御所の御添削なし下されし御禮を申上く、

一筆啓上仕候、仙洞御所、益御機嫌能被成御座、奉恐悦候、當秌奉願候愚詠、叡覽、御添削被成下、御奉書之趣、冥加至極難有仕合奉存候、依之呈愚札候、御禮之儀、宜預奏達候、恐惶謹言、

十一月廿九日　松平伊勢守　判

正親町前大納言殿

晦日、

一、護國寺へ御成なり、吉保、羽織・袴を着して供奉す、

（表紙題簽）

樂只堂年錄　第百七十六巻　寶永二乙酉十二月上

此巻は、寶永二年乙酉の十二月朔日より、
八日迄の事を記す、

十二月小

朔日、辛卯、

*家宣の御成御殿釿初

一、來春、私亭に大納言(徳川家宣)様御成なるべきによりて、御殿を經營す、今日、釿初なり、

*保の色直祝儀に一家の献上物拝領物

一、保(吉里女、生母酒井氏、賴子)か色なをしの祝儀とて、檜重壹組・干鯛一箱を献上す、吉里も同し、母(了本院、佐瀬氏)・妻(曾雌氏、定子)・吉里か妻(酒井氏、賴子)よりは、檜重壹組充、保よりハ、紅白縮綿(緬、以下同ジ)十巻・干鯛一箱・樽代千疋也、拜領物は、吉保に、綿百把・肴貳種・樽壹荷、吉里に、綿百把・肴壹種・樽壹荷、母・妻・吉里か妻に、紗綾二十巻・肴一種充、保に、紗綾二十巻・肴一種・樽壹荷也、

*御臺所の歳暮の振舞進上に進上物
*裾分の拝領物

一、今日、御臺所様より、歳暮の御振舞を進したまふによりて、粕漬の鰷壹桶を進上し、まんちう(饅頭)の折壹つ・干鯛一箱を拜受す、御すそわけ(裾分)の拜りやう物は、吉保・吉里に、檜重壹組充、安(經)通(隆)・時睦に、玉嶋織(縞、以下同ジ)三端(反、以下同ジ)充なり、

*最終月の朔日の拝領物

一、終(師走)の朔日なるによりて、檜重壹組を拜領す、吉里も同し、安通・時睦は、縮緬五巻充なり、

二日、

*綱條任中納言
*賀の使者遣はす

一、水戸宰相綱條(徳川)卿、今日、中納言に任せらる、是によりて、綱條卿・同御簾中(本清院、季姫)・中將吉孚(徳川)卿・八(綱吉養女、徳川吉孚室)重姫君様へ、使をつかはして賀す、

*綱條御禮の來訪

一、同し事によりて、綱條卿、私亭へ來りて、御禮を述へらる、

一、檜重一組・干鯛一箱を拜領す、御すそわけ物と

*休息の間と上覧所の室禮

吉保町子大典侍より贈り物

綱吉御成御成書院の室禮

*装束の間の室禮

なり、

三日、

一、大典侍の局（壽光院、清閑寺熙房女）、昨日內證にて、御膳を献せしによりて、今日、吉保に、銀三枚・干鯛一箱、安通か實母（正親町町子）に、銀二枚・干鯛一箱を恵まる、

四日、

一、今日天氣好く、私亭に御成なり、御殿の飾り物は、御成書院の床に、狩野探信か畫ける、琴・碁・書畫の二幅對の掛物をかけ、朱ぬりに唐草を蒔繪にせる卓一つ、唐銅の孔雀の香爐一つを置く、棚の上段に、花櫚の木地なるに、笹椿をまきゑにしたる文臺・硯一通り、中段に、惣ふんにてたミ（彩）たる鶴形の香合一つ、下段は明けたり、御褥壹つ、梨子地に松・さくらの、金具蒔繪ある御刀掛壹つ、狩野探雪か、金砂子に若松・熊笹を畫きて、裏は、惣金に竹の墨繪ある小屛風一双、火鉢壹つをつらぬ、

御休息の間の床には、狩野探雪か畫ける、福祿壽のかけ物をかけ、石目に色繪の牡丹・唐草を彫物にせる銀の花入に、梅・水仙の花をいけて壹つ、黒ぬりに波を蒔繪にせる薄板にのす、棚の上段に、黒ぬりに雲やり、山に梅・若松を蒔繪にせる硯箱壹つ、中段に、梨子地に、遠山櫻・瀧を切金にて、蒔繪にせる香爐箱壹つ、內に香道具を入る、下段はあけたり、梨子地に唐草を蒔繪にせる御刀掛壹つ、御褥壹つ、梨子地に梅をまきゑにして、金具いれたる見臺壹つ、狩野探信が惣金に、流水・若枩、裏は、惣金に若竹を畫きたる、小屛風一双をつらね、炬燵を明く、蒲團壹、黒縮綿に桑色の裏を附たるなり、上覽所には、黒ぬりに、若松をまきゑにせる御刀掛壹つ、狩野主信が琴・碁・書畫を畫きたる屛風壹双、

御装束の間には、黒ぬりに若枩を蒔繪にせる御刀掛壹つ、増田松桂か畫ける、村砂子に濱枩・千鳥、

裏は、砂子に雲やりの屛風一双、狩野常信か畫ける、紅梅に流水の屛風一双、狩野峯信か畫ける西王母・東方朔の屛風一双をまふく（設）、

一家の献上物

献上の品々を、例のことく御成書院の廊下に並へ置く、吉保より、豊後絞に染たる縮綿五十端・唐そめの縮緬五十端・羽二重の紋所物五十端・縮綿の羽織三十・高砂の能を畫ける檜重一組、吉里より、二重染の縮綿五十端・格子染の紗綾五十端・縮緬の帯二百筋・刀脇指のさけ（下）緒五十具・蓬莱を畫ける檜重一組、安通より、大形の更紗染の縮緬廿端、時睦より、嶋（縞、以下同ジ）染の縮綿二十たん（反）、吉保か母（了本院、佐瀬氏）より、絞り染の縮綿三十端・檜重壹組、妻（曾雌氏、定子）より、縫入ちらし染の縮綿三十端・縫入たる綸子の帯三十筋・老松を畫ける檜重壹組、吉里か妻（酒井氏、頼子）より、紅縮綿の紋所物三十端・檜重壹組、保（吉里女、生母酒井氏、頼子）より、散し染の縮綿二十端、右京大夫輝貞（松平）か妻（永子）より、惣鹿子染のちりめん（縮緬）廿端、稲（吉保女、生母横山氏、繁子）より遠山染の紗綾二十端、安通か實母より、遠方そめの縮綿十端、稲か實母（横山氏、繁子）より、中形染の縮綿十端、輝貞より、檜重一組、山城守政森（内藤）よりも同し、外に、吉保より、縫入たる縮綿のふくさ（袱紗）三十と二十とを、二箱に入れて内々より献上す、

*御殿勝手に伺候の輩醫官

御殿の勝手に伺候せる輩は、酒井雅樂頭忠擧・藤堂和泉守高睦・松平讃岐守頼保・武田織部信冬・曲淵越前守重羽・柳澤八郎右衞門信尹・鈴木三郎九郎重助・柳沢源七郎信尙・山高兵助信政、醫官には、藥師寺宗仙院法印元常・澁江杏軒法眼長㐂・井關正伯法眼・吉田一庵法眼宗貞・小嶋昌怡法眼・小森西倫法眼・丸山昌貞、針醫僧東曆、

*伺候の僧衆

僧衆には、護持院前大僧正隆光・金地院僧錄司元云・覺王院前大僧正最純・凌雲院前大僧正義天・進休庵僧正英岳・護國寺僧正快意・観理院權僧正智英・月桂寺西堂碩隆・龍興寺座元東水・靈雲寺比丘戒琛・愛染院法印俊任・東圓寺法印海岸・愚

*御成書院で女輩拝謁表向の一家の拝領物
四つ半時過に御成
*一家の内々の拝領物

*手自の拝領物
休息の間で表向の拝領物

丘菴首座祖圓、松竹菴座元碩心、
四つ半時前に、御道具・御駕輿の注進ありて、吉保・吉里・輝貞・松平伊賀守忠德・安通・時睦、幷に家臣、荻沢源太右衛門勝久・藪田五郎右衛門重守・平岡宇右衛門資因・柳沢帯刀保誠・瀧口平太左衛門武延・荻沢左衛門正府・瀧口金五右衛門長宥・飯塚彦右衛門正朝・荻沢又右衛門正久・豊原權左衛門勝羨・池上善左衛門爲昇を率ひて、御成門の外に出て、老中、土屋相模守政直・稲葉丹後守正通・大久保加賀守忠增・井上河內守正任は、塀重門の外に出て迎へ奉る、四つ半時過に御成なり、吉保、上意を蒙りて、御駕輿を導き奉り、御成玄關より入らせたまふ、式(敷)舞臺の後、溜りの間にて、雅樂頭忠擧・和泉守高睦・讃岐守賴保拝謁す、
御休息の間に入御なりて、吉保、のしを捧く、召上られて、吉保・吉里・安通・時睦に下さる、表向よりの拝領物の目録を、(若老中)久世大和守重之傳ふ、

御成書院へ渡御なりて、女輩拝謁し、妻、のし(熨斗)を捧く、召上たまひて、女輩みなく〳〵へ下さる、拝領物は、表向より、吉保に、鮮干の鯛一箱、妻に、檜重一組、御內ゝより、吉保に、郡內百疋・裏羽二重百疋、母に、色綸子三十卷、妻に、紅羽二重三十疋、吉里に、郡內五十疋・裏羽二重五十疋、同妻に、色ぬめ綸子二十端、安通・時睦に、紅白羽二重二十疋充、豊前守直重(黑田)が妻に(土佐子)、大紋の綸子廿端、右京大夫輝貞か妻に、大紋の紗綾廿端、稲に、色縮綿廿端、保に、色羽二重廿疋、安通か実母・稲か実母に、紅羽二重十疋充、右京大夫輝貞に、檜重壹組、豊前守直重、山城守政森に、紅白羽二重十疋充なり、
御手自の拝領物は、母に、ふくさ五つ、妻に、小ふくさ十、安通・時睦に、狩野探雪か唐子遊を畫きたる繪卷物壹軸充、稲に、はな帋袋五つ也、
それより御休息の間に渡御なる、此時に、献上・

拜領の品〻を引く、再ひ御成書院に入御なりて、

綱吉孟子講釋

孟子離婁の下篇にて、大人者不失其赤子之心と云へる章を、御講釋遊はす、雅樂頭忠擧・和泉守高睦・讚岐守賴保、老中四人、若老中、久世大和守重之・加藤越中守明英・稻垣對馬守重冨、御側衆・僧衆・醫官、幷に吉保か一族・家臣拜聞す、

吉里論語講釋

次に吉里、論語子路の篇にて、士而懷居といへる章を講釈す、

徒歩で黑田直重御殿へ御成

畢りて、九つ時過に御歩行にて、豐前守直重か方の御殿へ御成なり、吉保・吉里供奉す、吉保・幷に妻・吉里より、檜重壹組充を献上す、拜領物は、吉保・吉里に、檜重一組充、妻に、繻子五卷なり、路次の警固ハ、桐の間番衆、幷に、吉保か家臣、岡田新平行次・池田才次郎正宏・平手七郎右衛門定護・的場甚大夫政勝勤む、吉保か家臣の、直重が方へ詰居たる者、藪田五郎右衛門重守は、御紋の時服三つ、川口十大夫貞晴ハ、時服二つを拜領す、御講釈・御仕舞有、御膳をも召上らる、吉里も、鵜飼と芦刈とを舞ふ、

＊八木正周の御殿へ御成

それより、麻の御上下を召させられて、八木主稅助正周が方の御殿へ成らせらる、吉保・吉里、供奉す、吉保より、檜重一組を献上す、吉保が家臣の主稅助正周か方へ詰たる者、平岡宇右衛門資因は、御紋の時服三つ、酒井佐左衛門勝世・上田新五兵衛重孝・加古紋左衛門長榮・疋田元右衛門尚重・森久兵衛長恆は、時服二つ充を拜領す、御講釋・御膳すみて、七つ時過に吉保が方の御殿へ歸御なり、

＊醫官に脈を執らせ調劑を上覽

吉田一菴法眼宗貞・小嶋昌怡法眼・小森西倫法眼を、御休息の間に召させられて、御脈をうかゝハしめたまひ、藥を調合させて上覽なり、御紋の時服一重充を下さる、

＊綱吉と吉保子息三人の仕舞

それより、敷舞臺にて、御仕舞あり、高砂のきり（切、以下同ジ）、御（綱吉）なり、鞍馬天狗のきり、吉里、東北のきり、安通、羽衣のくせ（曲、以下同ジ）、時睦、自然居士の曲、御なり、

*家臣一四人拝領物
御膳三汁十菜
一家の再度の拝領物
*徳川家宣へ進献物
*四所と奥向へ進上物
暮六つ時過還御
吉里登城し謝意を表す
*家宣より拝領物
*四所より使者による拝受物
善光寺智善御目見

竹生嶋のきり、和泉守高睦、嵐山のきり、讃岐守頼保、養老のきり、御なり、
悉く畢りて、御休息の間にて、御膳を召上らる、三汁十菜なり、國元の柑袋柿を御菓子す進む、又御成書院へ渡御にて、女輩拝謁し、御懇の上意ありて、拝領物、吉保に、茶宇十端・茶丸十巻、母に、桑染の綿三十把、妻に、大紋の羽二重十五端、吉里に、御紋の羽織七つ、安通・時睦に、御紋の裏付上下五具充、吉里か妻に、大紋の羽二重十端、直重か妻・輝貞か妻、并に稲・保も同し、安通か実母・稲か実母に五端充なり、
六つ時過に、御機嫌好還御なり、吉保は、御免を蒙りて登城せす、吉里、登城して、今日の有かたさを申あけ、還御なりての御機嫌を伺ひ奉り、のしを頂戴して退出す、
一、善光寺の尼上人智善（吉里生母、飯塚氏、染子妹）、今日御目見して、縮綿五巻を拝りやうす、

一、今日、家臣等か拝領物は、志村三左衛門楨幹・荻生惣右衛門茂卿・渡邊惣左衛門幹・小俣三郎右衛門弼種・沢田五左衛門正信・村井源五郎直方・津田宗助利行・酒見權之丞俊秀・柏木藤之丞全故・田中清大夫省吾・都筑又左衛門春親・村上權平以成・金子權七郎清隣・鞍岡文次郎元昌、時服二つ充を拝領す、
一、今日、大納言様へ、檜重一組を進献す、
一、進上物、御臺所様（浄光院、鷹司信子）・御簾中様（天英院、近衛熙子）・五の丸様（瑞春院、明信院生母）・八重姫君様（綱吉養女、徳川吉孚室）へ、檜重一組充、妻より、御臺所様・五の丸様・八重姫君様へ一組充、右衛門佐の局（大奥總取締、町子生母）・大典侍（清心院、日野弘資養女）・新典侍（奥女中）・豊原（奥女中）・高瀬（奥女中）・松江へ、壹組を贈る、妻も同し、
一、今日、大納言様より、干鯛一箱を拝領す、御使、水野肥前守忠盛、
一、御臺所様より、檜重一組・干鯛壹箱を拝受す、妻も同し、御使、高木甚右衛門元茂、御簾中様より、檜重一組を拝受す、御使、早川庄七郎重

*松平輝貞亭御成
*吉保吉里參候し獻上物拜領物
*吉里俊成忠度の切を舞ふ
*大典侍へ吉保町子贈り物
御臺所瑞春院へ御成の進上物
御臺所より寒氣の拜受物定例
登城の途次西の丸へ參上
*公通經由で靈元上皇へ鹽引鮭獻上
瑞春院へ進上物拜受物

繼、五の丸様より、檜重一組・干鯛壹箱、妻にまんちうの折壹つ・干鯛一箱、御使、堀又兵衛長郷、八重姫君様より、檜重壹組・干鯛一箱、御使、山高八左衛門信賢、

五日、

一、今日、御臺所様・五の丸様へ、蜜柑壹篭・鮮鯛壹折充を進上す、昨日の御成によりて也、

一、寒氣の節なれは、御尋とて、御臺所様より、肌着二つ・干鯛壹箱を拜受す、例年の式也、

一、登城の時、西の丸へ參上して、昨日の有かたさを申あく、

一、今日、五の丸様より、歳暮の御膳を献したまふ、是によりて、粕漬の鯛壹桶を進上し、越前綿五把・干鯛一箱を拜受す、御すそわけの拜りやう物は、檜重一組・麻上下三具、吉里も同し、安通・時睦は、麻上下三具充なり、

六日、

一、右京大夫輝貞か亭へ御成なり、吉保・吉里參候す、献上物は、檜重壹組充なり、妻も、嶋羽二重三十端を獻上す、拜領物は、吉保・吉里に、檜重壹組充、妻に、色綸子三十端也、

一、御仕舞ありし時、吉里も俊成忠度のきりを舞ふ、

一、大典侍へ、吉保より、樽代千疋・干鯛壹箱、安通か実母より、五百疋と一箱を贈る、去る三日に、祝儀物を恵むによりて也、

七日、

一、書を公通卿(正親町、町子實父)へ呈し、塩引の鮭二十尺を、仙洞御所(靈元上皇)へ献上して、御機嫌を伺ふ、

一筆致啓上候、雖甚寒之節候、仙洞御所、益御機嫌能被成御座、奉恐悦候、猶以御安全之旨、奉窺候付、塩引鮭二十尺、獻上仕候、宜御沙汰頼入存候、恐惶謹言、

甲斐少将(柳澤吉保)

十二月七日　　判

正親町（公通）前大納言殿

紅葉山三佛殿參詣
徳川家光家綱の佛殿先立
家宣も參詣

八日、

一、紅葉山（御廟所）の三御佛殿（台徳院・大猷院・嚴有院）へ御參詣なり、台徳院様・嚴有院様の御佛殿は、吉保御先立をつとむ、大納言様も御參詣遊はさる、

*八代蜜柑拝領

*歳暮の嘉儀に時服献上

*家宣に銀進献献上の席次

*講釋納に一家の献上物拝領物定例

四所へ歳暮の嘉儀進上

（表紙題簽）

樂只堂年錄　第百七十七巻　寶永二乙酉十二月中

此巻は、寶永二年乙酉の十二月九日より、十七日までの事を記す、

九日、

一、今日、御講釋納めなるによりて、麻上下を着して登城す、吉里・安通（經隆）・時睦も同し、吉里は、例（論語）の章を講釈し、安通・時睦は、大學の小序より三綱領の段までを素讀す、献上物ハ、吉保以下、檜重壹組充、拝りやう物は、縮綿（緬、以下同ジ）五巻充なり、外に、安通・時睦は、今日登城せしによりて、八丈織十端（反、以下同ジ）・印篭・巾着三通り充を拝りやうす、母（了本院、佐瀬氏）より、桑そめの綿子十・干鯛壹箱、妻（曾雌氏、定子）より、紅羽二重の御肌召十・干鯛壹はこ、吉里が妻（酒井氏、頼子）より、縮緬の頭巾十・干鯛一箱を献上す、拝りやう物は、母に、紅白羽二重三十疋・干鯛壹はこ、妻も同し、吉里か妻に、二十疋と一箱、歳暮、例年の式なり、

一、八代蜜柑一箱を拝領す、

一、歳暮の嘉儀とて、時服五つを献上す、大納言様（徳川家宣）へは、銀十枚を進献す、使者の席の次第は、柳の間にて、尾張中納言吉通（徳川）卿・水戸中納言綱條（徳川）卿・紀伊中將吉宗（徳川）卿・松平加賀守綱紀（前田）・松平左京大夫頼純・松平攝津守義行・松平出雲守義昌・松平兵部大輔吉昌、次に吉保、次に枩平備前守長矩・松平安藝守綱長・松平大學頭頼定・松平右衛門督吉明・松平讃岐守頼保・松平大藏大輔正甫・枩平能登守頼如・松平大和守基知・松平庄五郎・松平飛驒守利重・松平內匠頭昌興・松平左兵衛佐直常なり、

一、同し事によりて、進上物、吉保より、御臺所様（浄光院、鷹司）

信子)へ、銀五枚・干鯛一箱、御簾中様(天英院、近衛熈子)へ、銀五枚、五の丸様(瑞春院、明信院生母)・八重姫君様(綱吉養女、徳川吉孚室)へ、銀三枚・干鯛一箱充、妻より、御臺所様へ、干鯛一箱・昆布壹箱・樽代千疋、五の丸様へ、紅白縮綿五巻、八重姫君様へ、干鯛壹箱・樽代五百疋、吉里より、五の丸様へ、干鯛一箱・樽代五百疋なり、

公辨法親王へ進上物

一、日光御門跡公辨親王(後西皇子、三管領宮)へ、縮緬十巻・昆布一箱を進上す、

御能に吉保吉里檜重拜領

一、晩景に、檜重一組を拜りやうす、吉里も同し、御能ありしによりてなり、

十日、

瑞春院より香合拜受

一、今日、五の丸様へ拜謁し、香合三つを拜受す、

吉保撰敕賜護法常應錄鈔序文

一、護法常應錄の抄の序を撰らむ、こゝに記す、

敕賜護法常應錄鈔序

天女維摩《てんによゆいま》總解《そうにげすと》レ禪《ぜんを》、是坡仙《これはせん》句也《がくなり》、吉里所《しよ》生《せいのは》、母橘氏与《と》レ余《よ》、同《おなじく》參《さんず》二雲巖老人《うんがんらうじんに》一、頗《すこぶる》有《あり》二

所省《しよせい》一、嘗《かつて》擬《ぎし》レ譯《やくせんと》二余《よが》錄《ろくを》一、弗《ずして》レ果《はたさ》而没《ぼつす》、昔日《そのかミ》、釈迦《しやか》・老子《らうし》、無《なく》レ端向《はしむかひてむ》二無文字処《もんじのところにとき》一、說二-出許《いだしそこ》-多《ばくのもん》文-字相《じのさうを》一、結《むすぶ》二千《せん》-万《ばん》-世白《せいはく》-蠧《ど》-魚《ぎよのくハきうを》窠臼一、何《いかに》-况《いハんや》余《よが》-錄《ろくをや》乎、何《いかに》-况《いハんや》橘-氏譯《がやくをや》乎、雖《いへども》レ然宿《しかりとしゆく》-習《じう》未《いまだ》レ脫《だつせず》、忽《たちまち》發《はつす》二這《この》志願《しぐハんを》一、未《いまだまぬかれ》レ免《ず》、又向《またむかひて》二貝《ばい》-多《た》-羅《ら》-葉上《えふじやうに》一、幻《げんしゆつすることを》二-出一-世《せ》-界《かいを》一、間《このごろ》-嘗《かつて》漫《ミだりに》拈《ねんじ》レ筆《ふんでを》、爲《ために》レ渠《かれが》了《れうずしや》二這-段因《だんのいん》-縁《えんを》一、併《あハせて》二其《その》故《こ》-紙《し》錄《ろくに》一、藏《おさめ》二諸《これを》龍《りやう》-興《こう》-禪《ぜん》寺《じに》一、其《その》-副《ふハ》付《ふす》二吉里《に》一、看《ミ》-來《きたれバ》、天-女維-摩無《なく》レ分《わかつこと》二主《しゆ》-伴《バんを》一、能《のう》-譯《やく》所《しよ》-譯《やく》何《なんぞ》論《ろんぜん》二桑《さう》-華《くハを》一、大《おほひに》似《にたり》二一《いち》-棚《ばうの》傀《くハい》-儡《らいに》一、不《ず》レ知《しら》貝《ばい》-多《た》-羅《ら》-葉-上《えふじやうの》幻《げん》-世《せ》-界《かい》、畢《ひつ》-竟《きやう》落《らく》二-在《ざいする》什《いづれの》麼処《ところに》一、咄《とつ》、

寶永《はうゑい》乙酉《きのとのとり》季《き》冬《とう》十日

(柳澤吉保)甲斐全透居士題

一、吉里か實母橘染子、世にありし時、龍興寺の雲岩和尚に參して印證を得たり、其初、發心の事共をかきしるして、故紙錄二巻として、吉保に

序を撰はしむ、其年月たしかならねハ、こゝに
記す、

雲巖老人《うんがんらうじん》、嘗《かつて》授《さづくるに》レ汝《なんぢに》、以《もつてして》二釈《しや》-迦《か》-弥《ミ》-勒《ろくハ》、是《これ》
他奴《たのぬ》、且道《しばらくいへ》、他是阿《たハこれた》-誰《そといふを》、而《しかふして》云《いふ》、異《い》-日《じつ》
會《ゑ》-得《とくせバ》、便《すなハち》-是《これ》女《じよ》-丈《ぢやう》-夫《ふ》、吾今《われいま》恁麼《いんもに》喚《よんで》云《いふ》、
女-丈-夫《と》、會《ゑすや》二個《この》什《なに》-麼《をか》一、不《ずんハ》レ會《ゑせ》孤《こ》二負《ふす》阿《あ》師《しに》一、
會《ゑせハ》孤《こ》二負《ふす》自《じ》-己《こに》一、有《あり》レ人《ひと》若《もし》問《とハ》二是《これ》什《なに》-麼《の》曲《きよくと》一、鐵《てつ》-
鋸《きよ》舞《まふ》二三《さん》-臺《たいに》一、咦《い》、
(柳澤吉保)樂只堂道人戲題

十一日、

*昇進大名の御禮に登城

一、麻上下を着して登城す、官のすゝみたる御礼を申上る大名あるによりてなり、

*御臺所へ寒中見舞

一、御臺所様へ、蜜柑壹篭・鮮鯛壹折をしん(進)上す、寒中なるによりてなり、

十三日、

*御煤拂定例

一、御煤拂、例年のことし、麻上下を着して登城す、

*父子四人絹物拝領

吉里も同し、檜重壹組・時服貳つ・紅さあや(沙綾)壹巻・しぼりそめ(紋染)の加賀きぬ壹端・かのこ(鹿子)そめの加賀きぬ壹たん・中形染の加賀きぬ壹たん・あ(淺)さぎ(葱)のきぬ壹端・白絹壹たん・綿壹把を拝りやうす、吉里も同し、安通・時睦は、時服二つ・染絹三端・紗綾壹巻・白絹壹端・淺黄の絹壹端・綿壹把充也、

*公通書状靈元上皇御製の護法常應録序を傳ふ

*吉保御製序への深謝仲介を公通に依頼

一、(正親町)公通卿の奉書、今日到來して、護法常應録の序を、(靈元上皇)仙洞御所の遊はして、下されしを頂戴す、やかて答書を呈して御礼を申上く、

護法常應録序、仙洞御作被下候、右之趣、宜
申達之旨、御氣色ニ候、謹言、
十一月卅日　公通
(柳澤吉保)甲斐少將殿

御奉書拝見仕候、敕賜護法常應録、御製序被

成下、謹而頂戴奉拜見、誠以冥加至極、難有仕合奉存候、宜御取成所仰候、恐惶謹言、

甲斐少將

十二月十三日　判

正親町前大納言殿（公通）

御製を深謝する公通宛書状

實恐實惶奉謝意趣者、敕賜護法常應錄、再賜御製序文、冥加至極、謹而頂戴奉拜見候、天語至妙、特高和尚一段、大因緣之叓、蒙御感、難有仕合、無處奉謝其萬一候、此旨、宜預奏達候、實恐實惶頓首頓首、

甲斐少將

十二月十三日　判

正親町前大納言殿

護法常應錄の御製序

一、護法常應錄の御製の序、こゝに記す、

朕《ちん》聞《きく》、過《すぐるにハ》レ河《かハを》須《すべからく》《べし》レ用《もちふ》レ筏《いかだを》、学《まなぶにハ》レ道《だうを》須《すべからく》《べし》レ

立《りつす》レ志《こゝろざしを》、釈《しや》-迦《か》-弥《ミ》-勒《ろく》、初《はじめより》無《なし》レ所《ところ》レ長《ちやうずる》、只是《たゞこれ》箇《この》能《よく》立《りつする》二志《し》-願《ぐハんを》一底《ていの》凡《ぼん》-夫《ぶ》耳《のミ》、蓋《けだし》自《より》三達《だる》-磨《ま》傳《つたへて》二佛《ぶつ》-心《しん》-宗《しうを》一、道《だう》盛《さかんに》二東《とう》土《どに》一、普《あまねく》被《および》二本《ほん》朝《てうに》一、雖《いへども》三代《よく》有《ありと》二得《ゑて》レ法《ほふを》稱《せうずる》レ師《し》者《ともの》一、然《しかも》於《おいて》二其《その》教《きやう》-法《ほふに》一、建《たて》レ正《しやうを》摧《くだき》レ邪《じやを》、有《ある》レ功《こう》二佛《ぶつ》-乘《ぜうに》一者《もの》、亦《またまれなる》罕レ見《ミること》レ焉《これを》、矧《いハんや》-又《また》乏《とぼしきをや》下繼《つぎて》二麗《ほう》裴《はい》之《の》芳《はう》-躅《ちよくを》二而、能《よく》立《りつする》二志《し》-願《ぐハんを》一底《てい》之《の》人《ひと》上乎、粵《こゝに》甲《かう》府《ふの》少《せう》將《しやう》源吉保《の》者《ハ》、武《ぶ》-門《もんの》柱《ちう》礎《そ》・法《ほふ》-海《かいの》船《せん》橋《けう》、多《た》-年《ねん》篤《あつうし》二志《こゝろざしを》禪《ぜん》-門《もんに》一、立《りつ》処《しよ》掛《かけ》二眼《まなこを》須《しゆ》-彌《ミに》一、或《ある》-時《ときハ》字《じ》ゝ《じ》相《あい》-投《とうじ》、或時《あるときハ》面《めん》-ゝ《く》相《あい》-呈《ていじ》、觸《ふれ》二諸《しよ》-善《ぜん》-知《ち》-識《しき》之《の》毒《とく》氣《きに》一、蒙《かふゝる》二當《たう》-機《き》猛《まう》-省《せい》之《の》證《しやう》-明《ミやうを》一、爾《しかりしより》-來《このかた》、貯《たくハへ》二百《ひやく》-億《おくの》須《しゆ》-彌《ミを》於寸《すん》-胸《きやうに》一、逆《ぎやく》-行《ぎやう》・順《じゆん》-行《ぎやう》・与奪《だつ》自《じ》-在《ざい》、佛《ぶつ》祖《その》機《き》用《ゆう》、全《またく》歸《きす》二掌《しやう》-握《あくに》一、會《たまく》明《ミん》-僧《そう》高《かう》-泉《せん》禪《ぜん》-師《し》、以《もて》二趙《でう》州《しうの》話《わ》-頭《とうを》一、勘《かん》二-驗《けんするときハ》當《たう》-機《きの》淺《せん》深《じんを》一、則玉《きよく》-轉《てん》珠《しゆ》-回《くハい》的《てき》-當《たう》分《ふん》-明《ミやう》、師《し》頷《がんして》而許《ゆるし》レ之《これを》、親《したしく》付《ふして》二如《によ》-意《ゐ》・袈《け》-裟《さ》等《とうを》一、表《へうし》二護《ご》-持《ぢの》信《しんを》一、稱《せうし》二沒《もつ》-量《りやうの》大《たい》-人《にんと》一、祝《しゆくす》二大《だい》法《ほふの》流《る》通《づうを》一、

加旃《しかのミならず》、評《ひやう》驚檗《しつばく》山《さんの》規《き》條《でうを》、整《せい》頓濟《とんすさい》水《すいの》頹綱《たいかうを》、嗚呼《ああ》追《つい》求《ぐする》聲利《せいりを》於權勢《けんせいの》之門《もんに》、杜撰《ずざんの》禪《ぜん》和《お》、豈《あに》《や》不《ざらん》滿《まん》面《めん》發紅《ハつこうせ》哉、暇日《かじつ》、編輯《べんしふし》一唱《いつしやう》一酬《いつしうの》之語《ご》言法《ごんほふ》要《ようを》、釐爲《わかつてす》五卷《ごくハんと》、未《いまだ》《ず》備《そなへ》號与《がうとを》序《じよ》、失《しつす》便《たよりを》觀覽《くハんらんに》、不《ず》知《しら》其《その》意《ゐ》如《いかん》何也《といふことを》、徹《てつ》頭《とう》徹《てつ》尾《び》、子《し》細《さいに》點《てん》檢《げん》來《しきたるときハ》、則有《あり》暗合《あんにかなふ》孫呉《そんごに》一《いち》段《だん》因《のいん》緣《えん》、雷《らい》声《せい》浩《かう》大《だい》不《ず》堪《たへ》淵默《えんもくに》、往事《そのかミ》、黄《わう》檗《ばく》初《のしよ》祖《そ》、隱元《いんげん》老《らう》師《し》受《うくるの》東《とう》渡《どの》請《しやうを》日、降《ひくだし》陳《ちん》博眞《はくしん》人《じんを》於箕筆《きひつに》乩《うらなふ》我《わが》禪《ぜん》東《とう》應《おう》之《の》可否《かふを》、眞《しん》人《じん》讖《しんして》 朕《ちんが》初《しよ》生《せいの》瑞《ずいを》於三《さん》年《ねん》前《ぜんに》而、有《あり》三《さん》千《ぜんの》桃《たう》蘂《ずい》初《しよ》生《せいの》日《ひ》、以待《もてまちて》博《はく》眞《しん》人《じんを》、共《ともに》對《たい》飧《ざんせよの》之句《く》、直《ぢきに》示《しめして》他《た》日《じつ》道《だう》大《おほひに》行《おこなハれんことを》而、朕《ちんが》降《がう》誕《たん》受《じゆ》禪《ぜん》与《と》禪《ぜん》師《じが》來《らい》朝《たう》開《かい》堂《だう》、兩《りやう》箇《この》嘉《か》運《うん》、偶《たまく》同《おなじくす》曆數《れきすうを》、皆《ミな》謂《いふ》應《おうじて》陳《ちん》仙《せん》之《が》言《ことに》、果《はたして》有《ありと》驗《しるし》矣、此《この》一《いつ》奇《き》事《じ》、久《ひさしく》祕《ひして》耳《に》根《こんに》、信《しん》疑《ぎ》相《あい》半《なかばなり》、無《なく》暇《いとま》察《さつするに》之《これを》、弗《ず》忍《しのび》棄《すつるに》之《これを》、元《けん》祿《ろく》

年《ねん》間《かん》、使《して》《しむ》其《その》法《ほふ》孫《そん》高《かう》泉《せん》等《とうを》具《つぶさに》記《きせ》降《がう》乩《けい》之《の》顚末《てんまつを》、高《かう》泉《せん》不《ず》止《とゞまら》記《き》事《じに》、擧《こして》趙《でう》州《しうの》云《いハく》佛《ぶつ》之《の》一《いち》字《じ》、吾不《われずといふの》喜《このま》聞《きくことを》之話《ふ》頭《とうを》、示《しめすに》以《もてす》燕《えん》居《きよ》清《せい》閑《かん》不《ず》可《へから》錯《あやまり》過《すごす》、正《まさに》當《べし》參《さんず》禪《ぜん》旨《しに》、鹿《こひねがハくハ》不《ざらんことを》負《といふを》《そむか》仙《せん》人《にん》預《あらかじめ》知《しる》之《の》靈《れいに》於《おゐてこゝに》茲、時《じ》々《じ》參《さん》看《かんして》、淂《ゑたり》些《しや》子《し》慶《のけい》快《くハいを》、汝《なんぢも》亦以《またもて》這《しや》箇《この》公《こう》案《あんを》、遭《られて》渠《かれに》勘《かん》驗《けんせ》、全《ぜん》機《き》快《くハい》活《かハつ》、直《ぢきに》与《と》雲《うん》門《もん》趙《でう》州《しう》、相《しやう》見《けん》了《しおハれり》也、始《はじめて》信《しんず》溪《けい》山《ざん》雖《いへとも》異《ことなりと》、雲《うん》月《げつ》是《これ》同《おなじきことを》、感《かん》激《げき》之《の》餘《あまり》攀《ぼん》折《せつして》汝《なんぢが》所《ところの》省《せい》發《はつする》、須《しゆ》彌《ミ》山《せん》不《ず》變《へんぜ》、常《つねに》應《おうずるの》一《いつ》切《さい》事《じに》之葛《かつ》藤《とうを》、目《なづけて》之《これを》曰《いひ》護《ご》法《ほふ》常《じやう》應《おう》錄《ろくと》、概《がい》見《けんす》其《その》大《たい》意《ゐを》、內《うち》護《ごし》國《こく》家《かを》、外《ほか》護《ごし》法《ほふ》門《もんを》、永《なが》傳《くつたへ》子《し》孫《そんに》、廣《ひろく》施《ほどこし》無《ぶ》窮《きうに》、使《して》《しむるときハ》繙《はん》閱《えつの》者《ものを》不《ざら》忘《わすれ》靈《りやう》山《ぜんの》付《ふ》囑《ぞくを》、則豈《あに》《や》小《せう》補《ほならん》哉、故《かるがゆへに》序《じよす》、

寶永《はうゑい》二年《にねん》十一月日

十四日、

公通を仲介に靈元上皇への禮物獻上
*袋柿獻上
*綱吉厄年の祈禱料を三寺院へ贈る
*御臺所より歳暮の祝儀拜受定例
*家宣へ袋柿進獻
*御臺所より裾分の拜受物
家宣の振舞進上に西の丸御成參候
*簾中より裾分の拜受物
*父子四人裾分の拜領物
*家宣紅葉山內宮參詣

一、護法常應録の御製の序を頂戴せしによりて、書を公通卿へ呈し、縮綿五十巻・香爐五つ・舜擧か芙蓉を畫けるかけ（掛）物壹幅・月澗か瀧を畫けるかけ物一幅・一山か筆の寒山繪贊のかけ物一幅・金五枚・肴一種を献上して、御禮を申上く、

一筆致啓上候、護法常應録御製序被成下、冥加至極、難有仕合奉存候、御禮申上度、目録之通獻上之候条、宜預御披露候、恐惶謹言、

十二月十四日　　甲斐少將
　　　　　　　　　判

正親町前大納言殿

十五日、

一、今日、大納言樣より、歳暮の御振舞を進したまふによりて、西の丸へ御成なり、御臺所樣も入らせ給ふ、吉保・吉里參候す、御すそわけ物とて、茶宇嶋（縞、以下同ジ）三端・茶丸二端を拜りやうす、吉里・安通・時睦も同し、

一、甲州の袋柿一組を獻上す、

一、來年は、御厄年なるによりて、御祈禱の料とて、銀十枚を護持院へ、貳枚充を大護院豐藏坊、靈雲寺愛染院へ贈る、

一、歳暮の御祝儀とて、御臺所樣より、干鯛一箱・樽代二千疋を拜受す、妻は、銀五枚・干鯛壹箱、例年の式なり、

十六日、

一、今日、大納言樣へ袋柿一組を進獻す、

一、御臺所樣より、縫入たる綸子の小袖壹つ・同帶貳筋・縮綿二端を拜受す、妻は、小袖壹つ・大もんの縮緬二端、昨日の御すそわけ物となり、

一、御簾中樣より、色大紋の綸子十端・鮮鯛壹折を拜受す、前に同し、

十七日、

一、紅葉山（御廟所）の御內宮（東照宮）へ、大納言樣御參詣遊はす、

護法常應錄自序を撰らむ

一、護法常應錄の序を撰らむ、こゝに記す、

吉保、參《さんしてより》二竺《ぢく》-道老《だうらう》-人《じんにこのかた》一來、中《ちう》-間《かんに》二-十許《じつこ》-年《ねん》、時《じ》-ゝ《じ》与《と》二諸《しよ》-尊《そん》-宿《しゆく》一、筆《ひつ》-語《ご》問《もん》-答《だふ》・文東《ぶんかん》往《わう》-酬《しう》積《つミて》、有《あり》二數《す》-篋《きやう》一、祇《たゞ》職《しよく》-充《じよう》叢《そう》-迫《はく》、弗《ず》レ遑《いとまあら》二整束《せいそくするに》一、主《しゆ》-者《しや》不《ず》レ謹《つゝしま》、散凶《さんバうすること》爲《す》レ多《おほしと》、而其存者亦《そのそんするものもまた》、半《なかば》爲《ために》二丙《ひやう》-丁童子《ぢやうどうじの》一偸《ぬすミ》-去《さらる》、餘《よ》-外《くハい》落《ハらく》-碌敲《ろくたるたゝく》レ門《もんを》、瓦《ぐハ》-子類耳《すのるいのミ》、何《なんぞ》足《たらんや》二多《おほしとてたふとふに》貴《》一哉、癸《き》-未夏《びのなつ》、曝《さらす》レ書《しよを》日《ひ》、侍《じ》-史《し》-輩《はい》褒《ほう》二-拾字《じふしじ》-紙《し》堆《たい》-中《ちうに》一、緝《しふ》-綴撰《てつせん》-次訂《しゝていして》、爲《す》二五《ご》-卷《くハんと》一、偶《たまく》値《あひ》三病《びやう》-餘《よ》蕭然《せうぜんとして》屛《へい》二-謝《じやするに》人《じん》-事《じを》一、焚《たきて》レ香《かうを》默《もく》-坐《ざし》、展閱《てんゑつ》一《いつ》-匝《さふするときハ》、則諸《しよ》-禪《ぜん》老《らうの》存《ぞん》故《こ》、聚《じゆ》二-會《くハい》一《すい》-堂《ちだうに》一、宛《ゑん》-然《ぜんたる》舊《きう》-時《じの》面《めん》-目《もく》、始《はじめて》-覺《おぼふ》此《この》-冊《さく》、爲《たることを》二久《きう》-潤《くハつの》敍《じよ》話《わ》一也、詎《なんぞ》-意《おもハん》、是《こ》歲《としの》秋《あき》、太上天皇（靈元上皇）謬《あやまりて》垂《たれたまひ》二叡《ゑい》照《せうを》一、敕《ちよくして》賜《たまひ》二書《しよ》-名《めいを》護法常應錄《と》一、去月《ぎよげつ》申《かさぬるに》以《もてしたまハんとハ》二御《ぎよ》-製《せい》題《のだい》-辭《じを》一、天語《てんご》-丁寧《ていねい》、優《ゆう》-奬《しやう》之《の》渥《あつき》、至《いたる》レ有《あるに》下

暗合《あんにかなひ》二孫呉《そんごに》一、溪《けい》-山雲《ざんうん》-月《げつ》之《の》言《ミこと》上、嗚呼《ああ》、吉保、宿《しゆく》-世種《せうへて》二何《なにの》因《いん》-緣《ゑんを》一、以致《もていたすや》二其《その》如《ごとくなることを》レ此《かくの》哉、於《おゐて》レ是《こゝに》向《さきに》所《い》-謂《ハゆる》敲《たゝくの》レ門《もんを》瓦《ぐハ》-子《す》、變《へんじて》爲《なり》二傳《でん》-家《かの》珠《きう》琳《りんと》一、敬《つゝしミて》-用《もて》錦《きん》-繡《しう》十《じつ》-襲《しうす》、諸《しよ》-老《らうの》面《めん》-目《もく》、臨《のぞましむるにもてしてん》以二天《てん》-威《いの》咫《し》尺《せきを》一、不《ず》レ覺《おぼへ》惶《くハう》-悚《しよう》百《はく》拜《はいす》、其《その》御《ぎよ》-序《じよ》、特《ことに》爲《し》二一《いち》-卷《くハんと》一、冠《くハん》二-冕《べんす》其首《そのはじめに》一、謝《じや》-表《へう》及《および》目《もく》-次《し》、別《べつに》附《ふす》二大《だい》-尾《びに》一、加《くハへて》レ五《ごに》爲《す》レ七《しちと》、蓋《けだし》密《ひそかにならひて》倣二曹《さう》-溪《けい》派《は》-分《わかるゝ》之數《のすうに》一、以《もて》期《ごす》三子《し》-孫《そん》世《せい》-くゝ、永《ながく》爲《たらんことをご》二護《ほふの》-法之家《いゑ》一、亦以《またもて》、見《あらハすとび》三微《しんが》-臣對《たい》敭《やうすることを》二天《てん》-眷《けんの》之曼《ハん》-乙《いつに》一、云、

寶永二年乙酉冬十二月

十七日左少將松平吉保

齋《さい》-沐薰《もくくん》-手《しゆつ》敬《ゝしミて》 - 書《しよす》

（表紙題簽）

樂只堂年錄　第百七十八巻　寶永二乙酉十二月下

此巻は、寶永二年乙酉の十二月十八日より、月の終までの事を記す、

十八日、

綱吉御成
御成書院の室禮

一、今日天氣好く、私亭に御成なり、御殿の飾り物は、御成書院の床に、狩野探雪か畫ける福祿壽、左は黄安・右ハ林和請の、三幅對のかけ物を掛け、立花二瓶を設く、瓶は黄砂張にて、耳口に若松を毛彫りにす、臺は桑なり、棚の上段に、惣梨子地に、瀧に松・岩組を蒔繪にせる料紙硯壹通り、中段はあけたり、下段にハ、伊部焼の獅子の香爐壹つを置く、狩野昌運か芳野・龍田の風景を畫ける小屏風一双、梨子地に、梅・若松を蒔繪にせる御刀掛壹つ・御褥壹つ・火鉢壹つを置く、

*休息の間の室禮

御休息の間の床に、狩野探信か鶴遊ひ・龜遊ひを畫ける、二幅對の掛け物をかけ、銀の岩の上に、鶴三つたてる香爐を、梨子地に遠山・若松を蒔繪にせる卓に載す、棚の上段に、惣ふんだミ（粉彩）・砂子・切金・梨子地に、人家・松竹・梅・遠山・流水を蒔繪にせる文臺・硯一通り、中段に、梨子地に岩組・枩竹を蒔繪にせる香合に、伽羅を入れて、一つを香盆にのせて、香箸を添ふ、下段はあけたり、黒ぬりに芳野山の景を蒔繪にせる、御刀掛壹つ・御褥壹つ・梨子地に梅をまきゑ（蒔繪）にせる見臺壹つ、狩野探信か惣金に、流水・若松を畫ける小屏風壹双をつらね、炬燵を明く、蒲團は黒縮綿（緬、以下同ジ）也、

*上覽所の室禮

上覽所に、黒ぬりに若枩を蒔繪にせる、御刀掛壹つ、畫工正信（狩野）か、琴・碁・書畫をゑかける屏風壹双、

装束の間の室禮

御装束の間に、梨子地に梅・松の金貝いれたる、御刀掛壹つ、増田松桂か村〔斑、以下同ジ〕砂子に、濱枩・千鳥を畫ける屛風一双、狩野常信が流水・紅櫻をゑかける屛風壹双、狩野峯信か西王母・東方朔を畫ける屛風一双をつらぬ、

一家の献上物

献上の品々を、例のことく御成書院の廊下に並へ置く、吉保より、大形の更紗染の縮綿五十端〔反、以下同ジ〕・散し染の縮綿五十端・縫入たる散しそめの紗綾五十端・中形染の羽二重の羽織三十・玉井の能をゑかける檜重壹組、并に甲刕の産の駒の、栗毛にて三歳なるに、鞍を置きたる壹匹、鞍は、黒ぬりに若松・梅の金貝蒔繪ありて、内は、濃梨子地なり、御紋を出せり、伊勢次郎貞茂か作にて、代金廿五枚の折紙有、鐙は黒ぬりに、同し様の蒔繪ありて、内も同し様なり、伊勢左京亮貞泰か作にて、代金廿五枚の折紙有、此外、馬具品々を添ふ、吉里より、中形そめの縮綿五十端・遠方染の縮緬五十端・羽二重の紋所物五十端・琥珀の根付三十・難波の能を畫ける檜重一組、安通〔經隆〕より、絞り染の縮綿二十端、時睦より、豊後絞り染の縮緬二十たん、母〔了本院、佐瀬氏〕より、二重その縮緬三十端・檜重壹組、妻〔曾雌氏、定子〕より、紅縮緬の縫紋所物三十端・繻子の縫入たる帯三十筋・猩々の能を畫ける檜重壹組、吉里か妻〔酒井氏、頼子〕より、唐染の縮綿三十端・檜重一組、保〔吉里女、生母頼子〕より、嶋〔縞、以下同ジ〕染の縮綿廿端、豊前守直重〔黒田〕か妻〔土佐子〕より、唐染の羽二重二十端、右京大夫輝貞〔松平〕か妻〔永子〕より、嶋染の縮綿二十端、稲〔内藤政森室、生母横山氏、繁子〕より、中形染の紗綾廿端、安通か實母〔正親町町子〕より、縫入たる散し染の縮綿十端、稲か實母〔横山氏、繁子〕より、輪違ひを絞り染にしたる縮緬十端、輝貞・直重・山城守政森〔内藤〕より、檜重一組充、

*善光寺尼上人智善も献上物

善光寺の尼上人智善〔飯塚氏、染子妹〕よりも同し品也、外に吉保より、人形二はこを、内々より献上す、

*御殿の勝手に伺候の輩

御殿の勝手に伺候せる輩は、酒井雅樂頭忠擧・

＊中山直照初參候
醫官八人伺候
＊四つ半時前に御成
僧衆十四人伺候
＊家臣六人初御目見

藤堂和泉守高睦・松平讃岐守頼保・折井淡路守正辰・武田織部信冬・曲淵越前守重羽・柳沢八郎右衛門信尹・曾雌權右衛門定救・鈴木三郎九郎重助・柳澤源七郎信尙・山高兵助信政、幷に中山勘之丞直照、始て參候す、

醫官には、久志本左京亮常勝・薬師寺宗仙院法印元常・澁江㕘軒法眼長㐂・井關正伯法眼・吉田一菴法眼宗貞・小嶋昌怡法眼・小森西倫法眼・丸山昌貞、

僧衆には、護持院前大僧正隆光・金地院僧錄司元云・覺王院前大僧正最純・凌雲院前大僧正義天・進休庵僧正英岳・護國寺僧正快意・觀理院權僧正智英・月桂寺住持西堂碩隆・龍興寺座元東水・靈雲寺比丘戒琛・愛染院法印俊任・東圓寺法印海岸・愚丘菴首座祖圓・松竹庵座元碩心、

四つ時過に、御道具・御駕輿の注進ありて、吉保・吉里・輝貞・松平伊賀守忠德・安通・時睦、幷に家臣、荻沢源太右衛門勝久・藪田五郎右衛門重守・平岡宇右衛門資因・柳沢帶刀保誠・瀧口平太左衛門武延・荻沢角左衛門正府・瀧口金五右衛門長宥・飯塚彦右衛門正朝・荻沢又右衛門正久・豊原權左衛門勝羨・池上善左衛門爲昇を率ひて、御成門の外に出て、老中、土屋相模守政直・稲葉丹後守正通・大久保加賀守忠增・井上河内守正任は、平重門の外に出て迎へ奉る、四つ半時前に、御服紗小袖・御麻上下を召させられて御成なり、吉保、上意を蒙りて、御駕輿を導き奉り、御成玄關より入らせたまふ、御小納戸口より、家臣、永井彦大夫政庸・石沢佐大夫命高・川口十大夫貞晴・酒井佐左衛門勝世・横田儀左衛門軌隆・田中平右衛門興寛、長上下を着し、太刀・馬代を捧けて、初めて御目見申上く、披露ハ稲垣(若老中)對馬守重冨なり、式(敷)舞臺の後の、溜りの間にて、雅樂頭(酒井)忠擧・和泉守(藤堂)高睦・讃岐守(松平)頼保、拝謁す、それより、御

女輩等御目見盃事

休息の間に入御なりて、吉保、のしを捧く、召上られて、吉保・吉里・安通・時睦に下さる、表向より拝領物の目録を、久世大和守(若老中)重之つたふ、御成書院へ入御なりて、女輩拝謁し、妻、のしを捧く、召上けたまひて、女輩皆〻へ下さる、雑煮・御吸物を進む、高砂の臺を、吉保捧け出つ、扣(控、以下同ジ)は若竹なり、召上けられて、吉保・吉里・安通・時睦に下されて、いつれも返し上く、又養老の臺を、妻さゝげ出つ、扣はめうか(茗荷)なり、召上られて、女輩皆〻へ下されて、いつれも返し上く、御小謡三番遊はす、

一家の表向の拝領物

拝領物は、表向より、吉保に、三種二荷、母に、羽二重廿疋・箱肴一種、妻も同し、吉里に、二種壹荷、同妻に、羽二重十疋、安通・時睦・豊前守直重か妻・右京大夫輝貞か妻・娘稲・吉里か娘保も同し、安通か実母・稲か実母に、五疋充なり、

＊一家の内々の拝領物

御内〻、吉保に、郡内百疋・裏羽二重百疋、母に、緞子十五本、妻に、豊後絞り染の縮綿三十端、吉里に、郡内五十疋・裏羽二重五十疋、同妻に、緞子十巻、安通に、色縮綿廿端、時睦に、色羽二重廿疋、豊前守直重か妻に、金入五本、右京大夫輝貞か妻に、色綸子廿端、稲に、嶋縮綿廿端、保に、色縮緬廿端、安通か実母に、色綸子十端、稲か実母に、繻子三巻、輝貞に、檜重一組、直重・政森に、紅白羽二重十疋充也、

＊一家の御手自の拝領物

御手自の拜りやう物は、母に、繪色紙廿枚を、ふくさ(袱紗)に包ミて、妻に、色帋廿枚也、外に安通に、賀茂の能裝束壹通り、時睦に、是界の能裝束壹通り、豊前守直重か娘豊に、色羽二重十疋・人形壹つなり、

＊綱吉論語講釋

それより御休息の間に渡御なる、此時、拝領・献上の品〻を引く、再ひ御成書院に入御なりて、論語衛靈公の篇にて、人能弘道といへる章を御

*醫官等脉を伺ふ
*調剤上覧
吉里論語講釋
經隆時睦中庸素讀
*演能狂言仕舞
*吉里兄弟鼓を奏づ
家臣新古今巻頭和歌進講
*一家の再度の拜領物
獻上の駒上覧
御膳三汁十菜

講釈遊はす、雅樂頭忠擧・和泉守高睦・讃岐守頼保、老中四人、若老中、久世大和守重之・加藤越中守明英・稲垣對馬守重冨、御側衆・僧衆・醫官、幷に吉保が一族・家臣、拜聞す、次に、吉里、論語衛靈公の篇にて、辞達而已と云へる章を講釈す、次に、安通・時睦、中庸の小序より、天命の段までを素讀す、次に家臣、田中雲八重敬は、論語述而の篇の内にて、君子担蕩ゝといへる章、神谷正八重代は、論語爲政の篇の内にて、君子不器といへる章、三浦小五郎故良は、孟子離婁の篇の内にて、道在示といへる章、今立六郎大夫貴亮は、新古今集の巻頭の和歌三首を進講す、

悉く畢りて、今日献上する駒を、家臣、石沢佐大夫命高・上村市郎右衛門重方率て庭に出て上覧なる、

次に御休息の間にて、御膳を進む、三汁十菜なり、吉保、御茶の下を頂戴する事、例のことし、

次に、薬師寺宗仙院法印元常・澁江杏軒法眼長㐂・井關正伯法眼を、御休息の間に召させられて、御脉をうかゝハしめたまひ、薬を調合させて上覧なる、丸山昌貞を召して、膏薬を上覧なる、いつれも御紋の時服二つ充を拜りやうす、

次に敷舞臺にて、御能あり、一番に老松、御(綱吉)にて、家臣、豊原權左衛門勝羨、脇をつとむ、二番に田むら、安通奏つ、三番に江口、御なり、四番に舎利、吉里奏つ、五番に是界、時睦奏つ、狂言は、福神なり、仕舞は、弓八幡を、和泉守高睦、難波を、讃岐守頼保舞ふ、

畢りて、御休息の間にて、吉保に、伽羅、吉里に、唐織三巻・長絹二巻・半切地二巻、安通・時睦に、羽織三つ充を下されて拜領す、それより、御成書院へ渡御にて、女輩拜謁し、御懇の上意あり、拜領物は、母に、桑染の羽二重十五

暮六つ半時還御

吉保吉里御禮に登城し拜領物

＊内田桃仙詩經講釋絕句詠進し拜領物

＊家宣へ檜重進獻

善光寺尼上人智善の拜領物

＊吉保夫妻奥向へ進上物

家臣等の拜領物

＊家宣より拜領物

＊吉保夫妻四所より拜受物

四、妻に、ふくさ（服紗）二十、吉里か妻に十五、豊前守直重が妻・右京大夫輝貞か妻・娘稲も同し、保に、色紗綾十端、安通か実母に、服紗十、稲か実母も同し、

暮六つ半時に、御機嫌よく還御なり、吉保・吉里、やかて登城して、今日の有かたさを申上け、還御なりての御機嫌を伺ひ奉り、のしを頂戴す、吉保は、御紋の小袖壹つ、白小袖六つ・胴巻六つ・足袋二十を拜りやうして退出す、

一、善光寺の尼上人智善、今日、御目見して、色羽二重十疋を拜りやうす、

一、今日、家臣等か拜領物は、御相手をつとめたる者、豊原權左衛門勝羡、御弟子の用事をつとむる者、上田新五兵衛重孝・賀古紋左衛門長榮・疋田元右衛門尚重・森久兵衛長恆、學輩、志村三左衛門楨幹・荻生惣右衛門茂卿・渡邊惣左衛門幹・小俣三郎右衛門弼種・澤田五左衛門正信・村井源五郎直方・津田宗助利行・酒見十左衛門俊秀・柏木藤之丞全故・田中清大夫省吾・都筑又左衛門春親・村上權平以成・金子權七郎清隣・鞍岡文次郎元昌、進講を勤めたる者、今立六郎大夫貴亮・田中雲八重致・神谷正八重代・三浦小五郎故良、いつれも時服二つ充なり、

一、家婢、佐㐂（崎、内田桃仙）、詩經樛木の篇の首章を講釈し、絕句一首を作りて、上覽に入れて、紅白羽二重三疋を拜りやうす、

一、今日大納言様（徳川家宣）へ、檜重壹組を進獻す、

一、進上物、御臺所様（浄光院、鷹司信子）・御簾中様（天英院、近衛熈子）・五の丸様（瑞春院、明信院生母）・八重姫君様（綱吉養女、徳川吉孚室）へ、檜重壹組充、妻より、御臺所様・五の丸様・八重姫君様へ、壹組充也、右衛門佐（大奥總取締、町子生母）の局・大典侍（寿光院、清閑寺熈房女）・新典侍（清心院、日野弘資養女）・豊原（奥女中）・高瀬（奥女中）・松江（奥女中）へ、壹組を贈る、妻も同し、

一、今日、大納言様より、干鯛一箱を拜領す、御使、青山備前守幸能、

一、拜受物、御臺所様より、檜重壹組・干鯛壹箱、

*妻三所へ御成祝儀進上
*公辨法親王へ進上物
妻初拜受
綱吉厄年の祈禱料を甲州三社へ贈る
*簾中より歳暮の祝儀拜受
*瑞春院より歳暮の祝儀拜受
本丸にて家宣へ御禮言上
*節分により吉保吉里再登城
八重姫より定例の歳暮の祝儀拜受
*松平頼保を饗應

妻へも同し、御使、小笠原源六郎持正、御簾中様より、檜重一組、御使、早川勝七郎重繼、五の丸様より、檜重壹組・干鯛一箱、妻に、まん（饅頭）ちうの折壹つ・干鯛壹箱、御使、河野善左衛門貞通、八重姫君様より、檜重壹組・干鯛壹箱、妻も同し、妻か此式の拜受物、始て也、御使、山高八左衛門信賢、

一、來年、御厄年なれは、御祈禱の料とて、銀五枚充を、甲州府中の八幡宮、畔村の住吉大明神、御嶽山へつかはす、

十九日、

一、いつも御成の翌日には、西の丸へ參上して、御禮を申上くる事なれ共、今日は、御本丸へ入らせたまふによりてまいらす、御本丸にて御礼を申上く、

一、歳暮の御祝儀とて、八重姫君様より、樽代千疋・干鯛壹箱を拜受す、妻は、呉服壹重、例年の式なり、

一、昨日の御成によりて、妻より、御臺所様・五の丸様・八重姫君様へ、枝柿一箱・鯛壹折充を進上す、八重姫君様へ、此式の進上物、始てなり、

一、日光御門跡公辨親王（後西皇子、三管領宮）へ、密漬一壺を進上す、近日、日光山へ御發駕なるべきによりて也、

廿一日、節分、

一、歳暮の御祝儀とて、御簾中様より、樽代二千疋・干鯛壹箱を拜受す、

一、同し事によりて、五の丸様より、縮綿三巻・干鯛壹箱を拜受す、妻は、小袖一重・干鯛壹箱、吉里は、縮緬二巻・干鯛壹箱なり、

一、節分によりて、のしめ（熨斗目）麻上下を着して、七つ半時前に再ひ登城す、同刻に吉里も登城す、

廿三日、

一、松平讃岐守頼保を振舞ふ、備前守國の刀一腰、代金十五枚の折帋有と、馬二匹とを贈る、

御臺所御覽の御囃子
*護持院へ綱吉家宣の來年中の祈禱料贈る
鹽引鮭獻上に靈元上皇滿悅
*大典侍より吉保町子拜受物贈り物
*瑞春院より御尋の拜受物
*時服拜領定例
瑞春院より御尋の拜受物
裾分の拜領物
*父子四人盃臺他拜領定例
家宣夫妻八重姬饗應の御能

廿五日、
一、今日、御囃子ありて、御臺所樣御覽なる、是によりて、御召の呉服二つを拜受す、御すそわけ物とて、檜重一組を拜りやうす、
一、公通（正親町）卿の答書到着す、

就嚴寒爲窺御機嫌、飛翰、殊塩引鮭二十尺献上之、則令披露候處、御滿悅不斜候、弥御安全之事候、右之趣、宜申達之旨、仙洞御氣色ニ候、恐々謹言、

十二月十六日　公通

甲斐少將（柳澤吉保）殿

廿六日、
一、御尋とて、五の丸樣より、干鱧壹箱を拜受す、
一、檜重一組を拜りやうす、御すそわけ物となり、
廿七日、
一、今日、大納言樣・御簾中樣・八重姬君樣、御本

丸へ入らせたまふて、御能あり、御すそわけ物とて、御簾中樣・八重姬君樣より、縫入たる綸子の時服壹つ・白時服壹つ充を拜受す、
一、來年中の御祈禱の料とて、銀十枚を護持院へ贈る、大納言樣の御祈禱の料も十枚也、
廿八日、
一、大典侍より、一昨日、御振舞を頂戴して、拜りやうせしすそわけとて、吉保に、縮綿三卷・鮮肴壹種、安通か実母に、二卷・一種を惠むによりて、吉保より、紗綾五卷・干鯛壹箱、安通か実母より、鮮鯛壹折を贈る、
一、御尋とて、五の丸樣より、ぬり重の內壹組を拜受す、
一、時服七つを拜領する事、例年のことし、
一、例年のことく、盃臺壹通り、檜重一組を拜りやうす、吉里も同し、安通・時睦は、盃臺一通充也、

父子四人福引で絹物拜領

一、御福引によりて、時服壹つ・べんがら（紅殻）壹端・綿壹把・紅紗綾一巻・中形染物壹端・郡内嶋壹端・鹿の子染物壹端を拜りやうす、吉里・安通・時睦も同し、

*靈元上皇吉里にも末廣一柄下賜

靈元上皇吉保に末廣貳柄下賜

一、公通卿の奉書到來して、吉保も吉里も、末廣を拜領す、やかて答書をつかハす、

御末廣二柄被下之候、右之趣、宜申達之旨、
仙洞（靈元上皇）御氣色ニ候、恐々謹言、
十二月廿一日　公通
甲斐少將殿（柳澤吉保）

*末廣拜領の謝意傳達依頼

公通吉保の末廣下賜を祝ふ

一筆啓達候、弥御堅固ニ候哉、承度存候、然者、御末廣、例年春被下候得共、年頭爲可被用と被思召、早々被下候由、御内沙汰ニ候、誠以叡慮不淺御像、於愚拙難有存事候、幾久目出度御頃候様ニと祝入存候、万々期陽春候条、省略候也、恐々謹言、
十二月廿一日　公通
甲斐少將殿

御末廣一柄被下之候、右之趣、宜申達之旨、
仙洞御氣色ニ候、恐々謹言、
十二月廿一日　公通
松平伊勢守殿（柳澤吉里）

御奉書拜見仕候、餘寒之節、仙洞御所、益御機嫌能被成御座、目出度奉恐悅候、將又御末廣二柄被遊御祝、拜領被仰付、則奉頂戴敕諚之趣、誠以冥加至極、難有仕合奉存候、此旨、宜預奏達候、恐惶謹言、
甲斐少將
十二月廿八日　判
正親町前大納言殿

新年用にと早めの下賜

貴翰致拜見候、雖余寒候、御家內御堅固珎重存候、然者、愚拙幷伊勢守(吉里)、御末廣拜領、冥加至極、難有仕合奉存候、殊例年、春拜領被仰付候得共、年頭ニ用候樣ニと、御內沙汰候而、此節被下置候旨、幾度も〳〵奉頂戴、則父子共ニ、來年頭ニ登城之節、用可申と、難有仕合奉存候、御內々ニ而、何分ニも宜御沙汰頼入存候、恐惶謹言、

甲斐少將

十二月廿八日　判

正親町前大納言殿

吉里末廣拜領の謝意仲介を依頼

御奉書奉拜見候、餘寒之節、仙洞御所、益御機嫌能被成御座、目出度奉恐悅候、將又、御末廣一柄拜領被仰付、則頂戴敕諚之趣、誠以冥加至極、難有仕合奉存候、此旨、宜預奏達候、恐惶謹言、

松平伊勢守

十二月廿八日　判

正親町前大納言殿

廿九日、

*吉保吉里登城途次西の丸へ參上

一、のしめ麻上下を着して登城の時、先、西の丸へ參上して、歲暮の御祝儀を申上く、吉里も登城す、西の丸へもまいる、

*簾中より裾分拜受

一、御簾中樣より、縫入たるふくさ十・帶地十・檜重壹組を拜受す、一昨日の御すそわけ物となり、

（表紙題簽）

樂只堂年錄　第百七十九巻　寶永三丙戌正月

此巻は、寶永三年丙戌の正月の事を記す、

寶永三年丙戌　吉保四十九歳

正月大

*御禮の席次

元日、庚申、

吉保吉里の元日登城定例

一、朝六つ時に、平川口より登城する事、去年のことし、吉里は、六つ半時前に、大手より登城す、共に烏帽子・直垂を着す、吉里か供に、布衣三人・白張十八人、鞘巻の太刀を持する事、例年のことし、

御座の間で三家他御禮

一、吉保・吉里、まつ御休息の間にて、御禮を申上く、それより、御座の間に出御なる、大納言様（徳川家宣）、下段にて御禮を仰上られ、上段の東の方に御着座にて、御盃事畢り、夫より白書院ぇ出御、上段に御着座なる、大納言様もおなし御叓なり、尾張中納言吉通卿（徳川）・水戸中納言綱條卿（徳川）・松平加賀守綱紀（前田）、御禮太刀目錄披露ありて、着座せらる、次に松平備前守長矩・松平右衞門督吉明、太刀目錄を捧けて御礼を申上け、着座す、御盃事畢りて、紀伊中將吉宗卿（徳川）の使者拜謁す、畢りて、松平左京大夫賴純・松平出雲守義昌、次に吉保、次に酒井雅樂頭忠擧・松平大學頭賴定・松平山城守賴雄・松平右近將監義賢・井伊掃部頭直通、次に吉里、次に藤堂和泉守高睦・松平讃岐守賴保・松平大炊頭吉邦・松平能登守賴如・土屋相模守政直・烌元但馬守喬朝・稲葉丹後守正通・松平右京大夫輝貞・大久保加賀守忠增・小笠原佐渡守長重・本多伯耆守正永・小笠

*掃初定例

*吉保夫妻吉里瑞春院より年頭祝儀拜受

御讀初で吉保讀初定例西の丸で家宣夫妻に賀詞言上

*御謠初と諸臣との十三獻

吉保夫妻吉里四所へ年頭祝儀進上

原右近將監忠雄・松平豐後守宗俊、何れも太刀目錄を捧けて拜禮し、御盃を頂戴し、時服を拜領す、但、吉保ハ、敷居の內にて拜礼し、御盃、幷に時服を頂戴す、吉里ハ、太刀目錄を敷居の內に置て、敷居の外にて拜禮頂戴する事、例年のことし、馬代ハ金壹枚充なり、大納言樣えも同し、宗俊が次に、松平大和守基知より、戶田大炊頭忠利まて七人拜禮畢りて、大廣間え出御なり、諸大夫以下の拜禮畢りて、入御なる、半上下を召たまひて、御休息の間にて、例のことく御讀初遊ばす、吉保・吉里も長上下を着して、仰を蒙りて讀初する叓、例のことし、退出の時、長上下を着なから、西の丸(德川家宣居所)に參上し、御簾中樣(天英院、近衞熙子)へも參りて、御祝儀を申上く、吉里ハ、烏帽子・直垂を着して、西の丸へ參る、

一、年頭の御祝儀とて、御臺所樣(淨光院、鷹司信子)・御簾中樣・五の丸樣(瑞春院、明信院生母)・八重姫君樣(綱吉養女、德川吉孚室)へ、干鯛一筥・樽代五百疋つゝを進上す、妻(曾雌氏、定子)より、御臺所樣・五の丸樣・八重姫君樣ゑ、干鯛一箱・昆布一筥・樽代五百疋充なり、吉里より、五の丸樣へ、干鯛一筥・樽代五百疋なり、

二日、

一、朝六つ時に登城し、六つ半時前に長上下を着して、御休息の間の掃初を勤る叓、例年のことし、それより、烏帽子・直垂を着す、

一、年頭の御祝儀とて、五の丸樣より、銀三枚・干鯛一箱を拜受す、妻に、綸子二端(反、以下同ジ)・干鯛一箱、吉里に、銀二枚・干鯛一筥を下さる、

三日、

一、長上下を着して登城す、御謠初なるによりて、晩七つ半時過に再ひ登城す、吉里も同し時に登城す、酉の後刻に、大廣間へ出御にて、中段に御着座なる、大納言樣も同し御事なり、尾張中納言吉通卿・水戶中納言綱條卿、拜謁し、御向

*吉保盃臺他獻上
*吉保內證で謠初の時盃頂戴
*父子四人縮緬拜領
*父子四人福引の絹物他拜領
吉里八獻の時頂戴
*一家豐心丹拜領

に着座せらる、松平遠江守忠喬・牧野駿河守忠郷・松平主殿頭忠雄・松平丹後守光通・本多若狹守利久、御次の南北に着座す、御盃出て、初獻二献に、吉通卿・綱條卿の御盃亊あり、御次に着座の輩、御流を頂戴す、三獻の時に、蕗の臺出て、御盃を召上らる、その時、觀世大夫、小謠をうたふ、吉通卿頂戴ありて、返上の時、老松の囃子始る、綱條卿も御盃事あり、此間に、吉通卿・綱條卿・紀伊中將吉宗卿より、獻上の盃臺を披露す、四獻・五献ハ、其の臺にて、吉通卿・綱條卿、御盃事あり、六獻の時、吉宗卿より献上の臺にて、御盃を酒井雅樂頭忠擧に下さる、七獻の時、井伊掃部頭直通、八獻の時、吉里頂戴す、九獻の時、藤堂和泉守高睦、十獻の時、松平讃岐守頼保、十一獻の時、小笠原右近將監忠雄、十二獻の時、松平豊後守宗俊へ下され、御囃子入る、此時、出座の猿樂大夫へ、呉服、その外の猿樂に、折帋を下さる、十三獻の時、松竹の臺出て、御盃を召上らる、御扣(控、以下同ジ)の時、大夫一同に、弓揃立合を舞ふ、畢る比に、御加ありて、御銚子入る、御肩衣を脱せられ、諸臣一同に肩衣を脱きて御觀式畢る、吉保より、盃臺・土器・酒代を獻上する亊、例年のことし、御內證にて、御謠初の時、御盃を頂戴す、

四日、

一、吉里も登城す、

一、縮緬七巻を拜領す、吉里ハ五巻、安通(經隆)・時睦ハ三巻つゝなり、

一、御福引によりて、御紋の時服壹つ・紅紗綾壹巻・茶宇壹端・郡內壹端・中形染の加賀絹壹端・鹿の子染の絹壹端・長綿壹把を拜領す、吉里・安通・時睦も同し、

一、豐心丹を拜領す、母(了本院、佐瀬氏)・妻・吉里・同妻(酒井氏、頼子)・安通・時睦・稻(吉保女、生母横山氏、繁子)・保(吉里女、生母酒井氏、頼子)・豐前守(黑田)直重が妻(土佐子)・右京大夫輝貞

*吉里講釋經隆時陸讀初定例

吉保夫妻御臺所より年頭祝儀拝受

*母妻等年頭祝儀獻上し拝領物

松平頼保の若水を祝す

*瑞春院より拝受物

講釋初めに三兄弟登城し獻上物

*八重姫より年頭の拝受物

家宣へも同様

講釋初めに父子四人獻上物拝領物定例

*天下の寺社御禮

が妻（永子）・安通が実母（正親町町子）・稲が実母（横山氏、繁子）も壹包つゝなり、

一、年頭の御祝儀とて、御臺所様より、銀五枚・干鯛一箱を拝受す、妻ハ、樽代千疋・干たい（鯛）一箱なり、

一、松平讃岐守頼保を招きて、若水を祝ふ、三原の刀一腰、長さ二尺三寸五分半、磨上無銘にて、代金十三枚の折紙有、青江の脇差一腰、長さ壹尺八寸四分、無銘にて代金十枚の折紙あるに、衣能・樽肴等を添て贈る、

五日、

一、今日御講釈初なり、吉里も登城す、安通・時睦も登城し、長上下を着して年始の御禮を申あけ、太刀一腰・馬代銀壹枚充を献上す、大納言様えもおなし、

一、御講釋初によりて、吉保・吉里より、檜重一組・干鯛一箱つゝ、安通・時睦より、檜重一組つゝを献上す、拝領物ハ、吉保に、時服五つ、吉里に三つ、安通・時睦に二つ充なり、吉里ハ、例の章を講釈し、安通・時睦ハ讀初する叓、例年のことし、

一、年頭の御祝儀とて、母より、檜重一組・干鯛一筥、妻より、銀二十枚・干鯛・箱を献上す、拝領物ハ、母に、紗綾三十巻・干鯛一箱、妻に、紗綾三十巻・檜重壹組・干鯛一筥、吉里か妻に、二十巻と一筥、安通・時睦に、紋茶宇二十端（反、以下同ジ）・繪巻物一箱つゝなり、

一、五の丸様より、大紋の羽二重五端・鮭の披一筥を拝受す、

一、年頭の御祝儀とて、八重姫君様より、銀二枚・干鯛一筥を拝受す、御使、安藤源五右衛門安儀、

六日、

一、天下の寺社御礼を申上るによりて、烏帽子・直垂を着して登城す、

七日、

吉保吉里公通經由で靈元上皇へ年始祝儀獻上

一、書を公通卿(正親町)へ呈して、仙洞御所(靈元上皇)へ吉保より、肴一種・樽代金一枚、吉里より、肴一種・樽代金千疋を獻上して、年始の御祝儀を申上く、

一筆致啓上候、先以、仙洞御所、益御機嫌能被成御座、奉恐悦候、爲年頭之御祝儀、目録之通、献上仕候、宜御披露所仰候、恐惶謹言、

甲斐少將(柳澤吉保)

正月七日　判

正親町前大納言殿(公通)

一筆啓上仕候、仙洞御所、益御機嫌能被成御座、奉恐悦候、爲年頭之御祝儀、目録之通、献上仕候、宜預奏達候、恐惶謹言、

松平伊勢守(柳澤吉里)

正月七日　判

正親町前大納言殿

九日、

一、吉里も登城す、

*綱吉誕辰に吉保父子獻上物拝領物

一、今日、御誕辰によりて、吉保より、干鯛一箱・昆布一筥・樽代千疋、吉里より、干鯛一箱・樽代千疋、安通・時睦より、干鯛一箱つゝを献上す、拝領物ハ、吉保に、縮緬七巻、吉里に、五巻、安通・時睦に、三巻つゝなり、

*簾中より本丸入りの拝受物

一、御簾中様より、紅白羽二重十疋・鮮鯛一折を拝受す、一昨日、御本丸ぇ入らせたまひしによりての、御すそわけものなり、

*晩景に誕辰の拝領物

一、今日の御祝儀とて、晩景に茶宇嶋(縞、以下同ジ)三十端・干鯛一箱を拝領す、

十日、

*服紗小袖での登城

一、今日より、服紗小袖裏付上下を着して登城す、

十一日、

*具足祝

一、熨斗目麻上下を着して登城す、吉里もおなし、御具足の御祝ひによりて也、

公通護法常應録勅製序への吉保謝意傳達

十二日、
一、公通卿の答書到着す、
護法常應録、御製序拜受、難有之由、且又爲
御禮、目録之通獻上之、則以飛翰之趣、披露
候處、御滿悦不斜候、宜申達之旨、仙洞御氣
色ニ候、恐々謹言、
　　十二月廿七日　　公通
　　甲斐少將殿

靈元上皇吉保の獻上物に滿悦

芳墨披閲候、嚴寒之節候得共、弥御堅固之由、
目出度存候、先以御製序被來下、難有思召之
由尤存候、爲御礼御獻上物、幷御自書之趣、
具ニ令言上候処、御感不斜、殊御慰ニ成候物
共、御獻上一入ニ候、御機嫌之御事御座候、

吉保新大納言局入江相尚公通へも配慮

一、新大納言局(上冷泉爲條女、靈元官女)・入江民部權少輔(上冷泉爲條息、相尚)え、御目録之
通、相達候処、忝候由、宜申進之旨候、愚
拙えも、御目録之通給之、大慶存候、猶期
來春候、恐々謹言、
　　十二月廿七日　　公通
　　甲斐少將殿
追而祐之(梨木、賀茂權禰宜)えも、御目録披下之忝旨由候、

綱吉夫妻西の丸へ御成*
*吉保吉里供奉

十三日、
一、西の丸え御成なり、御臺所様も入らせたまふ、
吉保、熨斗目麻上下を着して登城し、それより
西の丸え參候す、吉里も西の丸え參る、

*父子四人裾分けの拜領物

一、裏付上下地二巻・茶丸二端・糸織のくけ帯一筋
を拜領す、吉里・安通・時睦もおなし、今日の
御すそわけ物となり、
十四日、
一、熨斗目麻上下を着して登城す、
十五日、
一、熨斗目麻上下を着して登城す、吉里もおなし、

一、吉保が宅へ、大納言様の御成あるへき經營にて、あらたに御殿をしつらふ、今日、上棟なり、

一、御簾中様より、色縮緬十端・鮮鯛壹折・氷砂糖一曲を拜受す、一昨日の御すそわけ物となり、

一、御臺所様より、縫入たる綸子の小袖壹つ・染縮緬二端・縫入たる紗綾の服紗壹つ・はな帋袋二つを拜受す、妻ハ、小袖壹つ・縮綿二端なり、前におなし、

一、檜重壹組を拜領す、吉里もおなし、安通・時睦ハ、紅白羽二重五疋つゝ、初の望日によりてなり、

十六日、

一、御尋とて、五の丸様より、鮟鱇の魚一折を拜受す、

十八日、

一、御臺所様より、年始の御振舞を進したまふによりて、粕漬の鯛一桶を進上し、まんぢう（饅頭）の折壹つ・干鯛一箱を拜受す、

一、御すそわけの拜領ものハ、御紋の麻上下三具・檜重壹組、吉里もおなし、安通・時睦ハ、御紋の麻上下三具つゝなり、

一、妻より、御臺所様へ、鮮鯛一折を進上して、御機嫌を伺ふ、

十九日、

一、甲州に屋形を經營す、今日、釿初すへきによりて、能を興行して祝ふ、

一、八重姫君様より、縫入たる帯五筋・造り物重一組を拜受す、昨日、西の丸ぇ御入によりての御すそわけ物なり、

一、妻より、五丸様ぇ、鮮鯛一折を進上す、

廿日、

一、東叡山（寛永寺）の西御仏殿ぇ御參詣なり、大猷院（徳川家光）様の御佛殿ハ、吉保御先立を勤む、嚴有院（徳川家綱）様の御佛殿ハ、吉里勤む、何れも烏帽子・直垂を着す、

家宣御成の新御殿上棟
*裾分の拜領物
簾中より西の丸御成の裾分拜受
吉保夫妻御臺所より拜受物
*妻御臺所へ御機嫌伺の進上物
*甲州屋形の釿初を祝ひ能興行
初望日に父子四人拜領物
*八重姫より西の丸入りの拜受物
瑞春院より鮟鱇拜受
*妻瑞春院へ鮮鯛進上
*東叡山の佛殿參詣
*吉保大猷院佛殿先立
御臺所年始の振舞進上に拜受物
*吉里嚴有院佛殿先立ち

家宣紅葉山の佛殿參詣
*增上寺參詣
綱吉家宣御成豫告
*桂昌院台德院佛殿先立
*護持院參詣供奉
妻八重姫より行器拜受
*妻瑞春院より行器拜受
桂昌院廟所前に銅燈臺二基奉獻
*靈元上皇吉保の年頭祝儀に滿悅

廿一日、

一、紅葉山（御廟所）の御佛殿ゑ、大納言様御參詣なり、

一、二月五日に、私亭ゑ御成なるへし、大納言様ハ、二月十一日に、御成なるへきとの仰事あるによりて、退出の時、西の丸ゑ參上して、御禮を申上く、後に五日を改めて、六日と仰出さる、

一、御尋とて、八重姫君様より、妻に、ほかい（行器）二荷を下されて拜受す、

廿二日、

一、桂昌院様の御廟所の前に、銅燈臺二基を、今日建つ、件の燈臺に彫り付たる詞、爰に記す、

奉獻

武州增上寺

桂昌院殿　尊前

銅燈臺二基　従四位下行左衞權少將兼美濃守
甲斐國主源朝臣松平吉保

寶永二年乙酉六月廿二日

廿四日、

一、增上寺（三縁山）の御佛殿（台德院御廟）ゑ御參參詣なり、桂昌院様の御佛殿へも御參詣遊ハす、兩御佛殿共に、吉保、烏帽子・直垂を着して御先立を勤む、

廿五日、

一、護持院ゑ御參詣なり、吉保供奉す、

一、御尋とて、五の丸様より、妻に、行器一荷を下されて拜受す、

一、公通卿の答書到着す、

爲年頭之御祝儀、目録之通獻上之、則令披露候處、御感之御事ニ候、弥堅固勤仕之由、一段被思召候、此等之趣、宜申達候旨、仙洞御氣色ニ候、恐々謹言、

正月十六日　　公通

甲斐少將殿

吉里宛同種の公通書状

為年頭之御祝儀、目録之通献上之、則令披露候処、御感之御事ニ候、弥堅固勤仕之由、一段被思召候、此等之趣、宜申達之旨、仙洞御氣色ニ候、恐々謹言、

正月十六日　　公通

枩平伊勢守殿

廿六日、

公辨法親王歸府に進上物

一、日光御門跡公辨親王（後西皇子、三管領宮）へ、砂糖漬一壺を進上す、日光山より御歸府なるによりてなり、

裾分の檜重干鯛拜領

一、檜重一組・干鯛一箱を拜領す、御すそわけものとなり、

故高泉和尚に國師號の敕許

一、黄檗山の悦山和尚、佛國の道龍上人より書簡到來して、故和尚高泉に、國師号を勅許なる叓を謝し、幷に其詔書の詞を写して恵む、且、道龍上人より、後水尾院の御製の栢樹子の和歌の、しかも宸筆なるを恵まる、各答書を遣す、共に子明の印を用ゆ、往來の文簡、爰に記す、

前ニ接二復翰一ヲ、字々珠玉、句々錦繍、羨二其儒佛並擔一フヲ、可レ欽ム可レ讃ス、是菩薩ノ之現二瑞スルナリ于世一ニ也、然モ不三敢テ再ヒ通二セ書信一ヲ、恐下煩ハシ裁答一ヲ有上ンコトヲ防二コ公務一ヲ耳、啓者、黄檗第五代高泉大和尚、今蒙三フル公許賜二諡シ玉フヲ國師ノ之号一ヲ、法門増レシ輝ヲ、人天咸仰メ、山叟モ亦蒙二フル公許賜一ヲレ、紫ヲ倶ニ是出二ツ于檀ノ德言一ニ、謝不盡然モ、山叟、謝禮ノ之事、問二涓京官一ニ、待二彼主裁一ヲ而已、峕此ニ奉聞ス、維時嚴寒屡〻、望三ム起居廸吉保二養スルコトヲ百千万億年ノ之寿一ヲ、為レ國ノ忠心、為レ民ノ慈心、為レ法ノ信心、而モ當二テ今ノ之世一ニ、諸事全美セル者、舍二テ吾大居士大護法一ヲ、其誰ソヤ歟、然レ氏不レ可二太タ勞一ス、々タ々スレハ則倦ム、々メハ則疲カル、想ニ再與二大居士一、相晤フ者不レ遠カラ矣、雖二靜坐禪樛ノ之中一ト、猶如レシ陪二スルカ

于左右ニ一也、山叟、今月二十四日、應メ二佛國寺
ノ之請ニ一、禮ス二高和尚ノ之慈容ヲ一、于今國師倍
二增シ祥瑞ヲ一、緇素瞻仰スル者、如ク二星ノ拱クカレ、
月ニ如シ二川ノ赴クカレ、鑿ニ可レ喜尤甚シ、幷候ス不
宣上、

(柳澤吉保)松平美濃守大居士、台前、

黄檗山万福寺山叟道宗悅山和南、

大呂半ハ過陽春在レ迩キニ、卽日恭惟台下、
福覆万安興居戩ク穀シ、不メレ蔡ナラ可シレ知ル、陳
者先師多幸、於ニ本月二十日ニ一、欽テ承ケ二大將
軍ノ允許ヲ一、恭シク蒙フル三(霊元上皇、以下同ジ)太上天皇勅二諡シ玉フヲ
大圓廣惠國師ノ徽号ヲ一、家門ノ榮耀、蔑シ二以
加フルコ一矣、曷ソ勝ニ二感戴ノ之至ニ一、此擧、雖レ出ト二
聖恩ニ一、全ク籍ル二台下ノ垂念外護ノ之力ニ一也、
凡傍國派下ノ之輩、敢忘レンヤ二厥賜ヲ一哉、容下
願主琛洲躬カラ詣テ二潭府ニ一奉謝上ス、奈ン下疾病

淹延醫藥屢〻無ク二效驗一、不コヲ上レ護レ如ナルコヲレ願ノ山
野、亦祝会化儀、未レ周カラ倘シ俟テ二事ノ畢ヲ一、
遲滯涉ラハレ日、恐ク失セン二禮ヲ於公庭ニ一、所以ニ
前住了翁、特ニ詣テ二貴府ニ一、代テ爲ニ布フ二謝帆ヲ一、
山院荒虛、無シレ可レ致スレ敬ヲ、虔ンテ上テ二後水尾
法皇ノ栢樹子、御製和歌宸翰乙幅ヲ一、恭シク
祝スレ同センコヲ二寿ヲ於趙老百二十ノ歲華ニ一、拼セテ
寄セテ二紅氈拾陳、驪珠乙箱ヲ一、敬テ表ス二芹
意ヲ一、伏乞フ莞存セヨ、臨テレ楮ニ曷ソ任ン二氷競ニ一、
右上、

(柳澤吉保)松平濃州太守源少將大居士閣下、

佛國道竜和南

徽號　聖諭、二紙寫シテ在二別幅ニ一、左愼
勅スラク、
朕以ミルニ惠照ノ之道、電擊雷轟、非レンハ有ルニ二

＊黄檗悦翁和尚宛吉保返書

卓絶之人、焉能紹續其後、爰高泉敦和尚、素稱中夏偉器、單傳慧照正宗、祖事普照國師、位據檗山雄席、人天景仰、緇素欽風、朕屢問宗要、深沾法恩、擧服膺、旦夕弗諼故、特諡曰大圓廣慧國師、以示天下後世、

宝永二年十二月十六日

道龍上人後水尾院御製宸筆和歌を恵む

庭前柏樹子

祖師西來意劢云

僧問趙州如何是

染なさはうしや
　そてよりくる秋
　　の色ハいろなき
　　　庭の木するゑを

忽接手墨、其字語之道頸周諄、可以知法体之万福也、所諭先師高老人、勅諡國師之号、和尚亦膺賜紫之榮章、及舊臘、親謁高老人之眞型、且觀緇素之瞻仰、如拱《タンダクノ》月之星、赴壑之川者、讀至此、大似禪天之樂、而謝言丁寧、不知何等之畦畫、又承和尚謝恩、東來、只待京職之差報、想其玄譚之在邇、何幸其樂事之蟬聯也、又不可太勞等之語、親切如是之心謝、曷磬獨疑、莫是同病相憐者耶、呵々春寒尚甚、爲法自玉、右、復、

(柳澤吉保)
甲陽全透拱手

黄檗堂頭悦翁和尚
　法座

佛國寺道龍上人宛吉保返書

了師至辱書、併蒙惠寄、圓乘法(後水尾法皇御製)皇聖詠栢樹子和歌一幀・紅鑼鐃十張・琪樹子一篋、茲審、先師高老和尚、榮膺《アタリ》勅謚國師誥命、其勅語二紙示及、拜誦三復、感激不能自任、如僕者、往年亦與老和尚、有一段因縁、滑老和尚謬、以破布衲、纏在身上、直至于今、不得卸却、尚稱戴髫弟子、則慶喜無量、當與師等共之耳、其何謝之有、腆儀、厚情、靦慙之甚、擬璧《カヘサント》者數、况其栢樹幀子、天聲・天畫、與祖道爭輝、希世之宝、當在琳宮藏裡、四天呵護處、乃可何容塵中安頓、顧僕曾以平日參問道話、輯成一袠、秖備把玩、未期流通、去秋忽獲今太上天皇勅、賜懿号護法常應録、舊臘又御製序文、其與老和尚榮謚、同在此年・此月者、總可謂不可思議因縁也、這幀子之来于此、想亦有因縁在耳、故不敢謝、亦不敢璧、琛師病篤乍聞驚駭、而此老、亦當無遺憾于此也、時尚春寒、万々保重、它在了師口頭、不乙、

正月二十六日

復

佛國道竜上人

甲斐透叟(柳澤吉保)左右

廿八日、

一、熨斗目麻上下を着して登城す、吉里もおなし、

一、(正親町)公通卿の奉書到來す、仙洞御所より、吉保に、掛緒三筋、吉里に、二筋を下されて頂戴す、や

靈元上皇吉保への掛緒三筋下賜

かて答書を遣す、

御掛緒三筋被下之候条、宜申達之旨、仙洞御
氣色ニ候、恐ゝ謹言、
正月十八日　公通
甲斐少將殿

*吉保掛緒拜領を謝す

末廣は舊冬懸緒は今春の祝儀

以前紙申入候、餘寒之節、弥御堅固候哉、承
度候、然者、御末廣被下候者、旧冬之儀候故、
春之御祝儀迄ニ、此度御掛緒、被下之候也、
御内沙汰ニ候、誠以思召之程、不淺御事、弥
重ニ存候、此段、伊勢守（柳澤吉里）殿えも御達可給也、
恐ゝ謹言、
正月十八日　公通
甲斐少將殿

*掛緒下賜への謝意傳達依頼

靈元上皇吉里へも掛緒一筋下賜

御掛緒二筋被下之候条、宜申達之旨、仙洞御
氣色ニ候、恐ゝ謹言、
正月十八日　公通
松平伊勢守殿

御奉書拜見仕候、仙洞御所、益御機嫌能被成
御座、目出度奉恐悦候、將亦御掛緒三筋、拜
領被仰付、則奉頂戴勅諚之趣、誠以冥加至極、
難有仕合奉存候、此旨、宜頼奏達候、恐惶謹
言、
正月廿八日　甲斐少將　判
正親町前大納言殿

一筆致啓上候、仙洞御所、倍御機嫌能被成御
座、奉恐悦候、將又御掛緒三筋、拜領仰付、
誠以聖恩鄭重、冥加至極、難有仕合奉存候、
此等之趣、宜頼奏達候、恐惶謹言、

甲斐少將

正月廿八日 判

正親町前大納言殿

*父子共々の掛緒下賜へ謝意

御別東致拜見候、弥御堅固珎重存候、然者、御末廣、旧冬拜領被仰付候得共、當春、御祝被遊候御内沙汰ニ而、御掛緒、私幷愚息伊勢守も、拜領被仰付、父子共ニ謹而奉頂戴、誠以叡慮之程、冥加至極、難有仕合難謝盡奉存候、愚衷諒察何分ニも、宜御沙汰頼入存候、恐惶謹言、

甲斐少將

正月廿八日 判

正親町前大納言殿

廿九日、

*瑞春院の年始御膳献上に進上物拜受物

一、五の丸樣より、年始の御膳を献じたまふによりて、粕漬の鰷一桶を進上し、長綿五把・干鯛一

箱を拜受す、

*吉保吉里裾分拜領

一、御すそわけ物とて、檜重壹組を拜領す、吉里もおなし、

*大典侍の姪吉保の養女となる

一、大典侍の局(壽光院、清閑寺凞房女、綱吉側室)が姪女いく(幾子)を、吉保か養娘にすへきとの仰叓あり、幾ハ、野宮宰相定基卿の娘なり、定基卿ハ、中院内大臣通茂公の子にて、大納言通躬卿の弟なるが、野宮家の養子となりしなり、大典侍ハ、清閑寺前大納言凞定(清閑寺凞房息)卿の妹にて、野宮定基卿の室ハ、大典侍か妹なり、幾ハ、大典侍か姪女なるによりて、近年下向して、大典侍か方にありしを、今日、此仰事あるなり、

*靈元上皇吉里へ掛緒下賜

一、吉里より、公通卿え答書を遣す、

御奉書奉拜見候、仙洞御所、倍御機嫌能被成御座、目出度奉恐悦候、將又御掛緒二筋拜領被仰付、則奉頂戴勅諚之趣、誠以冥加至極、難有仕合奉存候、此旨宜頼奏達候、恐惶謹言、

正月廿九日　松平伊勢守
判
正親町前大納言殿

吉里掛緒下賜への謝意傳達を公通へ依頼

一筆啓上仕候、仙洞御所、益御機嫌能被成御座、奉恐悅候、將又御掛緒二筋、拜領仰付、誠以聖恩鄭重、冥加至極、難有仕合奉存候、此等之趣、宜頼奏達候、恐惶謹言、

松平伊勢守
正月廿九日　判
正親町前大納言殿

（表紙題簽）

樂只堂年録　第百八十卷　寶永三丙戌二月上

此卷は、寶永三年丙戌の二月十日迄の事を記す、

二月小

朔日、庚寅、

一、例年今日、日光（公辨法親王、後西皇子、三管領宮）の御鏡餅を御頂戴なれとも、御（桂昌院、寶永二年六月沒）服の中なれは、西の丸にて、大納言（德川家宣）様より御頂戴なり、

一、日光御門跡（後西皇子、三管領宮）公辨親王、御登城にて、御對顔なるによりて、烏帽子・直垂を着して登城す、

一、吉里ハ登城せす、

一、今日、御能初なるによりて、檜重一組を献上す、吉里・安通（經隆）・時睦も同し、拝領物、吉保、幷に母（了本院、佐瀨氏）・妻（曾雌氏、定子）・吉里・同妻（酒井氏、賴子）・安通・時睦、おなし品一組充なり、

二日、

一、御尋とて、五の丸様（瑞春院、明信院生母）より、干菓子一箱・鮮干の鯛一箱を拝受す、

三日、

一、養娘いく（野々宮定基女）を私亭へ引取る、是によりて、晩景に吉保より、檜重一組・干鯛一箱・樽代千疋を献上す、妻もおなし、幾より、檜重一組・干鯛一はこ・樽代五百疋なり、

一、護持院前大僧正隆光を招きて、大納言様の御成御殿に札を張しむ、是によりて、謝儀、紗綾五巻・昆布一箱・樽代千疋を隆光へ、五百疋と一箱を、日輪院法印嚴藏へ、三百疋と一箱充を、伴僧二人へあたふ、

四日、

*一家の拝領物

*瑞春院より拝受物

*養女幾子引取

*吉保夫妻幾子獻上物

*日光の鏡餅家宣代理で下賜

*隆光招き家宣の御成御殿に札を貼らす

公辨法親王登城對顔

能初に父子四人獻上物、

幾子引取に妻二所へ進上物
*幾子引取に吉保夫妻幾子簾中瑞春院に進上物
幾子引取に吉保夫妻正親町町子祝儀拝領
幾子引取に妻幾子二所より拝受物
*綱吉御成
*御成書院の室禮
幾子引取に妻幾子二所へ進上物
妻御臺所より拝受物
幾子引取に吉保夫妻幾子簾中瑞春院より祝儀拝受

一、養娘いくを引取たるによりて、妻より、御臺所(浄光院、鷹司信子)様・五の丸様へ、鮮鯛一折充を進上して、御機嫌を伺ふ、

一、同し事によりて、祝儀とて、肴三種・樽二荷を拝領す、妻ハ、縮緬三十巻・干鯛一箱、いくハ、紅白羽二重三十疋・干鯛一箱、安通か実母(正親町町子)ハ、十疋と一箱なり、

一、同し事によりて、拝受物、御臺所様より、干鯛一箱・樽代千疋、妻、幷にいくも同し、八重姫君様より、一箱・五百疋、妻、幷にいくも同し、

一、同し事によりて、進上物、御臺所様へ、縮緬五巻・干鯛一箱、妻、幷にいくも同し、八重姫君様へ、三巻と一箱、妻、幷にいくも同し、

一、御臺所様より、妻に樽重一組を下されて拝受す、

五日、

一、養娘いくを引取たるによりて、祝儀とて、拝受物、御簾中(天英院、近衛熙子)様より、樽代千疋・干鯛一箱、妻、幷にいくも同し、五の丸様より、一箱三百疋、妻も同し、いくハ干鯛一箱なり、

一、おなし事によりて、進上物、御簾中様へ、縮緬五巻・干鯛一箱、妻、幷にいくも同し、五の丸様へ、三巻と一箱、妻も同し、いくより、干鯛一箱なり、

六日、

一、今日、天氣好く、私亭へ御成なり、御殿の飾り物、御成書院の床に、狩野探雪か畫ける壽老人のかけ物、左ハ、若松に鹿、右ハ、紅白梅に鸖の、三幅對なるをかけ、立花二瓶を設く、瓶ハ銀にて、臺ハくわりん(花梨)なり、棚の上段に、滝に櫻を蒔繪にせる文臺・硯一通り、中段に、梨子地に、まつ・竹・人家を蒔繪にせる香爐箱一通り、下段に、伊部焼のゑふご(餌畚)形なる香爐壹つを置く、御褥壹つ、黒ぬりに、芳野山の風景を蒔繪にせる御腰物掛一つ、表ハ村砂子に、流水・

休息の間の室禮

*一家の獻上物

上覧所裝束の間の室禮

若松・熊篠を畫き、裏ハ惣金に墨繪の梅・竹ある小屏風一双、火鉢壹つ、

御休息の間の床に、狩野探雪か畫ける、壽老人・東方朔の二幅對のかけ物をかけ、銀の盞ある香爐壹つを、朱ぬりに沈金の唐松ある卓に載す、棚の上段に、惣梨子地に牡丹・瀧・若松を蒔繪にせる料紙・硯一通り、中段ハ明けたり、下段にハ、唐銅の花生に生花を設く、御褥壹つ、黒塗に梅の蒔繪ありて、金貝入たる見臺壹つ、梨子地に、櫻・若松を蒔繪にせる御腰物掛壹つ、火燵をあけ、火鉢をまふけ、小屏風一双をつらぬ、

上覧所には、梨子地に、梅・松の蒔繪ありて、金貝入たる御腰物掛壹つ、狩野主信か、琴・碁・書畫を畫きたる屏風一双、御裝束の間には、梨子地に唐松を蒔繪にせる御腰物掛壹つ、增田松桂か、濱苳に千鳥を畫きたる屏風一双、狩野常信か、沢に紅梅を畫ける屏風一双、狩野岑信か、西王母・東方朔を畫ける屏風一双をつらぬ、

獻上の品〻を例のことく、御成書院の廊下に並へ置く、吉保より、中形染の縮綿〔緬、以下同ジ〕五十端〔反、以下同ジ〕・遠山染の縮緬五十端・散し染の紗綾五十端・飛紗綾の羽織三十・蓬莱を畫ける檜重一組・干鯛一箱、吉里より、絞り散し染の縮綿五十端・紅入りて筋染にしたる縮緬五十端・縮緬の帯二百筋・琥珀の緒しめ五十・養老の能を畫ける檜重一組・干鯛一筥、安通より、二重筋染の縮緬二十端、時睦より、絞り染縮緬二十端、母より、紅縮綿の紋所物三十端・樽重一組、妻より、縫入たる鹿子染の縮綿三十端・縫入たる縮緬の帯三十筋・玉井の能を畫ける檜重一組、吉里か妻より、紅入たる中形染の縮緬三十端・檜重一組、豊前守（黒田）直重か妻（土佐子）より、中形染のはふたへ（羽二重）二十端、右京大夫（松平）輝貞か妻（永子）より、嶋〔縞、以下同ジ〕染の縮緬二十端、稲（故土）よ

*醫官十人針醫一人伺候

*僧衆十一人伺候

*道具駕輿注進に出迎御殿の勝手に伺候の輩

屋定直妻）り、曙染の縮綿二十端、さな（佐奈子、生母横山氏、繁子）より、ほうせん（法線）染の縮緬二十端、いく（養女幾子）より、縫入たる散し染の縮緬二十端、保（吉里女、生母酒井氏、頼子）より、格子染の縮緬二十端、直重か娘豊より、羽二重の紋所物二十端、同みちより、檜重一組、安通か実母より、遠方染の縮緬二十端、稲か実母（横山氏、繁子）より、豊後絞り染の縮綿二十端、右京大夫輝貞・豊前守直重・山城守政森（内藤）より、檜重一組充、善光寺の尼上人智善（故飯塚染子妹）よりも同し、外に吉保より、小袖五つと三つとを、御内ミにて献上す、五つの方は、縫入たる縮緬三つ・同綸子二つ、三つの方ハ、縫入たる縮緬二つ・同綸子壹つなり、

御殿の勝手に伺候せる輩ハ、細川越中守綱利・酒井雅樂頭忠擧・藤堂和泉守高睦・松平讃岐守頼保・折井淡路守正辰・武田織部信冬・曲淵越前守重羽・柳沢八郎右衛門信尹・曾雌權右衛門定救・鈴木三郎九郎重助・柳沢源七郎信尙・山高兵助信政・中山勘之丞直照、

醫官にハ、薬師寺宗仙院法印元常・澁江松軒法眼長喜・河野松菴法眼巳千・井關正伯法眼・吉田市庵法眼宗貞・小嶋昌怡法眼・小森西倫法眼・丸山昌貞・澁江長抬・橘隆庵元孝・針醫東暦、

僧衆には、護持院前大僧正隆光・金地院僧録司元云・覺王院前大僧正最純・凌雲院前大僧正義天・進休庵僧正英岳・護國寺僧正快意・觀理院權僧正智英・月桂寺西堂碩隆・靈雲寺比丘戒琛・東圓寺法印海岸・靈樹院首座祖圓なり、

四つ半過に、御道具・御駕輿の注進ありて、吉保・吉里・右京大夫輝貞・枩平伊賀守忠德・安通・時睦、幷に家臣、荻沢源太右衛門勝久・藪田五郎右衛門重守・平岡宇右衛門資因・柳沢帯刀保誠・瀧口平太左衛門武延・荻沢角左衛門正府・瀧口金五右衛門長宥・飯塚彦右衛門正朝・荻

*善光寺智善上人拜領物

*父子四人女輩の盃事

九つ時前に御成

*稲子の內藤政森への再嫁仰せ

*一家の表向の拜領物表向の拜領物目録にて傳ふ

女輩拜謁

沢又右衛門正久・永井彦大夫政庸・豊原権左衛門勝羨・石沢佐大夫命高・池上善左衛門爲昇・川口十大夫貞晴・酒井佐左衛門勝世・横田儀左衛門軌隆・田中平右衛門興寛を率ひて、御成御門の外に出て、老中、土屋相模守政直・秌元但馬守喬朝・井上河内守正岑は、塀重門の外に出て迎へ奉る、

九つ時前に、御服紗小袖・御麻上下を召させられて、御成なり、吉保・吉里、上意を蒙りて、御駕輿を導奉り、御成玄關より、入らせたまふ、敷舞臺の後の、溜りの間にて、越中守綱利（細川）・雅樂頭忠擧（酒井）・和泉守高睦（藤堂）・讃岐守頼保（松平）、拜謁す、

御休息の間に入御なりて、吉保、熨斗を捧く、召あけたまひて、吉保・吉里・安通・時睦に下さる、表向よりの拜領物を、若老中目録にて傳ふ、

御成書院へ入御なりて、女輩拜謁す、いく、さなも、始て御目見す、妻、熨斗を捧く、召上られて、女輩皆々へ下さる、此時、智善上人拜謁して、拜領物あり、

畢りて、雑煮・御吸物を進む、高砂の盃臺を吉保捧け出つ、扣ハ若竹なり、召上られて、吉保・吉里・安通・時睦に下さる、いつれも返上す、又、難波の臺を妻、捧け出つ、扣ハふき（蕗）なり、召あけたまひて、女輩皆々へ下さる、いつれも返し上く、御小謡三番遊ハす、

御手自の拜領物、內々よりの拜領ものあり、故土屋出羽守定直か妻いね（生母、横山氏、繁子）を、內藤山城守政森に嫁すへきとの事を仰出さる、

拜領物、表向よりハ、吉保に、綿二百把・肴三種・樽二荷、吉里に、時服十・肴二種・樽一荷、安通・時睦に、縮綿二十巻充、母に、縮緬三十巻・箱肴一種、妻も同し、吉里か妻・豊前守直重か妻・右京大夫輝貞か妻・いね・さな・い

綱吉孟子講釈*

一家の内々よりの拝領物

吉里論語講釈*

經隆時睦論語素讀*

家臣十五人淨土の法問*

女輩へ手自の拝領物

く・保・直重か娘豊・安通か実母・いねか実母に、縮緬二十巻充、

内々よりハ、吉保に、郡内百疋・裏羽二重百疋、吉里に、五十疋充、安通に、色羽二重廿疋、時睦に、紅白羽二重廿疋、母に、大紋の綸子三十端、妻に、滑綸子三十端、吉里か妻に、金入五巻、豊前守直重か妻に、繻子五巻、右京大夫輝貞か妻に、大紋の紗綾二十端、いねに、大紋の綸子廿端、いくに、色羽二重廿疋、さなも同し、保に、嶋縮緬廿端、直重か娘豊と、みちに、紅白羽二重二十疋充、安通か実母に、金入五巻、いねか実母に、色綸子廿端、右京大夫輝貞・豊前守直重・山城守政森に、樽重一組充、

御手自の拝領物ハ、母に、伽羅を入たる香合壹つ、妻もおなし、いくに、はな紙袋五つ、いねも同し、御休息の間に渡御なりて、拝領・献上の品々を引く、

再ひ御成書院に入御なりて、上段に御着座にて、孟子離婁上篇の内にて、人有恆言と云へる章を、御講釈遊ハす、越中守綱利・雅樂頭忠擧・和泉守高睦・讃岐守頼保、老中三人、若老中、加藤越中守明英・稲垣對馬守重冨・永井伊豆守直敬、御側衆・僧衆・醫官・吉保か一族、幷に、家臣拝聞す、

次に、吉里、論語衞靈公の篇の内にて、道不同と云へる章を講釈す、次に、安通は、論語の爲政第二と云より、民免而無恥と云へるまて、時睦ハ、同篇の内にて、吾十有五而志於學といへる一章を素讀す、

次に、志村三左衞門楨幹・荻生惣右ヱ門茂卿・渡邊惣左衞門幹・小田清右衞門政府・小俣三郎右ヱ門弼種・沢田五左ヱ門西經・村井源五郎直方・津田宗助利行・酒見十左衞門俊秀・柏木藤之丞全故・田中清大夫省吾・都筑又左衞門春親・村

御膳三汁十菜

*經隆時睦能裝束拜領

醫官等の調劑上覽

*強風につき早めの還御

敷舞臺で御能三番狂言一番

*善光寺智善の拜領物

*家臣等の拜領物

一家再びの拜領物

上權平以成・金子權七郎清隣・鞍岡文次郎元昌、光明無量を算題にして、淨土の法問を勤む、悉畢りて、御休息の間に渡御なりて、御膳を進む、三汁十菜なり、吉保、御茶の下を頂戴する事例のことし、

宗仙院法印元常・松軒法眼長㐂を召して、藥を調合させて上覽なりて、御紋の時服二つ充を下さる、澁江長怡・橘隆庵元孝をも召して、藥を調合させて上覽なりて、切米貳百俵充を下さる、

それより、敷舞臺にて御能あり、一番に、高砂、御(綱吉)なり、家臣豐原權左衛門勝羨、脇をつとめ、石沢佐大夫命高、小鼓を打、佐大夫命高は始てなり、二番に、飛雲、吉里奏つ、三番に、猩々乱、御なり、狂言ハ、三本の柱なり、

畢りて、御成書院へ入御なりて、女輩拜謁し、御懇の上意ありて、拜領物、吉保に、八丈嶋十五端、吉里に、唐織二卷・金入二卷・大口三卷、安通に、時服三つ、時睦も同し、母に、色糸十五斤、妻も同し、吉里か妻・豐前守直重か妻・右京大夫輝貞か妻に、十斤充、いねに、大紋の羽二重十端、いく・さな・保・直重か娘豐も同し、安通か実母に、色糸十斤、いねか実母も同し、外に願によりて、安通に、舩弁慶の能裝束一通り、時睦に、箙の能裝束一通りを下さる、

七つ半時過に、還御なり、風強きによりて、例より早し、吉保・吉里、やかて登城し、今日の有かたさを申上け、還御なりての御機嫌を伺ひ奉り、のしを頂戴して退出す、

一、善光寺の尼上人智善か拜領物ハ、紗綾十卷なり、

一、家臣等か拜領物ハ、荻沢源太右衛門勝久・藪田五郎右衛門重守・平岡宇右衛門資因・柳沢帶刀保誠ハ、御紋の時服三つ充、瀧口平太左衛門武延ハ、時服三つ、荻澤角左衛門正府・瀧口金五右衛門長宥・飯塚彦右衛門正朝・荻沢又右衛門正

*御成により妻三所へ進上物
家宣へ進獻物
吉保夫妻四所へ進上物
奥向きへも贈り物
*年の始の御成による老中等への贈物廢止
*御成に參候の面々に贈物
家宣より拜領物
吉保夫妻四所より拜受物

久・永井彦大夫政庸・豊原權左衛門勝羨・石澤佐大夫命高・池上善左衛門爲昇・川口十大夫貞晴・酒井佐左衛門勝世・横田儀左衛門軌隆・田中平右衛門興寛、御弟子の用事を勤むるもの、上田新五兵衛重孝・加古紋左衛門長榮・疋田元右衛門尚重・森久兵衛長恒、幷に法問を勤たる者十五人ハ、時服二つ充を拜領す、

一、今日、大納言様へ、檜重一組を進献す、

一、進上物、御臺所様・御簾中様・五の丸様・八重(綱吉養女、徳川吉孚室)姫君様へ、檜重一組充、妻より、御臺所様・五の丸様・八重姫君様へ、一組充、右衛門佐(大奥總取締、町子生母)局・大典侍(壽光院、綱吉側室)・新典侍(清心院、綱吉側室)・豊原(奥女中)・高瀬(奥女中)・松江(奥女中)に、一組充を贈る、妻よりも同し、

一、今日、大納言様より、干鯛一箱を拜領す、御使、井上遠江守正方、

一、拜受物、御臺所様より、檜重一組・干鯛一箱、妻も同し、御使、小笠原源六郎持正、御簾中様より、樽重一組、御使、堀源左衛門正勝、五の丸様より、檜重一組・干鯛一箱、妻に、まんちう(饅頭)の折壹つ・干鯛一筥、御使、堀又兵衛長郷、八重姫君様より、檜重一組・干鯛一箱、妻も同し、御使、山高八左衛門信賢、

七日、

一、妻より、御臺所様・五の丸様・八重姫君様へ、久年母一篭・鮮鯛一折充を進上す、昨日の御成によりてなり、

一、前〻ハ、年の始に私亭へ御成の翌日には、吉保、幷に妻より、老中なとへ、贈物する事なれとも、今年よりやむ、

一、昨日參候せるによりて、坂入半平重信へ、羽二重の小袖壹つ、同半七郎重定・同半四郎政重へ、麻上下二具充、御膳奉行衆壹人・賄頭衆貳人・臺所頭衆壹人へ、紗綾三巻充、臺所目付衆壹人・御膳方組頭衆壹人へ、二巻充、平臺所衆十

二人・細使頭壹人へ、金二百疋充、細使組頭壹人・六尺組頭壹人へ、百疋充、細使十七人・六尺九人へ、銀五枚、酒奉行二人・肴奉行壹人・買物奉行壹人・六尺頭貳人・新組頭貳人へ、金二百疋充、六尺十三人へ、銀三枚、二の丸坊主衆の頭壹人へ、紗綾二巻、同組頭壹人・平坊主衆十一人へ、金三百疋充、御數寄屋方の坊主衆の組頭壹人へ、三百疋、平坊主衆七人へ、二百疋充を贈る、

家臣二人御能の脇を勤め時服拜領

一、豊原權左衛門勝羨・石澤佐大夫命高、時服二つ充を拜領す、昨日御相手を勤めしによりてなり、

九日、

松平輝貞亭御成に献上物拜領物

一、右京大夫輝貞か亭に御成なり、吉保・吉里、熨斗目麻上下を着して參候す、妻もまいる、吉保・吉里より、檜重一組充、妻より、絞り染の紗綾三十端を献上す、拜領物ハ、吉保・吉里に、檜重一組充、妻に、金入十巻なり、

*母妻等の御庭の梅花拜領定例

一、母・妻・吉里か妻に、御庭の梅の花一桶・干菓子一箱充を下されて拜領する事、例年のことし、

十日、

*吉保吉里明日の家宣御成に謝意言上

一、麻上下を着して、西の丸へ參上し、明日、御成なるへきの有かたさを申上け、御休息の間にて拜謁す、吉里も同し、吉保ハそれより登城す、

（表紙題簽）

樂只堂年錄　第百八十一巻　寶永三丙戌二月中

此巻は、寶永三年丙戌の二月十一日の事を記す、

二月中

*二の間の室禮

家宣御成新御殿の一の間の室禮

棚中段に藤原家隆筆古今集

*御成書院の室禮

十一日、

一、今日天氣好く、私亭に、大納言（徳川家宣）様御成なり、御殿の飾り物ハ、新御殿の床に、狩野探信か畫ける壽老人、左ハ松に鶴、右ハ竹に鶴の、三幅對のかけ物をかけ、前に蓬萊の造り物一飾を置く、棚の上段に、惣梨子地に、松・梅を蒔繪にせる文臺・硯一通り、中段に、家隆（藤原）の筆の古今集二冊、下段に、銀にて唐船形なる釣花入に生花を設く、黒ぬりに、若杢を蒔繪にせる御刀掛壹つ・御褥壹つ・火鉢壹つ、火燵にハ、茶地に依〔撚〕金入りて、裏ハ紅なる蒲團を掛く、緣頰通りに、から（唐）橘二石臺を、桐の木地の薄板に載す、二の間にハ、造り花五石臺・生花五桶、狩野洞春か畫ける兩面惣金にて、琴・碁・書畫、裏ハ、墨繪の若竹の屛風一双、緣頰の角に、蓋ハ銀にて、網すかしある空燒香爐壹つ、湯殿のまへに屛風五双をつらぬ、壹双ハ、狩野洞春か、雪に山水を畫けるなり、一双ハ、春の野の花鳥、裏ハ、秌の野の躰を畫きたるなり、筆者知れす、一双ハ、狩野岑信か紅白梅を畫けるなり、一双は、狩野永叔か、秌の野の景を畫けるなり、一双ハ、狩野探信か、流水に鷺を畫けるなり、御成書院の床に、狩野永叔か、蓬萊、左右ハ、大和耕作の躰を畫ける、三幅對のかけ物をかけ、立花二瓶を設く、瓜形の瓶を花櫚の臺に載す、

＊裝束の間の室禮
休息間に藤原定家筆の掛物

＊須磨明石秋野に小鳥の屛風
＊飾り物三種進獻
上覽所新上覽所の室禮

棚の上段に、赤銅にて花車形なる香爐壹つ、中段に、堆朱の料紙・硯一通り、下段に、銀にて木瓜形なる鉢に、萬年葦を植たる一つを置く、黒塗に若松を蒔繪にせる御刀掛壹つ・御褥壹つ・火鉢壹つ、狩野常信か、若松、裏に墨繪の竹を畫ける小屛風一双、狩野探雪か芳野・龍田の圖を畫ける大屛風一双をつらぬ、
御休息の間の床に、定家（藤原）卿の筆の懐紙を、かけ物にせる一幅をかけ、青磁の唐子の香爐壹つを、堆朱の卓に載す、棚の上段に、惣切金にて蔦を蒔繪にせる硯壹つ、中段に、祝允明か墨跡一軸を、桑の木地の盆に載す、下段に、唐銅の花入に生花をまふく、墨繪に若松を蒔繪にせる御刀掛壹つ・御褥壹つ・屛風二双をつらぬ、一双ハ、圭書記か筆の眞の山水、一双ハ、周文か筆にて、是も眞の山水なり、
上覽所に、墨ぬりに若松を蒔繪にせる御刀掛壹つ・御褥壹つ、狩野常信か畫ける惣金砂子に、若杢の繪ある屛風一双、新上覽所に、墨塗に若松を蒔繪にせる御刀掛壹つ・御褥壹つ・火鉢壹つ・置え〔柄〕を設く、
敷舞臺の方、大衝立三通りにて仕切り、狩野探雪か畫ける唐子遊ひ、裏ハ、秋の野の景の屛風一双をたつ、御裝束の間に、子昂か墨跡なる二幅對をかけ、銀にて雲龍を彫物にせる砂物鉢壹つを置く、臺は花梱なり、棚の上段に、黒ぬりの團扇形なるに、梅・若松を蒔繪にせる香爐箱壹つ、黒ぬりに蒔繪ある重硯一組、下段に、薄蒔繪の食篭一組、黒塗に若松を蒔繪にせる御刀掛壹つ、御褥壹つ、火鉢壹つ、狩野洞春か畫ける、西王母・東方朔の小屛風一双、土佐か筆の、須磨・明石、秌の野に小鳥の大屛風一双をたつ、此外所〻に、入用の品を設く、右の餝り物の内にて、造り花五飾・唐橘二石臺・生花五桶ハ進

所望による進献

吉保より眞の太刀と甲州産川原毛進献

吉里よりも太刀と馬進献

*一家の内々の進献物

一家の表向の進献物

献す、唐船形なる釣花入・花車形なる香爐・銀
の鉢に萬年葦を植たるハ、御所望ありて進献す、
今日の進獻物ハ、御礼を申上る時に、吉保より、
眞の太刀一腰、友成か作にて、長さ二尺四寸、
代金拾枚の折帋あり、馬一疋、甲州の產にて、
河原毛、三歳なり、鞍・鐙ハ、黒ぬりにて、御
紋を出す、いつれも山城守政也か作にて、代金
拾枚充の折帋あり、此外の馬具をも添ふ、
吉里より、眞の太刀一腰、守長か作にて、長さ
二尺三寸二分半、代金拾枚の折帋あり、馬一疋、
甲刕の產にて、黒栗毛三歳なり、鞍・鐙ハ、是
も黒ぬりにて、御紋を出す、山城守政也か作に
て、代金拾枚充の折紙あり、此外の馬具をも添
ふ、
安通(経隆)より、太刀一腰・馬代金壹枚、時睦よりも
同し、表向よりハ、吉保より、唐織二十巻・綿
五百把・塩鯛一箱・鰑一箱・昆布一箱・樽二荷、
吉里より、小袖二十・肴二種・樽一荷、安通よ
り、小袖十・塩鯛一箱、時睦も同し、母(了本院、佐瀬氏)より、
縮綿(緬、以下同ジ)五十巻・肴二種・樽一荷、妻(曾雌氏、定子)も同し、吉里
か妻(酒井氏、頼子)より、縮緬三十巻・肴二種・樽一荷、豊前
守直重(黒田)か妻(土佐子)・右京大夫輝貞(松平)か妻(永子)・娘いね(生母横山氏、繁子)・さ
な(生母横山氏、繁子)・いく(吉保養女、野々宮定基女)、吉里か娘保(生母、酒井氏、頼子)・豊前守直重娘豊(生母、土佐子)・安通
か実母(正親町町子)・いねか実母(横山氏、繁子)より、縮緬廿巻・塩鯛一箱
充、右京大夫輝貞・豊前守直重・山城守政森(内藤)よ
り、菓子重一組充、右御成書院の三の間になら
へ置く、
内々よりハ、吉保より、長光か作の刀一腰、長
さ二尺三寸二分半、代金百枚の折帋あり、新藤
五國廣か作の脇指一腰、長さ八寸八分半、代金
五十枚の折紙あり、唐梯の茶入壹つ、朱文公の
自著せる、周茂叔の讃を書けるかけ物一幅、茶
宇嶋(縞、以下同ジ)百巻、吉里より、則重か作の刀一腰、長さ
二尺三寸二分半、無銘にて代千五百貫の折紙あ

吉里より後伏見院後二條院宸筆の和漢朗詠集進獻

*狩野派筆の屛風五雙

母西行筆の歌合進獻

妻二條爲明卿筆金葉集進獻

創意工夫の香合十種

*賴子世尊寺行房筆詞花集進獻

り、信國か作の脇差一腰、長さ壹尺六分半、代五百貫の折帋あり、鍔三十枚、後伏見院・後二條院の宸筆なる和漢朗詠集二軸、代金百枚の折紙あり、料紙・硯箱一通り、

安通より、左弘安か作の刀一腰、長さ二尺二寸七分半、無銘にて、代金二十枚の折紙あり、唐銅の鷺の香爐壹つ、代七百貫の折帋あり、時睦より、兼光か作の刀一腰、長さ二尺二寸七分半、無銘にて、代金二十枚の折帋あり、唐銅の帯滄の花入壹つ、代七百貫の折紙あり、母より、西行法師か筆の歌合壹軸、代金五十枚の折紙あり、書棚壹つ・菓子重一組、

妻より、二條爲明卿の筆の金葉集一部、代金五十枚の折紙あり、

香合十、その壹つハ、丸形惣梨子地に、菊を蒔繪にす、壹つハ、角なりにかふせ蓋、臺付二重物粉たみ（彩）にて、流水に菊を蒔繪にす、一つハ、四角形二重物、惣濃梨子地に梅の丸を蒔繪にす、壹つハ、いひつ（歪）形二重物、惣粉たみ、一つハ、扇子形二重物にて、山水を蒔繪にす、一つハ、角形にて、惣粉たみに、竹を蒔繪にす、一つハ、重地紙形二重物にて、いなつま（稲妻）、若枀を蒔繪にす、一つハ、菊の葉重形にて、粉たみ蒔繪あり、壹つハ、菊の丸形、惣梨子地に、菊を蒔繪にす、壹つハ、結ひ文形粉たみに、菊を蒔繪にす、

屛風五双、一双ハ、狩野常信か、陶淵明・林和靖を畫けるなり、一双ハ、狩野探信か、琴・碁・書畫を畫ける也、一双ハ、同人の、梅に鶴・柳に雪と、雉と流水を畫けるなり、一双ハ、狩野如川か、曲水の宴を畫けるなり、一双ハ、狩野探雪か東方朔・林和靖を畫けるなり、緞子十巻・菓子重一組、

吉里か妻より、世尊寺（藤原）行房卿の筆の詞花集一部、代金五十枚の折帋あり、繻珎十巻・菓子重一組、

*醫官六人伺候
一家の進獻物
*五つ半時御成
*吉保吉里等御成門外へ出迎
御殿勝手に伺候の輩
僧衆九人伺候

豐前守直重か妻より、縮緬の染物二十端・菓子重一組、右京大夫輝貞か妻・山城守政森か妻・（稲子、故土屋定直室）娘さな・いく、吉里か娘保・豐前守直重か娘豐・安通か実母・いねか実母も同し、刀、脇差ハ、御盃事の時に進獻す、その餘ハ、御装束の間の上の間と、二の間に並へ置く、

御殿の勝手に伺候せる輩ハ、酒井雅樂頭忠擧・藤堂和泉守高睦・松平讃岐守頼保・松平甲斐守信高・折井淡路守正辰・武田織部信冬・曲淵越前守重羽・青木與右衛門信治・山高八左衛門信賢・柳沢八郎右衛門信尹・曾雌權右衛門定救・柳沢彦左衛門政俊・鈴木三郎九郎重助・柳沢源七郎信尚・山高兵助信政、

僧衆には、護持院前大僧正隆光・金地院僧録司元云・覺王院前大僧正最純・凌雲院前大僧正義天・進休庵僧正英岳・護國寺僧正快意・觀理院權僧正智英・月桂寺西堂碩隆・靈樹院首座祖圓、

醫官には、藥師寺宗仙院法印元常・澁江松軒法眼長㐂・吉田一庵法眼宗貞・小嶋昌怡法眼・小森西倫法眼・丸山昌貞なり、

五つ時に御道具の註進ありて、五つ半時に御成なり、御供、幷に豫參の輩、熨斗目麻上下を着す、吉保・吉里・右京大夫輝貞・豐前守直重・山城守政森・安通・時睦、御成門の外に出て迎奉る、松平甲斐守信高・折井淡路守正辰・武田織部信冬・曲淵越前守重羽・青木與右衛門信治・山高八左衛門信賢・柳沢八郎右衛門信尹・曾雌權右衛門定救・柳沢彦左衛門政俊・柳沢源七郎信尚・山高兵助信政・鈴木三郎九郎重助、御成門の外の道通りへ出つ、戸田大炊頭忠利披露す、上意あり、家臣、柳沢權大夫保格・荻沢源太右衛門勝久・藪田五郎右衛門重守・平岡宇右衛門資因・柳沢帯刀保誠・滝口平太左衛門武延・荻沢角左衛門正府・滝口金五右衛門長宥・飯

*家臣等への拜領物間部詮房傳ふ

父子四人御駕輿誘導

*家臣六人太刀目録時服馬代捧ぐ

拜領物目録手自頂戴

塚彦右衛門正朝・荻沢又右衛門正久・永井彦大夫政庸・豊原權左衛門勝羨・石沢佐大夫命高・池上善左ヱ門爲昇・川口十大夫貞晴・酒井佐左衛門勝世・横田儀左ヱ門軌隆・田中平右衛門興寛ハ、同所東の方へ出つ、

吉保・吉里・安通・時睦、幷に家臣等ハ、熨斗目長上下を着す、小笠原(老中)佐渡守長重、本多(老中)伯耆守正永ハ、御成門の内へ出つ、加藤(若老中)越中守明英、間部(家宣側用人)越前守詮房ハ、御玄關の前へ出つ、吉保・吉里・安通・時睦、上意を蒙りて、御駕輿を導き奉り、御成玄關より入らせたまふ、

御裝束の間の三の間にて、酒井雅樂頭忠擧・藤堂和泉守高睦・松平讃岐守頼保、拜謁す、披露ハ、戸田大炊頭忠利なり、新御殿へ入らせたまひ、上段に御着座なりて、吉保、のしを捧く、召上られて、吉保・吉里・安通・時睦に下さる、畢りて拜領物の目録を、御手自下されて頂戴す、吉里・安通・時睦も同し、女輩の拜領物の目録を一紙に認たるをも、吉保に御手自下されて頂戴す、此時に、家臣等へ拜領物を、仰付らるゝとの事を、御前にて、吉保に、間部越前守詮房傳ふ、

それより、越前守(間部)詮房、御先立を勤めて、御成書院へ渡御なりて、上段に御着座なる、吉保・吉里・安通・時睦、太刀目録を捧けて、御礼を申上く、奏者番、松平彈正忠正久・田村因幡守建顯、のしめ(熨斗目)長上下を着して披露す、吉保・吉里・安通・時睦、幷に女輩よりの進獻物を、前方より置付にす、此時に、吉保か母以下、いつれも献上物せるよしを、本多伯耆守正永申上く、次に家臣、柳澤權大夫保格・荻沢源太右衛門勝久・藪田五郎右衛門重守・平岡宇右衛門資因・柳沢帶刀保誠・滝口平太左衛門武延、壹人充、太刀目録を捧け、三の間へ出て、御目見申上く、

*御成書院で女輩善光寺智善拝謁

家臣十二人太刀目録馬代捧ぐ

*新御殿で雑煮吸物進む

*吉保吸物の時相伴

*家宣と吉保父子四人刀脇差を介し盃事

いつれも、時服を献上す、権大夫保格ハ三つ、其外ハ二つ充、馬代ハいつれも、銀壹枚充なり、時服は御次へ置く、披露ハ、松平彈正忠正久・田村因幡守建顯なり、

次に荻沢角左衛門正府・滝口金五右衛門長宥・飯塚彦右衛門正朝・荻沢又右衛門正久・永井彦太夫政庸・豊原権左衛門勝羨・石沢佐大夫命高・池上善左衛門為昇・川口十太夫貞晴・酒井佐左衛門勝世・横田儀左衛門軌隆・田中平右衛門興寛、二人充、太刀目録を捧けて御目見申上く、馬代ハ、銀壹枚充、是も披露は、彈正忠正久・因幡守建顯なり、

畢りて、御休息の間へ入御なる、此時に進献物を引く、やかて御成書院へ渡御にて、上段に御着座なる、母・妻・吉里か妻・豊前守直重か妻・右京大夫輝貞か妻・娘いね・いく・吉里か娘保・安通か実母・いねか実母、拝謁す、妻、のしを捧く、召あけたまひて、母以下、女輩皆〻へ御手自下さる、畢りて、善光寺の尼上人(故飯塚染子妹)智善、拝謁す、

それより新御殿に入らせたまふ、此時に内〻よりの進献物を、御装束の間に、まへかた(前方)より置付にしたるを、御通りの時、越前守詮房、障子を開きて披露す、新御殿の上段に御着座なりて、引渡し、雑煮・御吸物を進む、御給仕の輩、長上下を着す、御吸物の時、吉保相伴す、御盃を頂戴し、御肴を下さる、

御刀・御脇差を御手自下されて、頂戴す、此時に御馬を下さるゝとの上意あり、御礼を申上け、刀・脇差を持て御次へ退き、刀・脇差を置きて出座し、加へありて、盃を持て御次へ退く時、越前守詮房取りて、盃臺に載せて捧く、召上らるゝ時、御刀・御脇差を進献す、越前守詮房、持出て披露す、其御盃を吉里に下さる、御肴を

＊御膳は三献の膳

＊吉保吉里刀脇差馬等拜領

頂戴す、御刀・御脇差を御手自下されて頂戴す、此時に、御馬を下さるゝとの上意あり、御礼を申あけ、刀・脇差を持て、御次へ退き、指して出座して、御礼を申上、御次へ退き、刀・脇差を置きて出座し、加へありて、盃を持て御次へ退く時、越前守詮房とりて、盃臺に載せて捧く、召上らるゝ時、御刀・御脇差を進献す、越前守詮房持出て披露す、其御盃を安通に下され、御肴を頂戴す、此時に、御刀を、御手自下されて頂戴す、刀を持て御次へ退き、指して出座して御礼を申上く、御次へ退き、刀を置きて出座し、加へありて、盃を持て御次へ退く時、越前守詮房とりて盃臺にのせて捧く、召上らるゝ時に、御刀を進献す、越前守詮房持出て披露す、其御盃を時睦に下さる、御肴を頂戴す、此時に、御刀を御手自下されて頂戴す、刀を持て御次へ退き、指して出座して御禮を申上く、御次へ退き、刀を置きて出座し、加へありて、盃を持て御次へ退く時、越前守詮房とりて、盃臺に載せて捧く、召上らるゝ時、御刀を進献す、越前守詮房持出て披露す、其御盃を吉保に下されて納む、越前守詮房、挨拶を申上く、

畢りて、七五三(本膳七菜、二の膳五菜、三の膳三菜)の御膳を進む、御給仕の輩、長上下を着す、

拜領物ハ、吉保に、包平か作の刀一腰、長さ貳尺四寸五分にて、代金百枚の折紙あり、當麻の脇差一腰、長さ八寸六分半にて、銘なし、是も代金百枚の折帋あり、時服五十・緞子五十巻・肴三種・樽二荷・馬一疋、鹿毛にて五歳なり、鞍ハ、黒ぬりにて、御紋を出す、伊勢上野介貞弘か作にて、代金十五枚の折紙あり、鐙は、黒ぬりにて、内朱色なり、北條玄庵か作にて、代金拾枚の折帋あり、此外の馬具をも添へたり、吉里に、國宗か作の刀一腰、長さ貳尺四寸九分、

*家臣等拝領物申渡さる

磨上、無銘にて、代千貫の折帋あり、正宗か作の脇差一腰、長さ九寸四分半、表に釼、裏の方に梵字の朱銘あり、代千五百貫の折帋あり、綿三百把・肴二種・樽一荷・馬一疋、鹿毛にて、四歳なり、鞍ハ、黒塗にて、御紋を出す、朝倉勘解由元能か作にて、代金十五枚の折紙あり、鐙ハ黒ぬりにて、内朱色なり、同人の作にて、代金拾枚の折帋あり、此外の馬具をも添へたり、

一家の拝領物

安通に、備前國守家か作の刀一腰、長さ貳尺六寸貳分半、代金三拾枚の折紙あり、紅白縮綿三十巻・塩鯛一箱、時睦に、備前の國是介か作の刀一腰、長さ貳尺四寸貳分半、表裏共に樋あり、代金三十枚の折帋あり、紅白縮緬三十巻・塩鯛一箱、母に、綿二百把・肴二種・樽一荷、妻も同し、吉里か妻に、色羽二重三十疋・肴二種・樽一荷、豊前守直重か妻・右京大夫輝貞か妻・娘稲・さな・幾・吉里か娘保・豊前守直重か娘豊・安通か実母・いねか実母に、綿百把・塩鯛一箱充なり、

御納戸前の廊下にて、小笠原佐渡守長重・本多伯耆守正永・戸田大炊頭忠利・加藤越中守明英列座にて、家臣等が拝領物を申渡す、柳沢權大夫保格は、銀二十枚・御紋の時服三つ、荻沢源太右衛門勝久・藪田五郎右衛門重守・平岡宇右衛門資因・柳澤帯刀保誠・瀧口平太左衛門武延は、銀拾枚・時服三つ充、平太左衛門武延か拝領せるハ、只紋也、進物番衆持て出つ、荻沢角左衛門正府・滝口金五右衛門長宥・飯塚彦右衛門正朝・荻澤又右衛門正久・永井彦大夫政庸・豊原權左衛門勝羨・石沢佐大夫命高・池上善左衛門爲昇・川口十大夫貞晴・酒井佐左衛門勝世・横田儀左衛門軌隆・田中平右衛門興寛、只紋の時服二つ充、是も進物番衆持て出つ、

*松平輝貞等三人檜重拝領

右京大夫輝貞・豊前守直重・山城守政森、いつ

れも御前にて、檜重一組充を拜領す、

御成書院にて家臣十二人仁の論議

それより御成書院に渡御なりて、上段に御着座なる、家臣、志村三左衛門楨幹・荻生惣右衛門茂卿・渡邊惣左衛門幹・小俣三郎右衛門弼種・沢田五左衛門正經・村井源五郎直方・津田宗助利行・酒見十左衛門俊秀・田中清大夫省吾・都筑又左衛門春親・村上權平以成・鞍岡文次郎元昌、仁の論議を勤む、

新陰流劍術御覽

吉里經隆時睦劍術を御覽にいる

畢りて、新陰流の劍術あり、吉里ハ、三學・小太刀二つ、又、九箇・天狗抄・猿飛をつかふ、打太刀ハ、家臣、汀佐五右衛門勝賢なり、安通ハ、三學・九箇・天狗抄をつかふ、打太刀ハ、家臣、柳生助五郎勝往なり、時睦も同し樣につかふて、打太刀も同人なり、家臣柳生內藏之助勝興は、三學・小太刀二つ、又九箇をつかふ、打太刀ハ、佐五右衛門勝賢なり、佐五右衛門勝賢ハ、三學、助五郎勝往ハ、三學・猿飛、家臣、荻沢角左衛門正府は、三學・天狗抄、石沢佐大夫命高ハ、三學、平手七郎右衛門定護ハ、三學・九箇、的場甚太夫政勝・小田清右衛門政府・飯塚杢左衛門正武・疋田三十郎正永、いつれも三學をつかふ、

*無邊流の鑓他武藝御覽

畢りて、無邊流の鑓あり、吉里ハ、表三本、前後殘し包割まて、長刀の表をもつかふ、打太刀は、家臣、岩田六左衛門正甫なり、山本加兵衛久文、眞の鑓をつかふ、是も打太刀ハ六左衛門正甫なり、六左衛門正甫ハ、奧儀の鑓をつかふ、打太刀ハ、家臣、岩田武左衛門重久なり、家臣、滝口金五右ヱ門長宥は、表三本ひねり、眞中草中まて、生形丹下勝延ハ、鑓合五本、武左ヱ門重久は、長刀の表、中沢藤左衛門儀豐は、奉逼巻返し、前後殘し包割まて、永井新六弘行は、十文字布目、一學廣隆は、表三本、前後殘し包割まてをつかふ、

家宣新陰流劒術つかふ

*拜領進獻の馬の引渡

*御能家宣三番舞ふ

*吉里田村經隆羽衣時睦橋辨慶舞ふ

吉保伊賀肩衝の茶入自筆詠歌拜領

吉保伊賀肩衝の茶入自筆詠歌拜領

*還御前に妻寄合書の源氏物語一部他進獻

*女輩手自の拜領物

畢りて、御自身にも、新陰流の劒術を御つかい遊はす、三學・九箇・天狗抄・猿飛・小太刀二つ、二十七ヶ条なり、打太刀は、村田十郎右衞門久辰勤む、

悉畢りて、新御殿へ入御なりて、御膳を進む、御茶ハ、去年の冬、御本丸より拜領せしを、前方に西の丸へつかハして、ひ(碾)かせたるなり、御茶を、吉保捧け出つへきよし、上意ありて、捧け出て丶、御下を頂戴す、吉保に、伊賀肩衝の茶入壹つ、御詠歌を、御筆に遊はされたるを一枚、吉里に、徐悲か、鷺を畫ける掛物一幅、安通に、金の惣粉にて、山水・松・櫻・梅・檜を蒔繪にして、内ハ梨子地なる香爐箱一通りを、服紗に包ミて、時睦に、金の惣粉にて、唐草を蒔繪にして、内ハ梨子地なる、三重の香爐箱一通りを、服紗に包ミて、いつれも、御手自下されて拜領す、

老中、玄關のまへにて、拜領の御馬を、諏訪部文九郎定堅牽出て、吉保頂戴し、家臣、池上善左ヱ門爲昇請取る、吉里も同し、進獻の御馬ハ、善左ヱ門爲昇牽出て、文九郎定堅へ渡す、

それより御能あり、翁、宝生大夫、三番三(叟)、傳右衞門、千歳、五郎大夫、高砂、吉里、田村、安通、羽衣、御(家宣)なり、輪藏、和泉守高睦、是界、時睦、橋辨慶、御なり、和布刈、讃岐守賴保、小鍛冶、宝生右内、猩々乱、御なり、狂言ハ、福の神を、仁右衞門、梯山伏を、弥太郎勤む、

還御なるへき前に、吉保、のしを捧く、召上られて吉保・吉里に御手自下さる、御成書院へ渡御なりて、女輩拜謁し、妻より、提重一組、内に菓子・酒を入れたると、寄合書の源氏物語一部、金入十卷を進献す、妻、目録を捧けぬれは、御手にとりたまひて、御懇の上意あり、

女輩に、御手自の拜領物あり、此時、智善上人

*吉保吉里西の丸へ參上し謝意言上

*吉保簾中へ御禮の參上

善光寺智善上人の拜領物

*間部詮房亭へも往く

*鑓遣の家臣御紋の時服拜領

*劍術鑓議論で活躍の家臣家宣より時服拜領

*一家の綱吉への獻上物

家宣の使者來臨

を召して、拜領物の目録を御手自下さる、件の品ハ、母に惣梨子地に、岩組・松・櫻を蒔繪にせる、料帋・硯箱一通り、妻に、岩を蒔繪にして、內ハ山に厺・櫻の十炷香道具一通り、吉里か妻に、はな紙袋十・服紗二十、豐前守直重か妻・右京大夫輝貞か妻・娘いね・さな・幾、吉里か娘保・豐前守直重か娘とよ、安通か実母・いねか実母も同し、智善上人ハ、羽二重十疋なり、

六つ半時まへに、御機嫌能還御なり、吉保・吉里・右京大夫輝貞、御成門の外へ出て、送り奉る、一族の輩もおくり奉る、今朝、迎へ奉りしことくなり、大炊頭忠利披露す、上意あり、家臣等も、半上下を着して送り奉る、今朝迎へ奉りしことくなり、佐渡守長重・伯耆守正永・大炊頭忠利・越中守明英・越前守詮房も、今朝のことし、還御の途中より、御使、鈴木能登守直方、來臨せらる、吉保・吉里・老中、玄關の前、白砂引わけ戸まて出迎へ案內す、上意を傳へられて後、又同しき所まて送りぬ、

吉保・吉里、西の丸へ參上して、今日の有かたさを申上け、還御なりての御機嫌を窺ふ、御休息の間にて、拜謁し、御手自のしを頂戴す、

吉保はそれより、御簾中様（天英院、近衛熙子）へ參上して、御礼を申上く、間部越前守詮房か亭へも往く、

一、山本嘉兵衛久文、今日、やり（鑓）をつかいたるによりて、御紋の時服二つを、大納言様より拜領す、

一、今日、家臣等か劍術をつかひたる者十人、やりをつかいたるもの七人、議論を勤めたるもの十二人、時ふく二つ充を、大納言様より拜領す、

一、今日、御本丸（綱吉）へ獻上物ハ、吉保より、色羅紗三十間・干鯛一箱・鯣一箱・昆布一はこ・樽二荷、吉里より、縮緬五十巻・肴二種・樽一荷、安通より、縮綿二十巻・干たい（鯛、以下同ジ）一はこ、時睦も同し、

吉保夫妻四所へ進上物

＊家宣自筆の和歌

吉保夫妻四所より拝受物

＊献立

母より、三十巻・一箱、妻、幷に吉里が妻も同し、

一、進上物ハ、御臺所様（淨光院、鷹司信子）へ、吉保より、綿二百把・肴二種・樽一荷、妻より、縮緬三十巻・干たい一はこ、御簾中様へも同し、五の丸様（瑞春院、明信院生母）へ、吉保より、綿百把・干鯛一箱、妻より、縮綿廿巻・干鯛一箱、八重姫君様（綱吉養女、徳川吉孚室）へも同し、

一、拝受物、御臺所様より、小袖二十・肴二種・樽一荷、妻に、綿百把・肴一種・樽一荷、御使、小笠原源六郎持正、御簾中様より、色羽二重五十疋・肴二種・樽一荷、妻に、三十疋・二種・一荷、御使、早川勝七郎重継、五の丸様より、時服十・肴一種・樽一荷、妻に、色はふたへ（羽二重）二十疋・塩たい一はこ、御使、河野善左ヱ門貞通、八重姫君様より、時服十・肴一種・樽一荷、妻に、色羽二重廿疋・塩鯛一箱、御使、山高八左ヱ門信賢、

一、今日、大納言様より拝領せる御筆の写、爰に記す、

色かへぬときはの
松のかけ
そへて
千代にやちよに
すめる
池水

一、今日の御獻立、爰に記す、

一、散之御熨斗　金濃御大三方紙敷 縁ニ紺青ニ而御紋付

御三獻之次第

御初獻

御盃土器金濃　金濃御紋付御三方

御引渡

昆布（金め丶角）　同行

熨斗金濃御紋付御三方

金め、角
搗栗

御捨土器銀濃　金濃御紋付御三方

御銚子　金紙包　木地御三方ニ載

御加　同行

御二獻

龜甲金甲立裏紅
數の子　廻し盛

同行
五種盛　御雜煮　餅 菜 芋 串貝 花鰹

同行
梅干廻し盛　御箸臺金 御長箸

御銚子金紙包

御加　同行　木地御三方ニのせ

御三獻

金甲立金土器下輪金濃
卷鯣　御手塩金

御吸物鮨　御箸臺金 御長箸

同行
打大豆

御盃臺　金御土器

御押鯖子　御長箸

御銚子　金紙包

御加　同行　木地御三方載

數の御土器　木地御三方下ニ 模様有

御捨土器　木地御三方下ニ 模様有

御銚子　金紙包

御加　同行　木地御三方載

御肴　からすミ（烏魚子）　右同行

御引續　七五三

御出膳　木地御蒔盤

金土器金輪
塩曳　蛸 同行　蒲鉾 金小角龜足　御手塩金

同行
和交　御湯漬　金ノ杢器下輪金 御蓋有

同行 香の物　同行 ふくめ　金小角 小桶　御箸臺金 和物のし

御二之膳

金土器金輪 たり　同行 からすミ　金土器 御汁　串貝 大根 牛蒡 松茸 うと

亀足金輪 半へん盛

同行 巻鯣　同行 海月　金土器 御汁　ち巻 半へん

御三之膳

小角金 檜葉盛　金土器 御汁　ほら（鯔）

金土器 亀足盛

同行 舩盛　金土器 御汁　塩煮 鯛鮨

御盞　土器

御捨土器

御吸物　木葉鯛

御銚子

御加

御吸物　卯花煎鱈 品川のり

御銚子

御加

御吸物　ふくらいり（膨煎） 半へん

桑良臺

御押

御銚子

御加

金檜御縁高御紋付木地御三方載 御菓子九種

糸花　金濃 やうかん（羊羹）　二　かんの臺金濃

松梅椿　あるへい（有平）　二

蜻蛉三本　まんちう　二

枝かき（柿）　二

すはま（素甘）　二

せんへい（煎餅）　二

むすひこんふ　二

極蝶　五

くるミ千鳥　五

御楊枝

御本

御皿下臺
御肱　鯛
防風
金柑

御小皿下臺
御香の物

御汁　摘入
丸いてふ(銀杏)
丸むきうと(剝獨活)
榎茸
よめな(嫁菜)

御つほ皿
御煮物　細つミ入
けつり串貝
焼ふ

御食

御二

丸杉御下臺香盆御紋付
御杉焼　はた白
くはゐ(慈姑)
木くらけ
すり山椒

御大ちよく下臺(猪口、以下同ジ)
御滲し物　のし
數のこ
むきくるミ

御汁　潮煮鯛
柚子

御皿下臺
御焼物　ひらめ
色付

御三

杉團扇なり糸花
御盛合　鱧焼ほう
色付鱈
小串石かれい
火取ふし
山の芋塩烹
久年母

御ちよく下臺
御梅かゝ

御汁　小菜
里いも

御平皿
御大烹物　大板かまほこ
今出川とうふ
ミつは數ふし

御よつ(四)目

御大皿下臺
御焼物　小たい
掛しほ

御五つ目

舟杉糸花
御煎酒物　かき鯛
名吉細作り
よりかつほ
わさひ

御ちよく下臺
御煎酒

御平皿
御いり（煎）菜　牛へん
ゆす

御こし（腰）高
御魚てん　ほら
山椒みそ

御曳〔引〕肴
一小板かまほこ

御吸物　鯛ひれ

御盞臺　御土器

御押　からすミ

御肴

一御酒麩　かつほふし
梅ほし

一御粕漬鯛

御附後段

御ちよく
御砂糖

御浮ふ

御小皿
御香の物

*新御殿図

杉角御縁高御蓋共ニ金泥にて御紋付
御茶菓子

やうかん

あんもち

色付山の芋

御やうし

杉六角右同行
御後菓子

枝かき

ミつかん

あるへゐ

（葛）くすせんへい

みとり

御やうし

〔圖録〕

一、新御殿の繪圖、爰に記す。

〔ココニ圖アリ、便宜口繪ニ載ス〕

(表紙題簽)

樂只堂年録　第百八十二巻　寶永三丙戌二月下

此巻は、寶永三年丙戌の二月十二日より、月の終り迄の事を記す、

二月下

十二日、

家宣御成に御禮言上　吉里老中間部詮房亭來訪

一、昨日、私亭に大納言(徳川家宣)様成らせたまふ御礼を申上くるによりて、麻上下を着して登城す、吉里も同し、吉里ハ、退出の時に、老中、幷に間部越前守(家宣側用人)詮房か亭に往て、昨日の御礼を申上く、

家宣御成に吉保一家拝領物

一、吉保に、綿三百把・肴三種・樽二荷、吉里に、二百把・二種・一荷、母に、(了本院、佐瀬氏)緞子二十巻・干鯛一箱、妻も(曾雌氏、定子)同し、吉里か妻に、(酒井氏、頼子)十巻・一箱、安通(經隆)・時睦も同し品を下されて拝領す、昨日、大納言様の御成によりてなり、

*家宣御成に關係の上級幕閣等に贈物

一、昨日、大納言様の成らせ給ひし祝儀とて、今日、(老中)土屋相模守政直・(老中)秌元但馬守喬朝・(老中)稲葉丹後守正通・(側用人)松平右京大夫輝貞・大久保加賀守忠増・井上河內正岑へ、太刀一腰・馬代金一枚・肴二種・樽代千疋充、(若老中)久世大和守重之・(若老中)加藤越中守明英・(若老中)稲垣對馬守重冨・(若老中)永井伊豆守直敬へ、太刀一腰・馬代金一枚・肴一種・樽代五百疋つゝ、田村因幡守建顯・松平彈正忠正久・一柳土佐守末礼・水野飛驒守重昌・安藤信濃守定行・宇津出雲守敎信・保田內膳正宗郷・中川淡路守成慶へ、太刀一腰・馬代金一枚充、(老中)小笠原佐渡守長重・(老中)本多伯耆守正永へ、太刀一腰・馬代金一枚・肴二種・樽代千疋充、戸田大炊頭忠利・間部越前守詮房へ、太刀一腰・馬代金一枚・肴一種・樽代五百疋充、水野肥前守忠盛・靑山備前

守幸能・大久保長門守教房・井上遠江守正方へ、太刀一腰・馬代金一枚充を贈る、又、小笠原佐渡守長重へ、義景か作の刀一腰、代金七枚五両の折紙あり、本多伯耆守正永へ、包利作の刀一腰、代金七枚五両之折帋あり、并に色羽二重五十疋・干鯛一箱、戸田大炊頭忠利に、北國國行か作の刀一腰、代金五枚の折紙あり、間部越前守詮房に、延壽か作の刀一腰、代金五枚の折紙あり、并に色羽二重三十疋・干鯛一箱、加藤越中守明英に、紗綾十巻・干鯛一箱、稲垣對馬守重冨に、縮緬廿巻・干鯛一箱を贈る、梅か小路（西の丸女中）へ、銀三枚、ひて局（西の丸女中）へ、二枚充を贈る、此外の贈り物、爰に記す、

覺

奥御番頭衆
太刀馬代銀五枚　町野筑後守

桐間御番衆頭
太刀馬代銀五枚　松平修理亮

太刀馬代銀五枚六人

太刀馬代銀五枚　鈴木能登守
太刀馬代銀五枚　岡部和泉守
太刀馬代銀五枚　大津駿河守
太刀馬代銀五枚　沼間日向守

*太刀馬代銀五枚縮緬五巻十三人

御小姓衆
太刀馬代銀五枚縮緬五巻　稲生安房守
太刀馬代銀五枚縮緬五巻　曲淵下野守
太刀馬代銀五枚縮緬五巻　間部隱岐守
太刀馬代銀五枚縮綿〔緬、以下同ジ〕五巻　建部志摩守
太刀馬代銀五枚縮緬五巻　村上因幡守
太刀馬代銀五枚縮綿五巻　間部中務少輔
太刀馬代銀五枚縮綿五巻　村上市正
太刀馬代銀五枚縮緬五巻　本目讃岐守
太刀馬代銀五枚縮緬五巻　町野隼人
太刀馬代銀五枚縮綿五巻　一柳勘之丞
太刀馬代銀五枚縮緬五巻　新見多宮
太刀馬代銀五枚縮緬五巻　石川助之進
太刀馬代銀五枚縮綿五巻　遠山外記

太刀馬代銀三枚縮緬五巻十七人
*太刀馬代銀三枚二人
*銀三枚一人
*桐之間番衆十六人樽代五百疋充

太刀馬代銀三枚縮緬五巻　御小納戸衆　竹本宇右衛門
太刀馬代銀三枚縮緬五巻　酒井吉右衛門
太刀馬代銀三枚縮緬五巻　白岩八右衛門
太刀馬代銀三枚縮綿五巻　永屋新五郎
太刀馬代銀三枚縮綿五巻　櫻井源右衛門
太刀馬代銀三枚縮綿五巻　森川与右衛門
太刀馬代銀三枚縮綿五巻　五十嵐市十郎
太刀馬代銀三枚縮綿五巻　村上源左衛門
太刀馬代銀三枚縮緬五巻　水野新八郎
太刀馬代銀三枚縮緬五巻　鈴木百助
太刀馬代銀三枚縮緬五巻　細井藤左衛門
太刀馬代銀三枚縮緬五巻　間部主膳
太刀馬代銀三枚縮緬五巻　竹田源次郎
太刀馬代銀三枚縮緬五巻　南條右衛門
太刀馬代銀三枚縮綿五巻　北川長十郎
太刀馬代銀三枚縮綿五巻　村田十郎右ヱ門
太刀馬代銀三枚縮綿五巻　舟橋半右衛門

太刀馬代銀三枚　焼火之間番頭衆　窪田勘右衛門
太刀馬代銀三枚　桐之間組頭衆　千葉兵部
銀三枚　焼火之間組頭衆　松平又十郎
桐之間御番衆
深谷新左衛門
大野十兵衛
松田傳左衛門
小林傳十郎
小花和靫負
坂部弥右衛門
川勝藤兵衛
諏訪弥左衛門
山中忠左衛門
長田三右衛門
長谷川九助
鈴木六右ヱ門
河村七郎右ヱ門
樽代五百疋充

燒火之間番衆二十人樽代五百疋充

*納戸組頭衆一人銀二枚

*納戸衆一人樽代五百疋

*御膳奉行二人銀二枚

*奥祐筆衆三人樽代五百疋充

松平傳次郎
本多權左ヱ門
土方彦兵衛

燒火之間番衆

朝比奈五左衛門
齋藤弥三郎
雨宮孫六
堆橋主計
磯谷源兵衛
木村權之丞
三宅雲八郎
横山弥兵衛
諏訪源太郎
朝倉六之助
龜井平三郎
小笠原半三郎
水野弥平次

樽代五百疋充

澁江久三郎
長田左兵衛
渡辺武右ヱ門
門奈幸助
金森五郎右ヱ門
内藤甚市郎
山本小五郎

御納戸組頭衆

銀貳枚　諏訪庄兵衛

御納戸衆

樽代五百疋　窪田弥十郎

御膳奉行

銀貳枚　庵原七兵衛
銀貳枚　米田宇右衛門

奥御祐筆衆

樽代五百疋充　伊藤五郎兵衛
間宮庄左衛門

松田金兵衛
奥山謙徳院
同　立菴
山本立長
大江松卓
須摩良川
増田壽針
杉嶋檢校
村山元格
岡田養仙
銀三枚充

奥祐筆衆九人銀三枚充

御腰物番衆
樽代五百疋　志賀十右エ門

同朋頭
銀二枚　大嶋永阿弥

同朋
銀二枚　奥山三阿弥

土圭《（時計）》之間番

*御膳方組頭三人樽代三百疋肴代二百疋充
腰物番衆一人樽代五百疋
同朋頭一人銀二枚
同朋一人銀二枚
*組附役三人樽代三百疋肴代百疋充
時計之間番衆十人金三百疋充

奥田九八郎
古橋弁之助
吉田源三郎
齊藤興市郎
宇田助十郎
齋藤四郎次郎
尾崎傳十郎
尾崎勝次郎
佐々竹源之進
小森嘉左衛門
金三百疋充

御膳方組頭
樽代三百疋肴代二百疋充
布施伊兵衛
岡田理左衛門
久保田六郎左エ門

組附役
樽代三百疋肴代百疋充

*能道具預二人金三百疋充
*小間使頭一人金三百疋
*表火之番三人金三百疋充
御膳方十四人金三百疋充
*酒奉行二人金二百疋充
*肴奉行一人金二百疋
*木具奉行一人二百疋
*六尺頭二人二百疋充
*新組頭二人金二百疋充

西村平吉
原田彦兵衛
杉原市郎兵衛

御能道具預
金三百疋充
土屋庄左ヱ門
和田助右ヱ門

御膳方
羽山市郎右ヱ門
宇野人助
田中孫八郎
小坂長左ヱ門
田外平兵衛
羽山左右ヱ門
宮本又右ヱ門
高橋源七郎
松田㐂八郎
矢田堀権八郎
中村七郎兵衛
松田甚助
木村清左ヱ門
濱仲金右ヱ門
金三百疋充

小間使頭
森川仲右ヱ門
金三百疋

表火之番
大網幸助
河崎弥右衛門
飯嶋惣左衛門
金三百疋充

酒奉行
彦坂平内
村上平十郎
金二百疋充

肴奉行
江上源大夫
金二百疋

木具奉行
石川五郎左衛門
同断

六尺頭
岡村彌五兵衛
片山幸右ヱ門
金二百疋充

新組頭
岩間弥左ヱ門
高橋岡右ヱ衛門
金二百疋充

臺所目付三人金三百疋充

数寄屋組頭三人金三百疋充

数寄屋坊主四十九人金二百疋充

金三百疋充
臺所目付
田澤吉左衛門
堺野庄右ヱ門
上田五兵衛

金三百疋充
御数寄屋組頭
大沼久齋
横山宗知
山崎宗貞

金二百疋充
御数寄屋坊主
中根道縁
吉田如閑
横山宗三
山崎玄知
小沢圓嘉
遠山清意

金二百疋充
青木閑雪
横山宗堅
倉嶋清固
幸田春知
横田宗句

金二百疋充
原田順竹
中嶋養意
古屋榮久
古沢長佐
廣田林盛
幸田春齋

金二百疋充
中村道的
池上清㐂
有田祐賀
吉田長閑
野田良佐
吉田長久

金二百疋充
近藤意泉
遠藤春悦
土山宗弥
松井久慶
岡田宗勝

*小間使組頭二人六尺頭一人金二百疋
*御納戸同心二人金百疋充
*小間使風呂屋方小間使六尺五十三人金百疋充
*路地部屋頭同平十二人金百疋充
*小納戸六尺組頭同平十一人金百疋充
*六尺十五人金百疋充
*腰物同心三人金百疋充

三浦珎賀
金二百疋充　府中長達
和田閑悦
岸本玄勝
梶田圓琢
稲村圓竹
金二百疋充　高村玄佐
青山玄順
山口清賀
柴崎長昧
福岡春尽
金二百疋充　嶋田宗珎
高橋圓㐂
木村宗順
寺井長壽
有田永知
金二百疋充　足立快節

飯塚仙貞
飯塚玄尽
近藤庭竹
乙女貞昧
金二百疋充　小間使組頭二人
六尺頭壹人
金百疋充　御納戸同心二人
小間使三十壹人
金百疋充　御風呂屋方小間使五人
六尺十七人
金百疋充　路地部屋頭壹人
同平十壹人
金百疋充　御小納戸六尺組頭壹人
同平十人
金百疋充　六尺十五人
金百疋充　御腰物同心小頭共三人

書院組頭一人太刀馬代銀三枚
小姓組與頭衆一人太刀馬代銀三枚
*書院番衆五人樽代五百疋充
目付衆一人太刀馬代綿干鯛
目付衆一人太刀馬代縮緬干鯛
*納戸組頭衆二人銀二枚充
目付衆一人太刀馬代銀三枚
一人太刀馬代銀三枚
*奥祐筆衆一人樽代五百疋
納戸頭衆一人太刀馬代銀三枚
*同朋三人銀二枚他
進物番三人樽代五百疋充
小姓組番衆五人樽代五百疋充

覺

太刀馬代銀三枚　御書院組頭衆 井上主水
太刀馬代銀三枚　御小姓組與頭衆 仁賀保孫九郎
太刀馬代銀三枚
綿　十把
干鯛　御目付衆 久松忠次郎
太刀馬代銀三枚
縮緬十巻
干鯛　御目付衆 栁澤八郎右ヱ門
太刀馬代銀三枚　御目付衆 榊原八兵衛
太刀馬代銀三枚　御目付衆 伊勢平八郎
太刀馬代銀三枚　御納戸頭衆 河野勘右衛門
樽代五百疋充　御進物番 太田藤右衛門
安藤四郎左ヱ門
前嶋又次郎
御小姓組番衆 酒井八左衛門
柴田三左衛門

樽代五百疋充　堀万次郎
上野半左ヱ門
本間十右衛門
樽代五百疋充　御書院番衆 川勝勘兵衛
久松市郎右ヱ門
布施孫大夫
貴志弥兵衛
銀二枚充　本多五郎七郎
御納戸組頭衆 今野十左ヱ門
山田庄右ヱ門
樽代五百疋　奥御祐筆衆 本目權左ヱ門
銀二枚　同朋 吉田堂阿弥
紗綾三巻
干鯛一箱　蜷川彦左ヱ門
銀二枚
色羽二重五疋　小川圭左ヱ門

臺所頭二人銀他二人長綿
*酒奉行二人金二百疋充
*新組頭二人金二百疋充
*六尺頭一人金二百疋
*御用部屋附一人金二百疋
納戸衆四人樽代
中間組頭他百十八人金百疋充
御膳所役人三人樽代肴代
*六尺八人金百疋充
*納戸同心十人金百疋充
御膳方一人金三百疋
*御膳方五人金百疋充
中間頭一人金三百疋
*御膳方一人時服他
小人頭一人金三百疋
駕籠頭二人金三百疋充

銀二枚　臺所頭　岡田三右衛門
紗綾三巻
銀二枚　坂入半平
色羽二重五疋
長綿三把　坂入半七郎
長綿三把　坂入半四郎
御納戸衆　三輪彦左ヱ門
樽代五百疋充　遠藤小左ヱ門
川口半助
横地小十郎
御膳所役人　粟田㐂兵衛
樽代三百疋
肴代百疋充　小野善八郎
黒川佐助
金三百疋　御膳方　㐂多川三左ヱ門
金三百疋　中間頭　畦柳助九郎
金三百疋　小人頭　天野市之丞
金三百疋充　御駕籠頭　佐野小助

安藤彌右ヱ門
金二百疋充　酒奉行　杉江庄五郎
津田武左ヱ門
金二百疋充　新組頭　諏訪新助
茂木新左ヱ門
金二百疋　六尺頭　織田藤七郎
金二百疋　御用部屋附　土田幸圓
金百疋充　中間組頭者貳拾三人
小人組頭共七拾八人
御駕籠之者組頭共十七人
金百疋充　六尺八人
金百疋充　御納戸同心十人
御膳方　小間遣三人
金百疋充　六尺貳人
時服二
鮮鯛一折　諏訪部文九郎
銀一枚充　御馬乘壹人

御馬口附頭壹人　金百疋充
馬乘方一人銀一枚
御馬口附他十八人金百疋充

御馬口附十三人

御馬飼四人

徒目付組頭
岩室伊右衛門　金五百疋
長綿五把充
徒目付組頭一人金長綿

徒目附
木村源太右ヱ門
神戸十大夫
若林勘右ヱ門
野田源兵衛
伊谷茂右ヱ門
松永小八郎
中山藤大夫
小高作左ヱ門
瀧野平右ヱ門
畦柳弥一兵衛
大平弥兵衛
薗部善左ヱ門
市野新八郎
　金三百疋
長綿三把充
徒目附二十四人金三百疋長綿三把充

　金二百疋
長綿三把充
*加藤右近組徒四人金三百疋充

*玄關番小目付計五十三人金百疋充

石川弥市右ヱ門　金三百疋
長綿三把充
高倉孫三郎
鹿窪淺右ヱ門
服部宇右ヱ門
本多又兵衛
星野小左ヱ門
朝野理左ヱ門
竹内与十郎
向山安左ヱ門
荒川權六
野呂六右ヱ門
　金三百疋
長綿三把充

加藤右近組徒
笠井安右ヱ門
加藤彌一右ヱ門
湯淺源左ヱ門
村上竹右ヱ門
　金三百疋充

御玄關番十人
小人目付四十三人
　金百疋充

御臺所使者一人樽代干鯛

（樽代五百疋
干鯛一箱）　御臺所様御使者（浄光院、鷹司信子）
小笠原源六

簾中使者一人樽代干鯛

（樽代五百疋
干鯛一箱）　御簾中様御使者（天英院、近衛熙子）
早川勝七郎

瑞春院使者一人樽代干鯛

（樽代五百疋
干鯛一箱）　五丸様御使者（瑞春院、明信院生母）
河野善左ヱ門

八重姫使者一人樽代干鯛

樽代五百疋
干鯛一箱　八重姫君様御使者（綱吉養女、徳川吉孚室）
山高八左衛門

十三日、

家宣御成に妻二所へ進上物

一、一昨日、大納言様の御成によりて、妻より、今日、御臺所様・御簾中様へ、鮮鯛一折充を進上す、

霊元上皇領地増進を喜悦

一、先頃（一月十五日）、仙洞（霊元上皇）御所の御領地、三千石を増し進らるゝによりて、公通（正親町）卿の奉書到來す、

仙洞御領增地被進之、御滿悦不斜御事候、此段、松平紀伊守（京都所司代）迄、被仰出候得共、猶又御内〻ニ而、宜有言上之由、相心得可申達之旨、御氣色ニ候、恐〻謹言、

二月朔日　公通

甲斐少將（柳澤吉保）殿

*公通新大納言局經由の上皇喜悦の様相を傳ふ

一筆令啓候、餘寒之節、弥堅固候哉、承度候、然者、今度仙洞御領御增地之儀、御滿悦之御事候、貴殿兼〻御大切ニ被存候御、定而取持ニ而、ケ様之御尽取ニ成候義、御㐂悦不大方候、此段、宜申達之旨、御氣色之由、局（新大納言局、上冷泉爲條女、霊元上皇官女）ゟ密〻申來候、誠以目出度御儀、愚臣も難有、令存候計ニ候、恐〻謹言、

二月朔日　公通

甲斐少將殿

十四日、

家宣清揚院桂昌院の佛殿參詣

一、清揚院(徳川綱重、家宣父)様の御佛殿へ、大納言様、御參詣なり、御歸之時、桂昌院(綱吉生母)様の御佛殿へも御參詣遊ハす、

公通への吉保返書

一、公通卿へ答書をつかはす、

*吉保靈元上皇の増地を言祝ぐ

奉書拜見仕候、仙洞御所御領増地、御感之旨、松平紀伊守迄被仰出候得共、猶又御內慮之趣、被奉傳之通、則及言上候處、被爲入御念御儀、被思召候、此旨、宜有奏達候、恐惶謹言、

甲斐少將

二月十四日　判

正親町前大納言殿

*吉里靈元上皇の増地を言祝ぐ

御別翰致拜見候、今度、仙洞御所御領増地、御感被思召之旨、誠以目出度御儀奉恐悅候、御內慮之趣、謹而奉承知、冥加至極難有仕合奉存候、御序之刻、宜御取成賴入存候、恐惶謹言、

二月十四日

甲斐少將

判

正親町前大納言殿

一筆致啓上候、仙洞御所、益御機嫌能被成御座、奉恐悅候、今度、御領御増地、目出度御儀奉存候、御祝儀申上度、捧愚札候、宜御沙汰賴入候、恐惶謹言、

二月十四日

甲斐少將

判

正親町前大納言殿

一筆致啓上仕候、仙洞御所、益御機嫌能被成御座、奉恐悅候、今度、御領御増地、目出度御儀奉存候、御祝儀申上度、捧愚札候、宜御沙汰賴入存候、恐惶謹言、

松平(柳澤吉里)伊勢守

二月十四日　判

正親町前大納言殿

護法常應錄敕題敕序に謝表獻上

十六日、

一、護法常應錄に、仙洞御所より、勅題・勅序を下されしによりて、謝表を奉りて御礼を申上く、其旨を公通卿へたのミつかハす、

*上表の文言

一筆致啓上候、然者、常應錄勅題・勅序被成下、難有仕合奉存候、依之、鄙文畏入候得共、爲奉謝聖恩之万一、上表仕候、宜奏達所仰候、恐惶謹言、

二月十六日　甲斐少將　判

正親町前大納言殿

公通謝表の草稿點附進上

以別紙致啓上候、雖春寒甚候、弥御闔家、可爲御堅固、珎重存候、然者、本書申達候通、謝表獻之候、舊臘可差上与認置候処、法式等、御差圖相待及延引候、何日附用旧冬候、宜御取繕、被差上頼入候、委細祐之（梨木、賀茂權禰宜）迄申達候条、令省略候、恐惶謹言、

二月十六日　甲斐少將　判

正親町前大納言殿

猶以、貴舘爲御覽謝表草稿、点付一冊差進候、以上、

一、今日、仙洞御所へ捧けし謝表の詞、幷に、箱なとの式の書付・繪圖、爰に記す、

從四位下行左近衞權少將兼美濃守臣源朝臣吉保

言ス

特ニ蒙ニフルノ聖-恩一ヲ今-秋八-月、

敕メ以ニ臣カ參-禪訪-法ノ筆-記一ヲ、

賜名護法常應録、
又申錫、以御製序、
本月十三日、謹以頂戴、
者 正名、當物
聖言炳、若丹青、光古被今、
天章倬彼雲漢、
定品題於萬世、垂昭回于九霄、
頻繁寵榮、交併慙懼、

臣吉保誠惶誠恐頓
首頓首上言

竊惟、天聖李都尉之芳躅、
廣燈標稱、乾道
蘇學士之嘉蹤選德賜序、
以騰茂禪苑、或流馥儒林、
自非羽翼佛宗、
具継麗儷張之手眼、
黼黻國運、擅跨唐、

越漢之英華、則何以、
簡徽號於帝心、攄妙文于宸奎、
寘實弗爽、物論莫譁、
況有宋之美譚、在皇和、
而罕例如臣者、
武弁陋族將幕末裨、
起家寒微、顧質疎昧、
少業弓馬、日課、
月試之、有常長侍闈營、
夙興宵寐之無暇、
風雅之道未肄、心性之學何傳、
暨在東海、以守藩務劇、
共治之職、向中禁而、
通籍選清、親衞之街、
幸値休明之期、
倍〻切瞻望之思、
矢口、聊傚堯衢之謠、

抗レメ志ヲ、遙カニ想二フ仙洞ノ之遊一ヲ、
婁〻献二メ俚歌一ヲ、謬蒙二フル御批一ヲ、
又屬二メ凡情難一レ遣リ、恆ニ恐二ル勝縁ノ易一レ違ヒ、
着二ケ鞭ヲ祖關一ニ、染二ハ指ヲ法味一ニ、
請レ益ヲ、就レ正ニ、經二歷ス二十ノ春秋一ヲ、
劣機鈍根、周二旋ス数四ノ耆宿一ヲ、
聊カ錄二ス答問一ヲ、豈擬二センヤ纂編一ニ、
本參二ス須彌一ニ、志願匪レ小ニ、
所レ省スル芥子包容幾多ソ、
固娯二ム塵中ニ偸ヿヲ一レ閒ヲ、
何ソ意ハン、分外ニ獲レントハ譽ヲ、
恭惟、
太上皇帝陛下、惟睿作レ聖ヲ、
德準二トシ農皡唐虞一ニ、自レメ誠而明ナリ、
智貫二ヌク神佛黃老一ヲ、
躋二ケ敬思ヲ於八雲ノ之上一ニ、
翔二ラシム和氣ヲ乎六合ノ之中一ニ、

化猶二風ノ偃一スカ、澤若二雨ノ施一スカ、
兆姓乃樸タリ、萬邦咸寧シ、
九五ノ瑤圖、遂ニ脫二シ屣乎姑射一ニ、
三千ノ桃藥追ヲ、問二フ道ヲ於崆峒一ニ、
粲ミ二耆闍崛《ワシノミヤマ》ノ之拈セル花一ニ、
滂リ二富緒川《トミノオカワ》ノ之聯《ツラナレル》派一ニ、
棲二マシメ神ヲ恬漠一ニ、游二フ藝ニ燕閒一ニ、
鷟軒鳳翥人文、煥二蔚タリ寶篇一ニ、
慶壽裔蒸乾元、氤二氳タリ鴻藻一ニ、
悉ク擧二ケ希代ノ之盛典一ヲ、
遙ニ稽二フ異域ノ之懿猷一ヲ、
恢崇在レ廣二ムルニ於衆流一ヲ、
奬擢不レ遺二於一渇一ヲ、遂ニ使二下么麼ノ之冊一ヲ、
獲上佇二シク經世ノ大家一ニ、讓薄ノ之才乃、
儔上二トシキヿヲ輔教ノ往哲一ニ、賤名托メ、
以テ不レ朽チ鄙語、施二ク之ヲ無疆一ニ、
日照或ハ借二シ瓦礫一ニ、忽驚二ク玉轉珠囘ノ之言一ニ、

*一條兼輝に倣ふた上表函之制

天心、何隔テン二蚑昆一、
殊ニ深二溪山雲月ノ之感一、
不レ知レ所ヲレ謝スル、未レ審ニセ二其由ヲ一、
優惠銘シレ肝ニ二、洪恩鐫ルレ骨ニ二、
唯仰ク二有臨ヲ乎、燭シ玉フ二レ一遠ヲ、
偏ニ憑ル二益高ヲ于聽玉フ二レ一卑ニ、
縶リ二職ヲ蒼壤ニ一、馳ス二望ヲ絳闕ニ一、
伏メ願フ二昭鑒ヲ一、曲ニ垂玉へ二允容ヲ一、
臣無レ任二悚慄屏營ノ之至ニ一、
謹テ拜表以聞ス、
寶永二年歳次乙酉十二月十五日臣吉保

上表

一、上表函ノ之制、朔旦冬至等賀一、表函ノ之制同シレ之ニ二、以二保宇ノ木ヲ一作ルレ之ヲ、長サ一尺二寸餘一、廣サ三寸五分、高サ二寸六分、華足臺ニ載スレ之ヲ、函ノ之裏、容レ二倭錦ノ之折《オリ》堅一、用ユ二白臘口ヲ一、蓋《フタ》打チ覆《キセ》、亦同シレ之ニ二、用テ二強紙ヲ一、書スレ之ヲ

一、一條兼輝公、攝政辭表ノ之時、函ノ之裏、以二萌黃錦ヲ一黏《ハリ》レ之ヲ、無ク二白臘口一、不レ用ヒ二華足ヲ一、直ニ以二函ノ之下方ヲ一而、作ル二華形ヲ一也、上表用テ二檀紙ヲ一而、有リ二懸ケ紙一、通メ用ユ二八枚ヲ一、表ノ之雖三二枚三枚ヨリ至ト二五枚ニ一而、本紙合二懸紙ヲ一以テ爲ト二八枚ト一也、別ニ用テ二檀紙二枚ヲ一、以包ミレ之ヲ、無シ二上括《ウハクヽリ》一也、
右賀表函ノ之制、相傳テ、在ニ二於一條家ニ一、昔年、慈眼大師追號、僧侶上表ス、時ニ清原ノ賢忠卿、爲ニレ之カ懇望メ、以考二出セリ之ヲ一云云、

內箱、
長、外法、壹尺三寸五分、內法、壹尺三寸壹分、
橫、外法、三寸四分半、內法、三寸壹分半、
高、外法貳寸七分、ふた共、內ふた五分、內法、貳寸三分、
但、たちあかり共に、
板あつさ、壹分半、

臺、
長、壹尺五寸五分半、
横、五尺九分、
あつさ、三分、
高、足共一寸七分、はしはミ（端食み）、巾七分

桐外箱の寸法

桐外箱、
長、外法、壹尺七寸二分半、内法、壹尺六寸
五分、
横、外法、七寸九分、内法、七寸三分、
高、外法、五寸五分、内法、四寸八分、
ふた共

〔ココニ圖アリ、便宜口繪ニ載ス〕

瑞春院より御尋の拝受物

十八日、
一、御尋とて、五の丸様より、子篭の鮭一箱を拝受す、

*養女幾子大久保忠英と婚約

廿一日、
一、養娘（野々宮定基女）いくを、大久保傳吉郎忠英に、嫁すへきと
願いぬれは、今日願ひのことくすへきとの仰事
あり、吉里、西の丸（徳川家宣）へ參上し、それより老中、
幷に松平右京大夫輝貞、松平伊賀守忠徳か亭へ
往て、御礼を申上く、

*八重姫より御尋の拝受物

一、御尋とて、八重姫君様より、檜重一組を拝受す、

*吉保吉里靈元上皇へ詠草の添削依頼

一、書を公通卿へ呈して、吉保ハ詠草七首、吉里ハ
十首を、仙洞御所の叡覧なし給はん事を、たの
みつかハす、

一筆致啓上候、仙洞御所、倍御機嫌能被成御
座、目出度奉恐悦候、然は、私詠草七首相認、
此度、致進上之候、不苦思召候は、宜御沙汰
頼入候、恐惶謹言、
甲斐少将（柳澤吉保）

吉里靈元上皇へ詠草十首の添削依頼

*綱吉瑞春院同道で西の丸御成

*吉保登城後參候

*縁組成就に吉保夫妻幾子四所へ進上物

雨天にて寛永寺本坊御成延期

*歳暮の時服獻上の御内書頂戴

*御内書受取る使者の席次

縁組成就に吉保夫妻幾子四所より拜受物

二月廿一日　　判

正親町前大納言殿(公通)

一筆啓上仕候、仙洞御所、益御機嫌能被成御座、目出度奉恐悦候、然は、私詠草十首相認、此度、進上仕候、不苦思召候は、宜御沙汰頼入候、恐惶謹言、

松平伊勢守(柳澤吉里)

二月廿一日　　判

正親町前大納言殿

廿三日、

一、日光御門跡公辨親王(後西皇子、三管領宮)の、(寛永寺)東叡山の坊に御成なるへきを、雨天故に延ひぬ、

一、今朝、公辨親王へ檜重一組を進上す、今日、御成なるへきによりてなり、

一、養娘幾か縁組を、仰出されしによりて、拜受物、御臺所様より、干鯛一箱、妻も同し、幾ハ、紗綾五巻・干鯛一はこ、御簾中様より、干鯛一箱、妻も同し、幾ハ、縮綿(緬、以下同ジ)五巻・干鯛一はこ、五の丸様より、干鯛一はこ、妻も同し、いくハ、縮緬三巻・干鯛一箱、八重姫君様より、干鯛一箱、妻も同し、いくハ、紗綾三巻・干鯛一はこなり、

廿五日、

一、西の丸へ、御成なり、五の丸様も入らせたまふ、吉保、麻上下を着して登城し、それより西の丸へ參候す、

廿六日、

一、養娘幾か縁組の事を、仰出されしによりて、五の丸様・八重姫君様へ、鮮鯛一折充を進上す、妻も同し、幾よりハ、干鯛一箱・樽代五百疋充なり、

一、去る歳暮に、時服を獻上せしによりて、今日、御内書を頂戴す、御内書を受取る使者の席の次第ハ、尾張中納言吉通(徳川)卿・紀伊中將吉宗(徳川)卿・水

＊御内書の文面

＊老中二人歳暮披露を報告

＊瑞春院より吉保夫妻裾分の拝受物

戸中將吉孚（徳川）卿ハ、躑躅の間にて、松平加賀守綱紀・松平左京大夫頼純・松平攝津守義行・松平出雲守義昌・細川越中守綱利・松平伊豫守綱政・松平兵部太輔吉昌、次に吉保、次に、松平備前守長矩・松平陸奥守吉村・松平薩摩守吉貴・松平安藝守綱長・松平淡路守綱矩・松平肥前守綱政・松平大膳大夫吉廣・松平信濃守綱茂・宗對馬守義方・伊達遠江守宗昭・松平右衞門督吉明・松平土佐守豊房・藤堂和泉守高睦・上杉民部太輔吉憲・松平讃岐守頼保・佐竹源次郎義格・松平庄五郎有馬守頼旨・南部備後守久信、幷に兩本願寺、いつれも栁の間にてなり、吉保か使者ハ、家臣柘植多忠（忠繼）勤めて、多忠（忠繼）も、例のことく時服二つを、拝領す、土屋相模守政直か亭に使者をつかハして、御礼を申上く、多忠（忠繼）も、自身の御礼にまいる、大納言様へ、銀を進獻せしによりての奉書をも、多

忠（忠繼）受取る、

為歳暮之祝儀、小袖五到來、歡覺候、委曲、
土屋相模守可述候也、
十二月廿九日　御黑印（徳川綱吉）
甲斐守殿

為歳暮之御祝儀、以使者如目錄、被獻之候、
首尾好遂披露候、恐々謹言、
本多伯耆守正永
十二月廿九日
小笠原佐渡守長重
松平美濃守殿

一、五の丸様より、紋縮緬三端・鱸一折を拝受す、昨日の御すそ（裾分）わけ物となり、

一、五の丸様より、妻に、檜重一組・帯三筋を下されて拝受す、帯ハ、昨日の御すそわけ物となり、

家宣長昌院の佛殿參詣
縁組に吉保夫妻幾子御臺所簾中へ進上物
*阿蘭陀商人四人來訪
縁組に吉保夫妻幾子獻上物拜領物
*土產の贈答廢止す
簾中より裾分の拜受物
*法雲和尚へ返翰
*書簡と詩に別個の印を用ふ
八重姫年始の御膳獻上に進上物拜受物
父子四人裾分の拜領物

廿七日、
一、長昌院(徳川綱重側室、家宣生母)様の御佛殿へ、大納言様御參詣なり、
一、養娘幾か縁組の事を仰出されしによりて、御臺所様・御簾中様へ、鮮鯛一折を進上す、妻も同し、幾よりハ、干鯛一箱・樽代千疋充なり、
一、同し叓によりて、檜重一組・干鯛一箱を献上す、妻幷に、いくもおなし、拜領物ハ、吉保に、三種・二荷、妻に、紅白羽二重三十疋・干鯛一はこ、幾も同し、
一、御簾中様より、緞子三巻・色糸拾斤・鮮鯛一折を拜受す、一昨日の御すそわけ物となり、
廿八日、
一、八重姫君様より、年始の御膳を献したまふによりて、粕漬の鯛一桶を進上し、折壹つ・干鯛一箱を拜受す、
一、御すそわけ物とて、檜重一組・さんとめ(棧留)一端(反、以下同ジ)・御紋の麻上下二具を拜領す、吉里も同し、安通・時睦は、さんとめ一端・麻上下二具充なり、
廿九日、
一、阿蘭陀國の商人、私亭に來る、一人を、はるあのすめんせんと云、年四十六、一人を、れにいるあふるとわあとると云、年二十五、一人を、へんてれきはんけんとゝ云、年二十六、一人を、やあこつふねんとへいきと云、年二十五なり、例年のことく、土產の品々を捧けぬれとも、う(受)けす、物をもあたへす、
一、前の廣壽法雲和尚より、書簡到來して、詩を恵まる、返翰を呈して、和韻二首を贈る、書翰には、甲斐少將と云へる印、詩には、首に、特賜武田累世遺壤中興甲斐一流源氏、尾に、字子明と、松平吉保と云へる二印、又一首には、首に、新羅三郎廿世後胤、尾に、羽林次將と、樂只堂主人と云へる二印を用ゆ、

法雲和尚の書簡

樂只堂年録 第六 寶永三年二月

三-陽啓レ祚ヲ、萬-彙咸-亨ホル、
恭-惟レハ、大-君尊-候、萬-安台-履、
万-福雖モ二須-彌ノ筆舌ト一、
無レ讃シ二-及フ万-一ニ一、
是-歳、宝永三年龍集丙戌、
正月朔有九日、恭シク遇フ二尊-誕ニ一、
令-辰一-週シ尊-甲已ニ全シ、
起テ二甲-子ニ一乃遐-齡、千-歳ノ基、
從レ此立ツ、伏-以大-德大-寿ハ、
大君ノ取ナリ二素-有スル一、
而メ推シテ二其-餘ヲ一、躋ス二兆-民ヲ仁-寿ノ域ニ一、
凡大秋津洲內ノ戴-髮、
含-齒類子咸-皆、沾ホフ二大-平無-爲ノ化ニ一、
誰カ不ランレ致サ二天-長地-久ノ祝ヲ一、
猶如シ下泰-山不レ讓ラ二寸-壤ヲ一、
大-海不レ辭セ二衆-水ヲ一、以レ不ヲレ讓二寸-壤ヲ一、
益增シ二其高ヲ一、以レ不ヲレ辭セ二衆-水ヲ一、
益增スカ中其大ヲ上、縱-使ヘハ如シ下、
春-德-彌二-綸天-地ヲ一、
葭-灰初テ迎カ中陽-氣ヲ上、
意中微万-木、発シレ榮ヲ品-物遂レ生、
原ルニ二夫關-雎樛-木麟-趾ノ之篇ヲ一、
爲二祈-禳ノ之實一、何ソナレハ卽孱-人、
感シ二文-王姤-妃ノ德ニ一、至-實ノ所レ蘊ム發メレ言ニ、
爲レ詩ト所-雖ユル、
窈-窕タル淑-女ハ、君-子ノ好-逑ナリ、
樂シメル-只君-子ハ、福-履綏ンスレ之ヲ、
振-々タル公-子、于-嗟-麟ト云ヘル兮者ハ、
祝-辭ナリ也、祝トハ者、祝-贊ナリ也、
至-實ノ所レ祝スル、杲メ如シ二其之言ノ一、
正ニ今兆-民感シ二大-君ノ仁-德ニ一、
致ス二天-長地-久ノ之祝ヲ一、
亦安ソ淂ンヤレ非ルヿヲ二關-雎麟-趾ノ之-遺-意ニ一、
夫天-地ノ間ハ感ト與レ應耳、

*吉保奉祝の法雲和尚七言絶句

兆民感至徳、心實所祝、
無感不應、此祈禳法、
所以不虚設也、
是以、豊前州小倉牧、
小笠原四品侍従兼右近衛将監源朝臣忠雄、
敬就于廣寿山福聚禪寺、
啓建慶節道場、先月日、
禁會、避忌、潔齋肅敬、
涓吉初五蓂、謹集合山清衆、
頂禮三千佛、特命
留守宰嶋村貫豊、代日詣道場、
警固法會、於初九日、
法會圓滿、由是馳專使、
謹賫疏文・壽桃・福松、
以進献源少将公閤下、
希洞照忠雄微衷、
俯垂鑑納、

至乎泰山増高大海増
大、豈止忠雄一己榮幸而、
已柳亦天下國家之大慶大幸也、
諸不備
謹上、
松平源少将吉保公台下
廣寿洞法雲和南

新春奉祝
松平少将吉保公鴻禧、
并祈教正、
以忠為地信為基、
仁宅義門相得宜、
直是八風吹不動、
三陽開泰、正斯時、
廣寿洞法雲和南草

雲老和尚宛柳澤吉保書簡

溽《テ》書《ヲ》茲《ニ》審《ニス》、
貴州《ノ》小倉《ノ》侍従源朝臣（小笠原忠雄）、
以正月九日、恭《ク》値《ヲ》尊誕《ノ》慶節《ニ》（綱吉生誕日）、
集《テ》貴山《ノ》浄徒《ヲ》、頂禮《シ》三千母陀《ノ》尊号《ヲ》、
祝延《スルヿヲ》大君《ノ》台算千秌万年《ト》、
其《ノ》疏文併《ニ》寿物二件、
特《ニ》走《シメテ》盛伻《ヲ》送致《サル》、
詳《ニスルニ》夫普天、王土、率土、
王臣、々子《ノ》之於《ル》君父《ニ》、
雖竭《シ》力《ヲ》致《ト》身《ヲ》、
何《ヲ》以《カ》能報《セン》其《ノ》恩《ノ》之万一《ヲ》、
唯《く》有《テ》祝祈《ノ》一事《ノミ》、
以微《シク》洩其《ノ》至誠《ヲ》耳、
亦何《ソ》感應有無《ヲカ》之問《ンヤ》哉、
今朝臣、固《ヒ》昭代《ノ》名藩和尚《モ》亦、
清世《ノ》逸人、雖隱見不《ト》同、
亦倶《ニ》飲《ミ》堯《ノ》井《ニ》、倶《ニ》食《ム》堯《ノ》粟《ヲ》、

*吉保法雲和尚の韻を繼ぎ新年を言祝ぐ七言絶句

至心《ノ》所嚮、可《シ》謂當然《之ト》、
況事屬《ス》旧貫《ニ》、孰《カ》謂《ン》不可《ト》、
聞和尚旧臘頗傚《フト》維摩《ニ》、
喜《ラクハ》其《ノ》長文、亹々小楷整遵申《ヌルニ》
以《ス》春帖・春詞・懇曲・鄭重《ナルヲ》、
精神不衰、聰明如《シ》舊《ノ》、
足以證《スルニ》、皆躋《テ》仁壽《ノ》之域《ニ》、
而雖維摩《ト》、亦無可《ノ》示《ス》之疾也、
誠《ニ》如《キハ》、書中所《ノ》喩《ス》春徳彌綸《シ》、
品物遂《ト云》生《ヲ》者《ノ》、吾儕與
和尚及《ヒ》朝臣等、共《ニセン》焉攸慰不少、
更《ニ》須自愛《ス》、不宣、右復、

雲老和尚案下　（柳澤吉保）全透居士

次《ク》韻《ヲ》、
法雲和尚、新年見《ルニ》寄《セ》、

前韻重用の吉保七言絶句

一タヒ自二履-端是レ徳-基一ナル、
春-風春-雨總ニ機-宜、
爲レメニ君カ朗-誦ス新-年ノ句、
已ニ-看ル百-花爛-熳ノ時、
全透居士

重用二ヒテ前-韻一ヲ寄セ-贈ル、
憶《オモフ》臨二ミテ駒-苑（六義園）一ニ陟二リシコトヲ崇-基一、
禪-衲晩-霞相-映メ宜シ、
詩-筒于-今無二シ遠-近一、
依-然タリ霜-葉勝ルレ花ニ時、
甲陽透叟（柳澤吉保）

*簾中より裾分の拝受物
*妻御臺所より上巳の祝儀拝受
*妻簾中より拝受物
*父子四人庚申の檜重拝領
御禮なきにより吉里登城せず
本丸にて家宣夫妻八重姫御覧の御能
吉保吉里拝領物三所より拝受物
*敕賜護法常應錄幷鈔靈元上皇の上覧に入る
御臺所より佳節近き故の拝受物

（表紙題簽）

樂只堂年録　第百八十三巻　寶永三丙戌三月

此巻は、宝永三年丙戌の三月の事を記す、

三月小

朔日、巳未、

一、上巳の佳節近き故に、御礼なきによりて、吉里ハ登城せす、

一、今日、御本丸え、大納言様（徳川家宣）幷に、御簾中様（天英院、近衛熙子）、入らせたまふ、八重姫君様（綱吉養女、徳川吉孚室）も、前月より御逗留なり、御覧のためとて、御能あり、是によりて、檜重壹組を拝領す、吉里も同し、御臺所様（淨光院、鷹司信子）・御簾中様・八重姫君様より、小袖壹重充を拝受す、

一、御臺所様より、鮮鯛壹折を拝受す、上巳の佳節近きによりてなり、

二日、庚申、

一、御簾中様より、大紋の縮緬十端・服紗二十・鱸壹折を拝受す、昨日の御すそわけ（裾分）ものとなり、

一、御臺所様より、妻に（曾雌氏、定子）、肴壹折を下されて拝受す、上巳の御祝儀となり、

一、御簾中様より、妻に、ひほ（紐）をふんこ（文匣）に入れたると、菓子重壹組・肴壹折とを下されて拝受す、

一、檜重壹組を拝領す、吉里も同し、安通（經隆）・時睦ハ、紅白縮緬五巻充、庚申によりてなり、

一、書を公通卿（正親町）へ呈して、常應錄一部七冊、幷に鈔一部三十三冊を、仙洞御所（靈元上皇）の叡覧に入れん事をたのみつかハす、いつれも序の尾に、吉保と云へる印を用ゆ、

内箱に、

敕賜護法常應錄、　全部七冊、

敕賜護法常應錄鈔、　全部三十三冊、

敕賜護法常應錄及び同鈔の靈元上皇を公通依賴

*上巳の御禮定例

*吉里西の丸へも參上

*吉保夫妻瑞春院より上巳の祝儀拜受

*吉保夫妻八重姫より上巳の祝儀拜受

上皇への常應錄叡覽仲介を謝す

*雷烈しく再登城

*吉保父子四人上巳の祝儀拜領

外筥に、

　敕賜護法常應錄、　一部、

　敕賜護法常應錄鈔、　一部、

一筆致啓上候、仙洞御所、倍御機嫌能被成御座、奉恐悦候、然は、兼而申達候、常應錄一部七冊、幷鈔一部三拾三冊、此度差登候、愚鈔、如何敷候得共、宜御披露所仰候、恐惶謹言、

　　三月二日　　甲斐少將(柳澤吉保)　判

　正親町前大納言殿(公通)

以前紙申達候御一家、彌可爲堅固、珎重存候、家內無異儀候、本紙申入候通、常應錄・鈔共ニ、二部、首尾能、御披露於被遊叡覽は、本望不過之候、何分ニも、可然樣賴存候、毎度御六ヶ敷事共申入、痛入候、猶期後音候、恐惶謹言、

　　三月二日　　甲斐少將　判

　正親町前大納言殿

三日、

一、上巳の御禮、例のことし、吉里、退出する時、西の丸(德川家宣)へまいる、

一、五の丸樣(瑞春院、明信院生母)より、吉保に、造り花ある菓子重壹臺・小するめ壹箱、妻に、ひし餅、幷に干鯛壹箱を下されて拜受す、當節の御祝儀となり、

一、八重姫君樣より、檜重一組を拜受す、前におなし、

一、晩八つ時過に、雷はけしきによりて、登城して、御機嫌を伺ふ、

一、當節の御祝儀とて、檜重壹組・干鯛壹筥を拜領す、吉里も同し、安通・時睦ハ、縮緬五卷充なり、

年頭拜賀の敕使等到着
*近衛家凞との對面に簾中へ進上物
*能役者による能組
公家衆と對顔
公家衆吉保亭來訪
公家衆辭見
*吉保夫妻簾中より拜受物
吉保今年より公家衆との贈答廢止
敕使の年頭拜賀終了に拜領物
*清閑寺凞定を招請し囃子で饗應
猿樂で公家衆を饗應

一、今日、敕使(東山天皇)、柳原前大納言資廉卿・高野前中納言保春卿、仙洞使、清閑寺前大納言凞定卿、幷に近衛前關白左大臣家凞公(近衛基凞息、天英院兄弟)到着なり、女院(新崇賢門院)・准后(敬法門院、松木宗子)・女御使(承秋門院、幸子)ハ、兩傳奏兼らる、

四日、

一、公家衆、登城にて、御對顔なり、是によりて、烏帽子・直垂を着して登城す、吉里も同し、

一、公家衆、私亭に過らる、

五日、

一、今日、勅使・院使、登城にて、御答あり、且歸路の暇を下さる、是によりて、烏帽子・直垂を着して登城す、吉里も同し、例年、公家衆と贈答の音物すれとも、今年よりやむ、

一、檜重壹組を拜領す、吉里も同し、御答すむによりてなり、

六日、

一、猿樂を仰せて、公家衆を享(饗、以下同ジ)したまふ、是によりて、熨斗目長上下を着して登城す、吉里も同し、

一、御簾中様ゑ、香爐・火鉢壹箱・鮮鯛一折を進上す、明日、近衛前關白家凞公へ御對面なるへきによりてなり、

一、今日の能組ハ、翁・千歳、觀世藤十郎、三番三(叟)、仁右衛門、高砂、觀世大夫、田村、金剛大夫、東北、宝生大夫、紅葉狩、九郎、金札、三十郎、狂言ハ、麻生を、仁右衛門、しひれを、傳右衛門勤む、

七日、

一、御簾中様より、檜重壹組、鮮鯛壹折を拜受す、妻も同し、近衛前關白家凞公ゑ、御對面なるによりてなり、

九日、

一、清閑寺前大納言凞定卿(綱吉側室大典侍兄弟、竹姫父)を招請す、是によりて、檜重壹組・鮮鯛壹箱を拜領す、右京大夫輝貞(松平)・松平伊賀守忠德、手帋にて傳ふ、囃子させて享

す、吉里・安通・時睦も舞ふ、此外、畫師をして繪をかゝしめて慰む、

畫師に繪を描かしむ

＊吉保贈歌　八重姫より拜受物

一、八重姫君様より、檜重壹組を拜受す、今日、中納言綱條卿（徳川）より、御膳をしんしたまふによりてなり、

妻簾中へ進上物

一、妻より、御簾中様へ、鮮鯛壹折を進上す、近衛前關白家熈公へ、御對面ありし叓、祝しかてらに、御機嫌をも伺ひたるなり、

＊吉里贈歌　母妻頼子御庭の櫻花他拜領

一、母（了本院、佐瀬氏）・妻・吉里か妻（酒井氏、頼子）に、御庭の櫻花壹桶・干菓子壹箱・鮮干の鯛壹箱充を下されて、拜領す、

吉保吉里清閑寺凞定と詩歌贈答

＊清閑寺凞定返歌

一、今日、凞定卿（清閑寺）へ、卽興の詩歌を呈す、歌ハ返しあり、共に爰に記す、

吉保卽興の五言絶句

卽興、

花-氣勝ルニ尋-常ニ一、
怪ミ來ル非ニ我カ郷ニ一、
想ニ應ニ天-上ノ客、
遙ニ惹クナルニ御-炉ノ香ヲ一、

樂只堂吉保艸

さくら花に添て
けふ匂ふ大宮人の袖の香に
庭のさくらも色やそふらん　吉保

さくら添て
みはやさん人待えつゝ手折そよ
色香も深き庭のさくらは　吉里

返し
咲にほふ花も幾世の末かけて
さかゆく宿の春契らん　凞定

十日、

＊御臺所より御尋の拜領物

一、御尋とて、御臺所様より、櫻花壹桶・檜重壹組を拜領す、

簾中經由で近衞家凞より手鑑他拜受

一、近衞前關白家凞公より、料紙・硯箱壹通り、手鑑壹箱を拜受す、御簾中様より、とゝけたまふよしを、女臣、文にて傳ふ、

公辨法親王へ名酒磨茶進上

一、日光御門跡公辨親王（後西皇子、三管領宮）へ、名酒二德利・磨茶二色をしん（進）上す、

十一日、

近衞家凞の願による御能

一、近衞前關白家凞公の願によりて、御能あり、その外の公家衆も登城せらる、是によりて、のし目長上下を着して、登城す、吉里も同し、御能組ハ、白髭、御（綱吉）、八嶋、大納言様、羽衣、御なり、

妻三所へ御機嫌伺の進上物

一、妻より、御臺所様へ、櫻花壹桶・粕漬鯛壹桶、五の丸様へ、櫻花壹桶・粕漬の鰡壹桶、八重姫君様へ、櫻花壹桶・塩魴壹桶を進上して、御機嫌を伺ふ、

吉保夫妻八重姫より音問の拜受物

一、八重姫君様より、檜重壹組を拜受す、妻ハ鮮鯛壹折、尋常の御音問なり、

＊靈元上皇領地増地への吉保祝詞を喜悦

一、公通卿の答書到着す、

仙洞御領御増地、目出度御儀、依之御祝詞、被申上飛翰之趣、則令披露候處、御感之御事候、宜申達之旨、御氣色ニ候、恐〻謹言、

三月二日　公通

甲斐少將殿

＊正親町公通常應録勅序への吉保謝表を評價

芳簡被閲候、餘寒之節候得共、弥御堅固之旨、珎重存候、

一、仙洞御領御増地之儀ニ付、奉書之趣、被遂御披露候、御返翰之旨、令言上候、

一、常應録勅序、御拜受謝表一卷、披見令感心候、箱申付候間、出來次第、可致披露候、舊臘可被差登旨、披認置候處、法式考之儀ニ付、被及延引候、何舊冬之日付候間、宜令沙汰之由、得其意候、是又、謝表草稿点

吉保詠草への添削承諾
霊元上皇最近輕度の瘧病
*右衛門佐局死去
霊元上皇領地増地への吉里祝詞を喜悦
*町子服忌定式
吉里詠草の披露不例につき延期
*經隆時睦服忌受けず

付一冊、給之爲、御念入義存候、
一、和哥七首詠草、御覽之儀、御願之由、得其意候、仙洞此比、御瘧病ニ候、尤御輕儀故、御機嫌は宜御座候間、御氣遣有間敷候、因茲、御詠草披露、可及遅引候、猶追而可申述候、恐々謹言、
三月二日　公通
甲斐少將殿
仙洞御領御増地、目出度御儀、依之、御祝詞被申上飛翰之趣、則令披露候處、御感之御事候、宜申達之旨、御氣色ニ候、恐々謹言、
三月二日　公通
（柳澤吉里）松平伊勢守殿
芳翰披覽、弥御堅固之由、珎重候、然は、和哥十首詠草御覽之義、御願之由得其意候、仙洞此比、少々御不例ニ候故、披露及延引候、猶追而可申述候、恐々謹言、
三月二日　公通
松平伊勢守殿
一、右衛門佐の局（大奥總取締、正親町町子生母）、今日死去す、右衛門佐ハ、桃井内蔵允之政か養母なり、之政か妻ハ、故正親町前大納言実豊卿の妾にて、安通か実母（正親町町子）の母なり、安通が実母を産みて後、之政に嫁しぬ、安通か実母を、之政か養女にせるとの仰ハありて、養育ハせさりし故に、安通か実母、実方の服忌ハ定式之通に受くへし、養方の父ハ忌三十日、服百五十日、兄弟姉妹ハ、平に半減の服忌なり、その外の養方の親類に服忌なし、是によりて、右衛門佐が服忌を受す、之政か妻ハ祖母なれ共、半減の服忌を安通・時睦受くへし、此外、之政并に之政か方の親類にハ、服忌なし、是により

*簾中より御尋の拝受物
家宣初御成の祝儀に酒井忠擧忠良を振舞ふ
*御臺所の花見御膳進上に進上物
*父子四人裾分の拜領物
*家宣初御成の祝儀に藤堂高睦松平信高を振舞ふ
近衞家凞へ返禮の進上物
妻簾中へ花他進上

て安通・時睦も右衞門佐か服忌を受す、
十三日、
一、先頃、大納言樣、始て成らせたまふ祝儀とて、今日、酒井雅樂頭忠擧・同興四郎忠良を振舞ふ、松平甲斐守信高・京極縫殿高或・同內膳高澄・松平對馬守昭因・西尾播磨守忠直・酒井下總守忠英・酒井玄蕃忠周・同主水忠術・松平主馬定周も來る、勝手の取持ハ柳沢八郎右ヱ門信尹・松平彥十郎政眞・藥師寺宗仙院法印元常・山本加兵衞久文・半田丹阿弥景張・坂入半平重信なり、
一、近衞前關白家凞公、先頃、吉保事を御簾中樣まて愬にのたまひて、賜ハり物もある故に、今日、使者をつかハして、色羽二重二十疋・鮮鯛壹折を進上す、
一、妻より、御簾中樣へ、花一桶・鮮鯛壹折をしん上す、

十五日、
一、御尋とて、御簾中樣より、檜重壹組・鮮鯛壹折を拜受す、
十八日、
一、御臺所樣より、花見の御膳を進したまふによりて、粕漬の鯛壹桶を進上す、
一、御すそわけの拜領ものハ、檜重壹組、吉里も同し、安通・時睦ハ、玉嶋〔縞、以下同ジ〕織貳端充なり、
一、先頃、大納言樣始て成らせたまふ祝儀とて、今日、藤堂和泉守高睦・松平甲斐守信高を振舞ふ、松平石見守乘宗・中根壹岐守正冬・久松忠次郎定持・舩越三郎四郎景通・松平新左衞門政容・舩越吉五郎景親・杉山安兵衞重昌・同權三郎重賢・荻原彥次郎重定・河村新五兵衞通顯・藥師寺宗仙院法印元常・澁江松軒法眼長㐂・井關正伯法眼・小川杢左衞門重清・伊藤新兵衞清相・吉田常阿弥守政も來る、勝手の取持ハ、山高八

能興行

*能興行

八重姫より御尋拝受

家宣初御成の祝儀に細川綱利松平頼保を振舞ふ

*近衛家凞辭見の對面に妻簾中より拝受物

*妻簾中へ進上物

*御臺所より御尋の拝受物

*慧照院安基の十三回忌

*簾中より百人一首色紙他拝受

左ヱ門信賢・松平彦十郎政眞・柳沢源七郎信尙なり、能を興行す、

十九日、

一、御尋とて、八重姫君様より、檜重壹組を拝受す、

一、先頃、大納言様始て成らせたまふによりて、祝儀とて、細川越中守綱利・松平讃岐守頼保を振舞ふ、武田越前守信定・同下野守信令・折井淡路守正辰・三枝攝津守守相・萩原近江守重秀・武田織部信冬・石原市左衛門次春・青木興右衛門信治・米倉新五郎昌豐・川窪六左衛門信亮・平岡市右衛門資明・秋山十右ヱ門正方・曾雌權右衛門定救・長田新右衛門房明・武田興左衛門信常・柳沢彦左衛門政俊・松平新左衛門政容・中山主馬信庸・伊奈半左衛門忠順・折井市左衛門政澄・山高興助信政・三枝惣四郎守行・柳沢武次郎信之・雨宮勘兵衛忠恆・平岡彦兵衛良久・曾雌儀右衛門定廣・小川杢左衛門重清・吉田一庵法眼宗貞・小嶋昌怡法眼・小森西倫法眼・丸山昌貞も來る、勝手の取持ハ、柳沢八郎右衛門信尹・曲淵越前守重羽・鈴木三郎九郎重助なり、能を興行す、

廿一日、

一、御簾中様より、妻に、鮮鯛壹折・檜重壹組・帯十筋を下されて拝受す、今日、近衛前關白家凞公へ、御暇乞の御對面あるによりてなり、

一、妻より、御簾中様へ、八丈嶋十端、鮮鯛壹折を進上す、前に同し、

一、御尋とて、御臺所様より、檜重壹組・鮮鯛壹折、を拝受す、

一、惠(慧)照院(安基、生母飯塚染子)が十三回忌(元祿七年三月廿一日早世)なるによりて、鳳林寺にて法事を執行ふ、

廿三日、

一、御簾中様より、にほひ(匂)の玉十かけ(懸)、百人一首を、色紙に認たるを壹箱、香合十二・縮緬十巻・鮭

壹筥を拜受す、近衛前關白家煕公より進したまふ内にての、御すそわけものとなり、

一、御簾中樣へ、鮮鯛壹折を進上して、御機嫌を伺ふ、近衛前關白家煕公、發駕なるによりてなり、

廿四日、

一、風氣の心持にて、登城せす、

一、駒篭〔込〕の下屋鋪（六義園）の家臣等か長屋燒亡す、是によりて、右京大夫輝貞・井上河内守正岑へ、使者をつかハしてそのよしを告く、

廿五日、

一、風氣快くて登城す、

一、御尋とて、五の丸樣より吉保に、鱸壹折、妻に、小檜重壹組・薯蕷壹箱を下されて、拜受す、

一、今日、大納言樣、濱の御殿（後の濱離宮）へ御成なり、

廿六日、

一、明日、東叡山（寛永寺）への供奉を、吉保勤むへけれハ、今日、登城せすして、病後の保養すへきとの仰を蒙る、

一、御尋とて、八重姫君樣より、鮮鯛壹折を拜受す、

廿七日、

一、日光御門跡公辨親王の、東叡山（寛永寺本坊）の坊に、御成なり、熨斗目麻上下を着して供奉す、

一、御尋とて、御簾中樣より、鮮鯛壹折を拜受す、

一、御尋とて、御臺所樣より、妻に、鯛壹折を下されて拜受す、

近衛家煕進獻の裾分
*八重姫より御尋拜受
近衛家煕發駕により簾中へ進上物
*寛永寺本坊御成供奉
風邪氣味にて登城遠慮
*簾中より御尋拜受
六義園の家臣長屋燒亡
*妻御臺所より御尋拜受
風邪快然登城
吉保夫妻瑞春院より御尋拜受
家宣濱御殿へ御成
明日の寛永寺供奉に備へ登城せず

＊家宣小石川御殿御成
＊妻簾中より御尋拜受
＊靈元上皇吉保の上表護法常應錄同錄抄叡覽
簾中家宣へ御膳進上に拜受物
＊靈元上皇吉保の謝表を高評價
簾中へ進上物
徳川綱條の駒込居館入りに八重姫より拜受物

（表紙題簽）

樂只堂年錄　第百八十四巻　寶永三丙戌四月

此巻は、宝永三年丙戌の四月の事を記す、

四月大

朔日、戊子、

二日、

一、御簾中様（天英院、近衛凞子）より、檜重壹組・鮮鯛壹折を拜受す、近衛前関白家凞公（近衛基熈息）、此間、関東に滞留し給ふ內、御對顔なと、御首尾能觀式調ひて、發駕したまふとて、今日、大納言様（徳川家宣）へ、御祝ひの御膳を、進したまふによりてなり、

一、御簾中様へ、鮮鯛壹折を進上す、前に同し、

一、八重姫君様（綱吉養女、徳川吉孚室）より、檜重壹組・鮮鯛壹折を拜受す、中納言綱條卿（徳川）、今日、駒込の御居館へ入りたまふによりてなり、

四日、

一、小石川（將軍家別邸）の御殿へ、大納言様御成なり、

一、御尋とて、御簾中様より、妻（曾雌氏、定子）に、大紋の綸子十端（反、以下同ジ）・檜重壹組・鯛壹折を下されて、拜受す、

一、公通卿（正親町）の奉書到來し、吉保か上表、幷に護法常應錄と、同錄の抄を、仙洞（靈元上皇）御所の叡覽なしたまひぬる事を傳へらる、やかて答書を遣す、

常應錄勅題・勅序、拜受之、仍、献上謝表、則披露候處、文章明備、意趣不凡、御感不斜候、右之趣宜申達之旨、仙洞御氣色ニ候、恐ゝ謹言、

三月十九日　公通

甲斐少將殿（柳澤吉保）

謝表の箱等法式も高評價

御別紙被閲候、御一家弥無異儀候由、珎重存候、然は、謝表被献之、則致披露候處、箱等叶法式、御感不斜候、旧臘之日付候間、宜令沙汰之由承知、首尾能候条、可御心安候、猶期後音之時候、恐々謹言、

三月十九日　公通

甲斐少將殿

草稿點付下賜を謝す

追而爲愚覽草稿点付一冊、賜之、爲御念入義、忝存候以上、

*謝表への靈元上皇の高評價を謝す

常應錄同抄官庫永久保存となる

常應錄七巻・同抄三十三巻獻上之、則令披露候處、御感之至、永可被納置官庫候、此旨宜相達之由、仙洞御氣色ニ候、恐々謹言、

三月廿一日　公通

甲斐少將殿

公通常應錄の官庫永久保存を祝す

御別紙披見、御一家御堅固候由、珎重存候、

愚宅無異儀候、然は、常應錄幷抄、被献之、首尾克致披露候、淸書・表紙等、丁寧之至、殊外御感之御內沙汰候、永可被納置官庫之由、誠以冥加御叶、目出度令存候、猶期後音之時候、恐々謹言、

三月廿一日　公通

甲斐少將殿

御奉書拜見仕候、然は、常應錄勅題・勅序、被成下候付、謝表獻上之候處、仙洞御所、被備叡覽、御感被思召之旨、誠以冥加至極、難有仕合奉存候、此等之趣、御序之刻、宜預奏達候、恐惶謹言、

四月四日　甲斐少將
判

正親町前大納言殿

公通の取持を謝す吉保返書

*公通家族の堅固を言祝ぎ常應錄官庫奉納を喜悦す

吉保常應錄官庫保存措置を喜悦

*裾分の拝領物

*吉保謝表への靈元上皇の思召を喜悦す

御返翰致拝見候、常應錄謝表致獻上之處、首尾能被遂御披露、箱等叶法式、御感被思召之段、誠以冥加至極、難有仕合奉存候、偏御取持故と、厚情難忘忝存候、恐惶謹言、

甲斐少將

四月四日　判

正親町前大納言殿

御奉書拝見仕候、常應錄七冊・抄三十三冊、獻上之候處、仙洞御所、被備叡覽、御感被思召、永可被納置官庫之旨、誠以冥加至極、難有仕合奉存候、此等之趣、宜預奏達候、恐惶謹、

甲斐少將

四月四日　判

正親町前大納言殿

御別簡致拝見候、御一家、弥御堅固珎重存候、然は、常應錄幷抄、仙洞御所、被備叡覽候處、御感被思召、永可被納置官庫之段、冥加至極、難有仕合奉存候、偏御取持故と忝存候、恐惶謹言、

甲斐少將

四月四日　判

正親町前大納言殿

五日、

一、檜重壹組を拝領す、御すそわけ物となり、

一、書を公通卿へつかハして、吉保か上表、幷に護法常應錄と、同錄の抄を、仙洞御所の叡覽なし給ひぬる御禮を申上く、

一筆致啓上候、仙洞御所、益御機嫌能被成御座、奉恐悦候、然は、常應錄勅題・勅序被成下候ニ付、先頃謝表獻上候處、則被備叡覽、

*登城の途次御臺所御殿へ參上

*公辨法親王へ砂糖漬進上

*參勤大名の御禮

吉保常應録官庫保存措置を喜悦す

*公辨法親王の發駕に珍多酒進上

*妻八重姫より尋常音問拝受

*明信院三回忌に吉保夫妻吉里增上寺牌前へ香奠銀供す

御臺所より紅切拝受

詞意叡襟相叶、不斜被思召之旨、希代名望、誠以冥加至極、難有仕合奉存候、右之趣、御序之刻、宜預奏達候、恐惶謹言、

甲斐少將

四月五日　判

正親町前大納言殿

一筆致啓上候、仙洞御所、益御機嫌能被成御座、奉恐悦候、然は、常應録幷抄、獻上之候處、被備叡覽、剩御感被思召、永可被納置官庫旨、不存寄仕合、誠以冥加至極、難有奉存候、右之趣、宜預奏達候、恐惶謹言、

甲斐少將

四月五日　判

正親町前大納言殿

七日、

一、御尋とて、御臺所様（淨光院、鷹司信子）より、へに（紅）切壹組を拝受す、

九日、

一、登城の時に、御臺所様の御殿へまいる、

一、日光御門跡公辨親王（後西皇子、三管領宮）へ、砂糖漬一壺を進上す、近日日光山（輪王寺）へ御發駕なるへきによりてなり、

十一日、

一、麻上下を着して登城す、參勤の大名、御禮を申上るによりてなり、

一、日光御門跡公辨親王、近日日光山へ、御發駕なるへきによりて、內〻より、珎多酒一德利を進上す、

一、八重姫君様より、妻に、杉重壹組を下されて拝受す、尋常の御音問なり、

十二日、

一、明信院様（綱吉女、鶴姫、生母瑞春院）の三回の御遠忌なるによりて、增上寺の御牌前へ香奠銀を供す、吉保よりハ、拾枚、使者、荻澤角左衛門正府、妻よりハ、三枚、使者、近藤興右衛門祐守、吉里よりも、三枚、使

吉保夫妻二所へ御機嫌伺の進上物
*瑞春院より拝受物
妻八重姫より御尋拝受
*簾中より裾分の色繻子拝受
御暇の大名衆
*家宣紅葉山内宮參詣
綱吉御臺所同道で西の丸へ御成
*濱御殿へ家宣八重姫御成
父子四人裾分の拝領物
*三井寺惣代新羅明神の修復願ふ
*吉保個人的に銀百枚寄進
御臺所より吉保夫妻裾分拝受

者、柳生内藏助勝興、
一、御臺所様・五の丸様（瑞春院、明信院生母）へ、檜重壹組充を進上して、
御機嫌を伺ふ、妻よりも、壹組充を進上す、
十三日、
一、御尋とて、八重姫君様より、妻に、檜重壹組を
下されて拝受す、
十四日、
一、麻上下を着して登城す、御暇を下さるゝ、大名
衆あるによりてなり、
十五日、
一、西の丸へ、御成なり、御臺所様もいらせたまふ、
吉保、登城して、それより彼の丸へ參候す、大
納言様より、進せられたる內にての、御すそわ
けとて、茶宇嶋〔縞、以下同ジ〕貮端〔丹、以下同ジ〕を拝領す、吉里・安通（經隆）・時
睦もおなし、
十六日、
一、御臺所様より、縫入たる綸子の服紗五つ・嶋染

の縮緬三端を、文庫に入れて拝受す、妻ハ、袷
壹重・肴壹桶、昨日の御すそわけ物となり、
一、五の丸様より、大紋の綸子三巻・干菓子壹組・
干たい（鯛）壹箱を拝受す、此間、例年のことく、品
ゝを御拝領あり、且御內ゝの御振舞も、昨日す
ミたるによりてなり、
一、御簾中様より、色繻子五巻を拝受す、昨日の御
すそわけ物となり、
十七日、
一、紅葉山（御廟所）の御內宮（東照宮）へ、大納言様御參詣なり、
十八日、
一、濱の御殿（後の濱離宮）へ、大納言様御成なり、八重姫君様も
入らせたまふ、
一、江州三井寺の、新羅明神の社、破壊する事を歎
きて、寺中の惣代とて、三光院法印眞榮來りて、
神社を修復せん事を願ふ、はゝかる（憚）處もあれは、
修復をは辞しつ、されとも三郎（源義光）殿の由緒ましま

す神社なる故、銀百枚を寄進す、

妻二所へ六義園の菖蒲他進上

一、妻より、御臺所様へ、駒込（六義園）の屋敷のあやめ一桶・粕漬の鯛壹桶、五の丸様へ、あやめ壹桶・粕漬の鰺壹桶を進上して、御機嫌を伺ふ、

十九日、

吉保夫妻八重姫より拝受物

一、八重姫君様より、吉保に、檜重壹組、妻に、石臺壹つ・鯛壹折を下されて、拝受す、昨日、濱の御殿にて進せられたる御すそわけ物となり、

妻二所へ御機嫌伺の花他進上

一、妻より、御簾中様へ、花壹桶・粕漬の鯛壹桶、八重姫君様へ、花壹桶・粕漬の魴壹桶を進上して、御機嫌を伺ふ、

靈元上皇吉保詠歌七首添削し出來映稱贊

*靈元上皇吉保に手鑑匂袋下賜

吉里拝領の自讃歌筆者冷泉爲綱外題堯延法親王

一、（正親町）公通卿の奉書到着して、先頃願ひ奉りし和歌を、（靈元上皇）仙洞御所の叡覧なしたまひぬる事を傳へ、又仙洞御所よりの拝領ものをつたへらる、吉保に、當時の公家衆の自詠の歌の手鑑壹帖、幷に匂袋五つ、吉里に、自讃歌壹冊、筆者ハ、冷泉爲綱卿にて、外題ハ、妙法院御門跡無品法親王堯延（靈元皇子）なり、幷に匂袋三つなり、手鑑の巻頭ハ、仙洞御所の、御在位ならせたまふ時の御製なるを、宸筆に遊ハしたるなり、御脱屣以後の御歌ハ、珎しからぬ事なる故に、この御歌を下さるゝと云ふ事を、公通卿より安通か実母（正親町町子）へ傳へらる、

和歌七首詠草御覧、殊外御褒美之御事候、右之趣宜申達之旨、仙洞御氣色候、恐々謹言、

卯月五日　公通

甲斐少將殿

依仙洞仰一筆啓達、弥堅固候哉、被聞召度候、然は、御手鑑一帖・御匂袋五、被下之候、右之趣、宜申達之旨、御氣色ニ候、恐々謹言、

卯月五日　公通

甲斐少將殿

靈元上皇吉里詠歌十首添削

和歌十首詠草、御覧被下候、宜申達之旨、仙洞御氣色ニ候、恐々謹言、

卯月五日　　公通

（柳澤吉里）
松平伊勢守殿

吉里に歌書匂袋三下賜

依仙洞仰一筆啓達、弥堅固候哉、被聞召度候、然は、御哥書一冊・御匂袋三、被下之候、此旨宜申達之由、御氣色ニ候、恐々謹言、

卯月五日　　公通

松平伊勢守殿

吉保へ下賜の公家衆自詠歌手鑑
巻頭歌は靈元上皇在位中の御製宸筆

正朔子日　院御製
早春山　關白鷹司前左大臣兼凞公
紅葉　右大臣九條輔實公
逢戀　中務卿宮伏見邦永親王
初冬霜　內大臣二條綱平公
寄風戀　前內大臣中院通茂公

簾外橘　一位葉室前大納言頼孝卿
鶴立洲　右大将今出川大納言伊季卿
旅行友　久我大納言通誠卿
名所瀧　園大納言基勝卿
漁父　中院大納言通躬卿
忍逢戀　西園寺大納言致季卿
名所松　勸修寺前大納言經慶卿
舟五月雨　柳原前大納言資廉卿
故郷萩　萬里小路前大納言淳房卿
鶴聲近　正親町前大納言公通卿
稀逢戀　松木前大納言宗顯卿
曉更鷄　清水谷前大納言實業卿
寄虫戀　庭田前大納言重條卿
春月　廣幡前大納言豊忠卿
橘知昔　油小路前大納言隆眞卿
隔戀　姉小路前大納言公量卿
別戀　中山前大納言篤親卿

久戀　淸閑寺前大納言凞定卿
名所浦　冷泉中納言爲經卿
月前鐘　飛鳥井中納言雅豊卿
蛙　大炊御門中納言經音卿
塩屋煙　三條中納言公統卿
寄鐘戀　坊城中納言俊淸卿
林鳥　東園中納言基長卿
曉天水鶏　久我中納言輔通卿
早梅　鷲尾中納言隆長卿
禁庭花　日野中納言輝光卿
紅葉淺　風早前中納言實種卿
來不留戀　裏松前中納言意光卿
初鶯　西洞院前中納言時成卿
都春曙　穗波前中納言經尙卿
竹　日野西前中納言國豊卿
關　高野前中納言保春卿
深雪　櫛笥前中納言隆慶卿

砌松　藤谷前中納言爲茂卿
名所里　平松前中納言時方卿
寄木戀　高倉前中納言永福卿
深更鴈　石井宰相行豊卿
初言出戀　武者小路宰相實陰卿
徑雨　冷泉宰相爲綱卿
林新樹　野宮宰相定基卿
擣寒衣　滋野井宰相公澄卿
寄鏡戀　中山宰相兼親卿
冬月　廣橋宰相兼廉卿
初秋風　押小路前宰相公音卿
山櫻　梅小路前宰相共方卿
竹爲友　外山前宰相光顯卿
旅宿　清岡前宰相長時卿
浦鶴　藤浪二位景忠卿
深山花　吉田二位兼敬卿
浦千鳥　花園三位公晴卿

夕梅　萩原三位員従卿
寄蓬戀　竹屋三位光忠卿
歴夜待戀　東久世三位博高卿
溪蕨　交野三位時香卿
柳　風早三位公長卿
郭公稀　桑原三位長義卿
遠帆連波　四條三位隆安卿
嶺雲　久世三位通夏卿
七夕契　石山三位基董卿
宴遊　水無瀬三位氏孝卿
石間氷　藤波三位徳忠卿
田上霧　岩倉三位具統卿
旅　六條三位有慶卿
松蔦　梅濱三位通條卿
瞿麥露滋　石井三位行康卿
早苗多　愛宕三位通晴卿
山家　頭中將姉小路實紀朝臣

露　冨小路兵部大輔貞維朝臣
海邊霞　西大路中將隆榮朝臣
翠松遶家　山本中將公尹朝臣
麓鶉　石野中將基顯朝臣
冬地儀　藤谷中將爲信朝臣
栽萩　高野中將保光朝臣
野遊絲　樋口右兵衞佐康熈朝臣
曉水鷄　山井修理權大夫兼仍朝臣
餘寒雪　芝山右衞門權佐廣豐朝臣
夕千鳥　大宮中將公央朝臣
郭公　油小路中將隆典朝臣
里梅　長谷少納言範量朝臣
遙見花　阿野中將公緒朝臣
松雪　櫛笥中將隆実朝臣
橘　裏辻中將公視朝臣
瀧下款冬　押小路中將実岑朝臣
寄山鳥戀　冷泉中將爲久朝臣

寄木戀　外山左衛門權佐光和朝臣
炭竈煙細　竹內彈正大弼惟永朝臣
海村　入江民部權少輔相尚朝臣
嶺歸鴈　六角中將益通朝臣
埋火　北小路中務大輔德光朝臣
山家　清水谷中將雅季朝臣
河柳　頭辨萬里小路尚房朝臣
卯花似月　甘路〔露〕寺辨尚長朝臣
社頭祝　烏丸辨光榮朝臣

*大猷院佛殿參詣先立家宣紅葉山佛殿參詣

廿日、
一、東叡山（寛永寺）にて、大猷院（徳川家光）様の御佛殿へ、御參詣なり、吉保、御先立を勤む、大納言様ハ、紅葉山（御廟所）の御佛殿へ御參詣なり、

*大久保忠英養女幾へ結納

廿一日、
一、今日、辰の上刻に、養娘幾かもとへ、大久保傳吉郎忠英より、結納の祝儀來る、媒酌ハ、曲淵越前守重羽・下条長兵衛信隆なり、傳吉郎忠英か使者、杉浦平大夫政陽へ、義景の刀一腰・代金七枚の折紙あるを添、使者笠原甚平義進へ、銀五枚を與ふ、

*結納整ひ吉保夫妻幾獻上物拜領物

一、同し事によりて、檜重一組・干鯛一箱を獻上す、妻、幷に幾もおなし、拜領ものハ、吉保に、三種二荷、妻に、鯛壹折・紅白羽二重三十疋、幾もおなし、

*吉保詠歌七首への靈元上皇添削へ謝意

一、公通卿へ答書をつかハす、

先頃奉願候和歌七首詠草、被遂言上、仙洞御所被遊叡覽、御添削被成下、殊御点數多頂戴、猶更御內慮之趣、誠以難有仕合、冥加至極奉存候、此等之趣、宜預奏達候、恐惶謹言、

甲斐少將

四月廿一日　　判

正親町前大納言殿

吉保靈元上皇より拜領の手鑑匂袋へ謝意

御奉書拜見仕候、仙洞御所、益御機嫌能被成
御座、目出度奉恐悦候、將又、御手鑑一帖・
御匂袋五、拜領被仰付、則奉頂戴勅諚之趣、
誠以冥加至極、難有仕合奉存候、此旨、宜預
奏達候、恐惶謹言、

甲斐少將

四月廿一日　判

正親町前大納言殿

吉里詠歌十首への靈元上皇添削へ謝意

御奉書拜見仕候、愚詠十首奉願候通、被遊叡
覽、御添削被成下、謹而頂戴奉拜見候、誠以
冥加至極、難有次第奉存候、殊御点數頂戴仕、
別而忝仕合奉存候、此等之趣、宜預奏達候、
恐惶謹言、

(柳澤吉里)松平伊勢守

四月廿一日　判

正親町前大納言殿

*吉里靈元上皇より拜領の歌書匂袋へ謝意

御奉書拜見仕候、仙洞御所、益御機嫌能被成
御座、目出度奉恐悦候、將又、御哥書一冊・
御匂袋三、拜領被仰付、則奉頂戴勅諚之趣、
誠以冥加至極、難有仕合奉存候、此旨、宜預
奏達候、恐惶謹言、

松平伊勢守

四月廿一日　判

正親町前大納言殿

廿三日、

*幾の結納に吉保夫妻幾三所より拜受物

一、幾か結納の祝儀すミたるによりて、拜受もの、御臺所樣より、吉保幷に妻に、干たい壹はこ・昆布壹はこ充、幾に、紗綾拾巻・干たい壹はこ、御簾中樣よりもおなし、八重姬君樣より、吉保幷に妻に、干鯛壹はこ充、幾に、紗綾五巻・干たい壹はこなり、

*吉保靈元上皇御製宸翰の賜り物に深謝

一、書を公通卿へ呈して、先頃仙洞御所より拜領物

*竺道和尚二十五年忌

*家宣誕辰に吉保吉里進獻物

吉里靈元上皇よりの賜り物に深謝

*幾の結納に二所へ吉保夫妻幾進上物

せし御礼を申上く、

一筆致啓上候、仙洞御所、益御機嫌能被成御座、奉恐悦候、將又、御手鑑一帖・御匂袋五拝領被仰付、誠以、御製云、宸翰云、冥加至極、難有仕合奉存候、此等之趣、宜預奏達候、恐惶謹言、

甲斐少將

四月廿三日　判

正親町前大納言殿

一筆致啓上候、仙洞御所、益御機嫌能被成御座、奉恐悦候、將又、御哥書一冊・御匂袋三、拝領被仰付、誠以、聖恩鄭重、冥加至極、難有仕合奉存候、此等之趣、宜預奏達候、恐惶謹言、

松平伊勢守

四月廿三日　判

正親町前大納言殿

廿四日、

一、竺道和尚の二十五年忌なるによりて、吉保より、香奠千疋、妻より、五百疋をその牌前に供す、

廿五日、

一、麻上下を着して登城す、參勤の大名、御礼を申上るによりてなり、

一、今日、大納言様の御誕辰なるによりて、吉保より、干たい壹はこ・樽代千疋、吉里より、壹はこ・五百疋を進獻す、

廿六日、

一、幾か結納の祝儀すみたるによりて、御臺所様へ、鮮たい一折を進上す、妻もおなし、幾よりハ、干鯛一はこ・樽代千匹なり、八重姫君様へ、鮮たい一折を進上す、妻も同し、幾よりハ、干たい一箱・樽代五百疋なり、

廿七日、

一、幾か結納の祝儀すみたるによりて、御簾中様へ、鮮たい一折を進上す、妻も同し、幾よりハ、干鯛壹箱・樽代千疋なり、

幾の結納に簾中へ吉保夫妻幾進上物

廿九日、

一、今日、御本丸へ、大納言様幷に御簾中様入らせたまふ、

家宣夫妻本丸入り

晦日、

一、御簾中様より、造り花の菓子重壹台・色紗綾拾端・干鯛壹はこを拜受す、昨日の御すそわけものとなり、

簾中より裾分の拜受物

一、龍興寺(飯塚家菩提寺)へ、勅賜護法常應録鈔全部三十三冊・故紙録全部貳冊を寄附す、鈔にハ、序の首に、甲斐國主、尾に吉保、故紙録ハ、序の首に、新羅三郎後胤、尾に吉保といへる印を用ゆ、

龍興寺へ勅賜護法常應録鈔故紙録を寄附

一、月桂寺(柳澤家菩提寺)へも、前の二書を寄附す、印も前に同しきを用ゆ、

月桂寺へ勅賜護法常應録鈔故紙録を寄附

*妙心寺に勅賜常應録鈔故紙録を寄附

*龍興寺座元東水より妙心寺の諸老宿宛文簡

護持院へ祈禱料贈る

幾の結納へ公辨法親王より祝儀物拜受

法親王へ進上物

瑞春院より妻拜受物

（表紙題簽）

樂只堂年録　第百八十五巻　寶永三丙戌五月

此巻は、宝永三年丙戌の五月の事を記す、

五月小

朔日、戊午、

一、當月中の御祈禱の料とて、銀五枚を護持院へ贈る、

一、養娘幾（野々宮定基女）か結納の祝儀すミたるとて、日光御門跡公辨親王（後西皇子、三管領宮）より、祝儀ものを拜受せしによりて、今日、昆布壹はこ・薯蕷壹笥・樽壹荷を進上す、

一、五の丸様（瑞春院、明信院生母）より、妻（曾雌氏、定子）に、重の内壹組・鮮干の鱚壹はこを下されて、拜受す、

二日、

一、妙心寺に、勅賜（靈元上皇）常應録抄壹部・故紙録壹部を寄附す、常應録ハ、序の首に、甲斐國主、尾に吉保と云へる印を用ゆ、故帋録ハ、序の首に、新羅三郎後胤、尾に吉保と云へる印を用ゆ、龍興寺座元東水より、妙心寺の諸老宿へつかハす文簡、爰に記す、

謹啓、松平美濃守（柳澤吉保）殿近年編集之、勅賜護法常應録一部、幷、靈樹院（飯塚染子、吉里生母）殿之故紙録一部、本山ぇ被爲奉納度志願之趣、去年、聖澤院迄申通候、定而可連衆聽與奉存候、因茲、今度爲差登申候条、以一山之諸禪師、會評之次、被爲奉納本山之寶庫者、樂〻仰幸豈過之、恐惶不備、

龍興寺

九月二日　全律

龍泉菴

*吉保夫妻瑞春院より端午祝儀拜受
*父子四人端午祝儀拜領
端午の祝儀に時服獻上家宣へ銀進獻
*妻簾中より御尋の拜受物
四所へ端午の祝儀進上
*嚴有院佛殿へ參詣先立
*家宣紅葉山の三佛殿參詣
綫御臺所より拜受物
庚申に父子四人拜領物
*靈樹院一周忌に吉保吉里八重姫より拜受物
端午御禮定例吉里西の丸へも參上
*靈樹院一周忌に悅山鐵心兩和尚招請

東海菴
靈雲院
聖澤院
　各ゝ執支禪師

三日、庚申、
一、端午の賀儀とて、時服五つを獻上す、大納言様(徳川家宣)へハ、銀五枚を進獻す、
一、同し事によりて、御臺所様(淨光院、鷹司信子)・御簾中様(天英院、近衞凞子)へ、銀三枚充、五の丸様・八重姫君様(綱吉養女、徳川吉孚室)ゑ、貳枚充を進上す、
一、御臺所様より、綫に、檜重壹組を下されて拜受す、
一、檜重壹組を拜領す、吉里も同し、安通(經隆)・時睦ハ、紅白縮緬五巻充、庚申によりてなり、
五日、
一、端午の御礼、例のことし、吉里ハ西の丸へも參上す、

一、當節の御祝儀とて、五の丸様より、干鯛壹はこを拜受す、妻ハ、粽壹折・干鱈壹はこなり、
一、おなし事によりて、晩景に檜重壹組・干鯛壹はこを拜領す、吉里も同し、安通・時睦ハ、紅白縮緬五巻つゝなり、
六日、
一、御尋とて、御簾中様より、妻に、さげ帯十筋・鮮鯛壹をり(折)を下されて拜受す、
八日、
一、東叡山(寛永寺)の嚴有院様(徳川家綱)の御佛殿へ御參詣なり、吉保御先立を勤む、大納言様(徳川家宣)ハ、紅葉山(御廟所)の三御仏殿(台徳院・大猷院・嚴有院)へ御參詣なり、
九日、
一、明日、靈樹院か一周忌なるによりて、八重姫君様より、花壹桶・名酒壹徳利を拜受す、吉里ハ、檜重壹組なり、
一、黄檗山の住持悅山和尚、瑞祥寺の住持鉄心和尚

を招請す、兩和尚幷に侍者四人、靈樹院か牌前にて、燒香ありしによりて、悅山和尚へ、銀五枚、鉄心和尚へ、貳枚、侍者四人へ、壹枚充を贈る、この外の僧衆へも贈物す、

一、悅山和尚の謝詞、爰に記す、

丙戌（寶永三年）ノ年蒲月（五月）初九日、訪テ二甲斐少將、松平濃州太守全透（柳澤吉保）大居士一ヲ、請レ齋ヲ作テレ此ヲ、奉謝ス幷ニ祈ム二笑政一ヲ、爲ニレ謝センカ二紫衣一ヲ、造ル二武陵一ニ、台顔再ヒ晤フ喜ヒ、難シレ勝、經邦才一美ニメ、世咸ク仰ク、護法功高フメ、山万層德望、無シレ殊ナルコ韓范カ輩、略韜却テ與ニ二李曹一、稱フ今朝重テ惠マル、天廚ノ供廣廈、風涼フメ快ス二我乘一ヲ、

黃檗山叟悅山和南艸、

十日、

一、靈樹院か一周忌なるによりて、竜興寺（飯塚家菩提寺）にて、法事を執行ふ、昨日ハ、懺法、今日ハ、頓写なり、

一、おなし事によりて、檜重壹組を拜領す、吉里もおなし、やかて龍興寺へつかワして、牌前に供す、

一、同し事によりて、御臺所樣より、吉里に、檜重壹組を下されて拜受す、女臣、文にて妻まて達す、

一、同し事によりて、五の丸樣より、花壹桶・檜重壹組を拜受す、吉里ハ、檜重壹組なり、

一、御簾中樣より、紅白羽二重拾疋・鮮鯛壹おり（折）を拜受す、昨日、西の丸へ、御臺所樣入らせたまひて、進せられたる内にての、御すそわけ物となり、

一、佛國寺に、勅賜常應錄鈔壹部・故紙錄壹部を寄附す、常應錄抄ハ、序の首に、甲斐國主、尾に、吉保と云へる印をもちゆ（用）、故紙錄ハ、序の首に、新羅三郎後胤、尾に、吉保と云へる印を用ゆ、

*靈樹院一周忌の拜領物龍興寺に遣はす

悅山和尚の謝詞

*吉里御臺所より靈樹院一周忌の拜受物

*吉保吉里瑞春院より靈樹院一周忌の拜受物

*簾中より裾分の拜受物

*佛國寺に敕賜常應錄鈔故紙錄を寄附

靈樹院一周忌の法事に懺法頓寫

御臺所より裾分の拝受物
*悦山和尚吉里に偈一首贈る
八重姫の御膳献上に拝受物
父子四人裾分の拝領物
*吉里和尚の偈の韻を次ぎ應答
紅葉山兩佛殿參詣雨天にて中止
黄檗山悦山和尚來訪し吉保と筆談
*悦山和尚へ敕賜護法常應錄故紙錄を寄附

十一日、
一、御臺所様より、文庫壹つ、內に帯三筋・はな紙袋五つを、ふくさ（服紗）に包みたるを入れたると、粕漬の鯛壹桶とを拝受す、一昨日の御すそわけ物となり、
十八日、
一、八重姫君様より、御膳を獻したまふによりて、菓子折一つ・干鯛一はこを拝受す、
一、御すそわけの拝領物は、檜重一組・袴地二端（反）・御紋の帷子一端なり、吉里も同し、安通・時睦は、同し品にて檜重なし、
廿日、
一、紅葉山の兩御佛殿（台徳院・大猷院）へ御參詣なるへきを、雨天故停む、
一、黄檗山の悦山和尚、今日、私亭へ來りて、吉保と筆談す、偈一首を、吉里か許へ持參せらる、やかて韻を次て答ふ、首に、新羅三郎二十一世

後胤、尾に、字子万（吉保）与福壽堂主人（柳澤吉里）と云へる印を用ゆ、

忠事ヘレ君ニ兮、孝事フレ親ニ、
能成スニ忠-孝ヲ一、兩-全ノ人、
春-秋正ニ成メ、才高-大
觸レテレ目ニ觀-来ルニ、孰カ比-倫セン、
丙-戌ノ年蒲-月望-後
拙-偈奉ニ-贈ス松平（吉里）勢州太守公ニ一、
　唉-正黄檗沙門悦山敬書、

謹テ和スニ芳韻ヲ一、一タヒ瞻テニ清-貌ヲ一便堪タリレ親シムニ、
和-氣滿-顏眞ノ道-人、高-偈披クレ蒙ヲ忠-孝ノ語、
空-門ノ正-旨、在ニ明倫ニ一
　侍従源朝臣吉里、

一、悦山和尚へ、勅賜護法常應錄抄壹部・故紙錄壹部を寄附す、常應錄ハ、序の首に、甲斐國主、

妻八重姫より拜受物
妻瑞春院より拜受物
*珠光院七年忌家臣月桂寺にて法事執行
正親町公通靈元上皇へ吉保の謝意傳達
*八重姫より御尋の拜受物
*公辨法親王へ龍眼肉進上
*瑞春院より御尋の拜受物
吉保敕賜護法常應錄に懸る全てへ謝意

尾に、吉保、故紙錄ハ、序の首に、新羅三郎後胤、尾に、吉保と云へる印を用ゆ、

廿一日、

一、八重姫君様より、妻に、重の內壹組・粕漬の鯛壹桶を下されて拜受す、

一、五の丸様より、妻に、造り花、幷に笹粽壹折を下されて拜受す、

一、公通(正親町)卿の答書到來す、

和歌七首詠藻(草)御覽之儀、且拜領物等難有之由、則以飛翰之趣令披露候処、宜申達之旨、仙洞(靈元上皇)御氣色ニ候、恐ゝ謹言、

五月七日　公通

甲斐少將殿(柳澤吉保)

常應錄、勅題・勅序、拜領ニ付、謝表献上之處、御感之儀幷、右抄物、永可被納置官庫之

段、難有之由、則以飛札之趣令披露候、宜申達之旨、仙洞御氣色候、恐ゝ謹言、

五月五日　公通

甲斐少將殿

廿三日、

一、珠光院殿(吉保姉、柳澤信花室)の七年忌(元禄十三年正月卒)なるによりて、家臣柳沢主殿保房、月桂寺(柳澤家菩提寺)にて法事を執行ふ、吉保以下、いつれも香奠を贈る、

一、御尋とて、八重姫君様より、ぬり重の內壹組を拜受す、

廿四日、

一、日光御門跡公辨親王へ、龍眼肉壹箱を進上す、日光より御歸府なるによりてなり、

廿五日、

一、御尋とて、五の丸様より、笹粽壹籠を拜受す、

(表紙題簽)

樂只堂年録　第百八十六巻 寶永三丙戌六月

此巻は、宝永三年丙戌の六月の事を記す、

六月小

朔日、丁亥、

一、妻(曾雌氏、定子)より、御臺所様(浄光院、鷹司信子)・御簾中様(天英院、近衞熙子)・八重姫君様(綱吉養女、徳川吉孚室)へ、鯛壹折充、五の丸様(瑞春院、明信院生母)へ、鱸壹折を進上して、御機嫌を伺ふ、

一、匂袋十五・のし(熨斗)縮三端(反、以下同ジ)・越後縮貳端・明石縮貳端・保多嶋(縞、以下同ジ)壹端・津戻子二巻・茶宇二端を拝領す、吉里も同し、母(了本院、佐瀬氏)ハ、匂袋十・のし縮七端、妻も同し、吉里か妻(酒井氏、頼子)ハ、匂袋七つ・のし縮五端、安通(經隆)・時睦ハ、匂袋五つ・のし縮三端・越後縮壹端・明石縮一端・保多嶋一端・津戻子二巻・茶宇平貳端充、安通か実母(横山氏、繁子)ハ、匂袋七つ・のし縮五端充、例年の式なり、但、安通か実母(正親町町子)・いねか実母ハ、匂袋七つ・のし縮五端充、例年の式なり、但、安通か実母、いねか実母の拝領もの、例年より数多し、

一、八重姫君様より、檜重一組、はり(張)子一つ、内に縫入のふくさ(服紗)を入たるを拝受す、先に、御本丸に御逗留にて、御能をも御覧ありて、此日、御帰あるによりてなり、

二日、

一、御尋にて、御簾中様より、妻に、帷子五つ・ぬり重の内一組・鮮鯛一折を下されて拝受す、

三日、

一、日光御門跡公辨親王(後西皇子、三管領宮)に、勅賜護法常應録壹部・同抄壹部・故紙録壹部を進上す、常應録と同抄とには、序の首に、甲斐國主、尾に、吉保と云へる印、故紙録ハ(衍カ)にハ、序の首に、新羅三郎(源義光)後

*正親町町子横山繁子拝領物増加

*八重姫本丸逗留御能御覧によりて拝受物

妻四所へ御機嫌伺進上

*妻簾中より御尋拝受

一家六月朔日の拝領物定例

*公辨法親王へ勅賜護法常應録同抄故紙録進上

*參勤の大名あり
御臺所より拜受物定例
金地院へ勅賜護法常應錄抄故紙錄贈る
*暇の大名
*一家土用の御機嫌伺獻上に拜領物定例
秀吉の朝鮮征伐に小西行長一顆の玉を得る
展轉後吉保家臣明德玉捧ぐ
*母妻正親町町子横山繁子拜領物增加
*吉保妻四所へ土用の御機嫌伺進上

胤、尾に、吉保と云へる印をもちゆ（用）、

四日、

一、御臺所様より、明石縮三端・干たい（鯛）壹はこを拜受す、例年の式なり、

一、金地院え、勅賜護法常應錄抄壹部・故紙錄壹部を贈る、常應錄ハ、序の首に、甲斐國主、尾に、吉保と云へる印、故紙錄ハ、序の首に、新羅三郎後胤、尾に、吉保と云へる印を用ゆ、

七日、

一、天正年中に、豊臣秀吉公、朝鮮國を征伐ありし時、諸將、平壌城へ攻入しに、小西攝津守行長、其府庫の內にて、一顆の玉を得たり、其傳來を記せる文書も添てあり、歸陣の後、秀吉公へ獻しつるを、其以後展轉して、吉保か家臣の家に、その玉をかくしたり、記文ハ、いつれの時にか失ひたりといふ、今度、吉保に捧けたるにより て、是を名つけて、明德玉といふ、

九日、

一、麻上下を着して登城す、參勤の大名あるによりてなり、

十日、

一、麻上下を着して登城す、暇を下さるゝ大名あるによりて也、

十一日、入土用、

一、土用の中なれは、御機嫌伺ひとて、母より、檜重一くミ・干たい一箱、妻より、中形染の紗綾二十端・檜重一組・干鯛一箱、吉里か妻より、檜重一組・干たい一はこを獻上す、拜領ものハ、母に、絹縮二十端・干鯛壹はこ、妻も同し、吉里か妻に、十端と壹筥、安通か実母・稲か実母もおなし、例年の式なり、但母・妻・安通か実母・いねか実母の拜領の縮緬、例年より數おを（多）し、

一、同し事によりて、御臺所様・御簾中様・五の丸

様・八重姫君様へ、吉保より、葛壹はこ・串海鼠壹はこ充、妻より、檜重壹組・干鯛壹箱充を進上して、御機嫌を伺ふ、
一、日光御門跡公辨親王へ、甜瓜壹籠を進上す、
一、土用の中なるによりて、御臺所様より、妻に、帷子三つ・干鯛壹はこを下されて拝受す、
一、甚暑の節なれは、書を公通(正親町)卿へ呈し、氷砂糖壹曲を、仙洞(靈元上皇)御所へ獻上して、御機嫌を伺ふ、

一筆致啓上候、雖甚暑之節候、仙洞御所、倍御機嫌能被成御座、奉恐悦候、猶以、御安全之旨、奉伺候ニ付、氷砂糖一捲、獻上仕候、宜御沙汰頼入存候、恐惶謹言、
甲斐少將(柳澤吉保)
六月十一日　判
正親町(公通)前大納言殿

十三日、

*暑氣の節に簾中より拝受物
*吉保夫妻吉里瑞春院より土用の拝受物
公辨法親王へ甜瓜進上
妻御臺所より土用の拝受物
甚暑見舞に靈元上皇へ氷砂糖献上
*吉保母御臺所より土用の拝受物定例
*御機嫌伺の菓子獻上進獻
*御禮なく吉里登城せず
*土用に吉保夫妻八重姫より拝受物

一、暑氣の節なるによりて、御簾中様より、和利菱(柳澤家紋)紋の熨縮五端・串海鼠壹はこを拝受す、
一、土用の中なるによりて、五の丸様より、吉保に、明石縮貳端・宮崎の粉二十袋・干鯛壹はこ、吉里に、明石縮貳端・干鯛壹はこ、吉保か妻に、帷子三つ・麥切貳組を下されて拝受す、又、吉保に、行成紙壹はこ、妻にふんこ(文庫)の内に、さげけ(衍、帶カ)五筋と、人形とを入れたるを下されて拝受す、
一、同し事によりて、御臺所様より、吉保に、絹縮五端・味噌漬の鯛壹桶、母に、絹縮五端・團扇五本を下されて拝受す、例年の式なり、
一、晩景に、菓子重壹組を獻上して、御機嫌を伺ふ、大納言(徳川家宣)様へもおなし品を進獻す、
十五日、
一、明日、嘉祥の御祝なる故に、今日、御礼なきによりて、吉里登城せす、
一、土用の中なるによりて、八重姫君様より、檜重

夏切の茶壺拜領定例

嘉祥の餅飯頂戴定例

餅飯拜領の席次

*桂昌院一周忌法事開始

*法事に一家御機嫌伺の獻上物

*法事に吉保夫妻三所へ機嫌伺の進上物

一組・粕漬のたい一桶を拜受す、妻は、絹縮五端・粕漬の魚一桶を拜受す、

一、夏切の茶一壺を拜領す、例年の式なり、

十六日、

一、嘉祥の御祝ひによりて、吉保・吉里、長上下を着して登城し、餅いひ（飯）を頂戴する事、例のことし、席の次第ハ、松平若狭守吉治・松平左京大夫頼純・松平攝津守義行・松平出雲守義昌・細川越中守綱利・松平薩摩守吉貴・織田越前守信久・毛利甲斐守綱元・松平大學頭頼定・伊達遠江守宗昭・松平山城守頼雄・松平右近將監義賢、次に吉里、次に松平大炊頭吉邦・松平能登守頼如、畢りて、松平肥後守正容、次に吉保、次に井伊掃部頭直通・土屋（老中）相模守政直・秌元（老中）但馬守喬朝・稲葉（老中）丹後守正通・松平（側用人）右京大夫輝貞・大久保加賀守忠增・小笠原佐渡守長重・本多伯耆守正永・松平紀伊守信茲・松平豊後守宗俊・畠山民部太輔基玄・品川豊前守伊氏・大沢出雲守基珍・織田能登守信福・戸田中務太輔氏興・畠山下總守義福・宮原和泉守氏義・中條山城守信治・大沢右衛門督基迢・大友因幡守義閭・織田讃岐守信明なり、

十七日、

一、來る廿二日、桂昌院（綱吉生母）様の御一周忌なるによりて、增上寺にて、萬部讀經の御法事あり、今日、初るなり、

十八日、

一、御法事の中なるによりて、吉保幷に母・妻・吉里・同妻・安通・時睦・豊前守（黒田）直重か妻（土佐子）・右京大夫（松平）輝貞か妻（永子）・娘いね・傳吉郎（大久保）忠英か妻（幾）・安通か実母・いねか実母より、檜重壹組充を獻上して、御機嫌を伺ふ、

一、同し事によりて、御臺所様・五の丸様・八重姫君様へ、吉保も、妻も、檜重壹組つゝを進上し

て、御機嫌を伺ふ、

柏木全故へ古今傳授

一、家臣、柏木藤之丞（素龍）全故へ、古今集の祕訣を傳授す、

十九日、

法事中日

一、御法事の中日なり、

吉保增上寺に參詣

一、今朝、增上寺に參詣して、桂昌院樣の御牌を拜す、

廿日、

吉里增上寺に參詣

一、吉里、長上下を着して增上寺へ參詣して、桂昌院樣の御牌を拜す、

吉保吉里法事の御機嫌伺獻上

一、御法事之中なるによりて、吉保・吉里より、梨・石茸壹はこ充を獻上して、御機嫌を伺ふ、

廿一日、

法事結願

一、御法事の結願なり、

一、吉里も登城して、御機嫌を伺ふ、

廿二日、

增上寺に參詣先立

一、增上寺へ御參詣なり、吉保、御先立を勤む、

一、晩景に、菓子重壹組を獻上して、御機嫌を伺ふ、

廿三日、

*家宣增上寺參詣

一、增上寺へ、大納言樣御參詣なり、

*吉里登城し御機嫌伺ふ

一、吉里も登城して、御機嫌を伺ふ、

*吉保夫妻吉里使者もて香奠銀を桂昌院牌前に供す

一、今朝、御香奠銀を、桂昌院樣の御牌前に供す、吉保より二十枚、使者、柳生內藏之助勝興、吉里より十枚、使者、酒井幸次郎季治、吉保か妻よりも拾枚、使者、小長谷作之進重治なり、

*御臺所より暑氣見舞拜受

一、暑氣の節なるによりて、御臺所樣より、甜瓜壹籠を拜受す、

*八重姫より暑氣見舞拜受

一、おなし事によりて、八重姫君樣より、甜瓜壹籠・交肴壹籠を拜受す、

*甲州屋形柱立

一、甲州の屋形、今日柱立す、

廿四日、

*長老慧水へ敕賜護法常應錄抄故紙錄贈る

一、前東北寺長老慧水へ、勅賜護法常應錄抄壹部・故紙錄壹部を贈る、常應錄ハ、序の首に、甲斐國主、故帋錄ハ、序の首に、新羅三郎後胤とい

へる印、尾には、何れも吉保といへる印をもちゆ、

廿五日、

瑞春院より御尋拝受

一、御尋とて、五の丸様より、鮮鯛壹折を拜受す、

黄檗山悦山和尚の書簡

一、黄檗山の悦山和尚の書簡到來す、やかて答書をつかハす、吉保之印と云へる印を用ゆ、

一、佛國の道龍和尚の書簡到來す、やかて答書をつかハす、是もおなし印を用ゆ、

此《ノ》番拙衲、重《テ》到《リ》江戸《ニ》、重《テ》観《ル》芝顔《ヲ》、一番《ノ》相見、一番親《タシ》、一回《ノ》盤桓、一回切《ナリ》也、共《ニ》登城三偏、首尾倶《ニ》好《シ》、受《ク》其珍物《ヲ》、又受《ル》大居士《ノ》齋供《ヲ》、三偏毛孔生《ス》香《ヲ》、又承《ク》貴語錄《ヲ》、永《ク》鎮《スル》山門《ヲ》、万古光輝與、如來《ノ》大藏經、流傳《ス》眞《ノ》慶幸《ナリ》也、種々厚意、言謝不盡、只刻《ニ》銘《メ》五内《ニ》、悠久不《ル》敢有《レ》忘《ル》耳、其

今月十一日、到山老少、均《シ》平安、又出《ツ》吾大居士、道光遠《ク》照《シ》、德澤弘《ク》施《スノ》之庇《ニ》、然《メ》、大居士、忠心爲《ニシ》國《ノ》、慈心爲《ニシ》民《ノ》、公心處《シ》衆《ヲ》、信心敬《ス》法《ヲ》、眞《ノ》大乘菩薩、瑞世《メ》而來《テ》、以爲《ニ》天下《ノ》、作《シ》榜樣《ヲ》也、作《スナリ》嘉範《ヲ》也、欽羨々々、讃嘆々々、其靈樹院殿（飯塚氏、染子）月光寿心大姉、每月忌日、對《メ》牌位前《ニ》、供《シ》茶《ヲ》、拈《シ》香《ヲ》、念《メ》經《ヲ》回向《ス》、崇此《ニ》奉聞《ス》、亦是菩薩再來《ノ》之人所以《ニ》、識《リ》文字《ヲ》、有《ニ》文彩、又知《ル》佛法《ヲ》也、必登《テ》西方安樂《ノ》之國《ニ》、與佛菩薩倶《ニ》、會《スルノ》一處《ニ》之、爲《レ》快《ヲ》耳、茲時、律居《リ》林鐘《ニ》、溫風溽暑伏惟、保養《シ》玉体《ヲ》、爲國《ノ》、爲民《ノ》、爲法《ノ》、爲《ニセハ》僧《ノ》、則天下幸甚、佛法幸甚、然《モ》大居士《ハ》、是大福德《ノ》人《ニメ》、有大福德《ノ》事、卽天《ノ》之報施善人《ニ》、而寿山福海、万古長春《ナラン》也、

草々奉謝、餘情未既、右上、
松平甲斐少將(柳澤吉保)全透大居士台前、
令公子伊勢守(柳澤吉里)居士代、爲致意荷
々、

六月十五日

黄檗山万福寺山叟悦山和南

黄檗山悦山和尚宛吉保答書
*靈樹院染子への配慮に吉里共々深謝

睽後浹月、覺憂日之轉永、清風清標、至今、沁《ヒタス》肌骨、使人忘却煩暑、却嫌古人、三秋之言信然也、忽爾、琅函賁及、可謂如面、一番相見、一番新、不啻耳聞、亦欲自吾口出、和尚、何能言吾所欲言也、伏承、本月十一日、錫杖無恙、飄歸貴山、々中清淨衆、依舊安穏、誠慰遠想、大承、常應

*佛國寺道龍和尚の書簡

錄、永留宝庫、與如来大藏經、同

一流傳、眞不佞慶幸也、獨天語有云、釈迦弥勒、亦是箇能立志、底凡夫耳、因此言之、同藏亦非無分、非敢大胆、其忠慈公信、四心四爲、何能肯當、永以爲箴、不佞亦當刻銘五内、悠久不敢有忘耳、和尚、亦何能言吾所欲言也、靈樹橘女人、沒後二七齋忌、和尚一來、小祥齋忌、和尚二來、既蒙拈香供養、亦渇泚筆覼縷、何因緣至此、吉里奉佳語、特爲此愴然、筆不代舌、惟々増景仰、却憾如面之、不如面、万々自珎、

六月廿五日

復上、弊刹山門之榮顯、何以加焉、此書、永鎭佛國、則籍大居士

大威光明教先師法道増輝、千秋派下兒孫、奚謾其鴻徳、如衲一介野僧、濫膺主席之任、屡々蒙顧愛、雖縦木石、豈忘恩澤哉、所以不揣卑陋、管瀆臻此属、在外護、乾坤之量、恕之謝語、前既托小田氏道意、茲因候台禧、感佩之餘、不獲已、縷々如是、詎禁氷兢之至、右上、

甲斐少將大居士閣下

佛國住僧道竜大仙和南

吉保の道龍和尚への答書

左玉、避暑風簷、注目雲鳥、忽和尚書落手、展開、茲審法容万福、喜躍曷勝、先是、賜書政府、見謝常應故紙一録、附在常住之事、今又縷々、歯及何其懇篤、如是、至其有籍大威光明、教先師法道、増輝千秋等之語、則天威天光、孰不敬悚、孰不衣被、不敢為私廻避耳、維々順時候、愛養道躬、外領納月三握、因此、益々想佛國清凉、不似人間熱惱、且謝、且羨、右復、

佛國大仙和尚禪榻

(柳澤吉保)樂只堂主人

○白紙一枚アリ。

*妻御臺所より拝授物

廿六日、

一、御臺所様より、妻に、肴壹折を下されて拜受す、

廿八日、

御紋の熨縮他絹物拝領定例

一、御紋の熨縮壹端・同保多織壹端・絹縮貳端・明石ち〻み〔縮緬〕貳端・越後縮壹端を拝領す、例年の式なり、

廿九日、

端午の時服献上に御内書頂戴

御内書受取の使者の席次

一、去る端午嘉儀、時服を獻上せしによりて、今日、御内書を頂戴す、御内書を請取る使者の席の次第ハ、尾張中納言吉通卿・水戸中納言綱條卿・紀伊中將吉宗卿ハ、躑躅の間にて、松平加賀守綱紀・松平左京大夫頼純・松平攝津守義行・松平出雲守義昌・松平伊豫守綱政・松平兵部大輔吉昌、次に吉保、次に松平備前守長矩・柰平陸奥守吉村・松平薩摩守吉貴・松平安藝守綱長・松平淡路守綱矩・柰平肥前守綱政・松平大學頭頼定・松平大膳大夫吉廣・松平信濃守綱茂・伊達遠江守宗昭・藤堂和泉守高睦・上杉民部大輔吉憲・松平讃岐守頼保・松平能登守頼如・佐竹源次郎義格・松平庄五郎幷に兩本願寺、何れも柳の間にてなり、吉保か使者ハ、家臣塚本郷右衛門勝房勤めて、郷右衛門勝房も、例のことく時服貳つを拝領す、やかて大久保加賀守忠增か亭へ使者をつかハして、御礼を申上く、郷右衛門勝房も自身の御礼にまいる、大納言様へ、銀を進獻せしによりての奉書をも、郷右衛門勝房受取る、

*御内書の文面

爲端午之祝儀、帷子單物數五到來、歡覺候、委曲、大久保加賀守〔忠增〕可述候也、

五月三日　御黑印〔綱吉〕

甲斐守殿〔柳澤吉保〕

*二老中よりの請書

爲端午之御祝儀、以使者如目錄、被獻之候、首尾好遂披露候、恐〻謹言、

本多伯耆守〔正永〕

五月三日　判

小笠原佐渡守（長重）
判

松平美濃守殿

楽只堂年録《らくしどうねんろく》　第6　　史料纂集 古記録編〔第193回配本〕

2017年12月10日　初版第一刷発行　　定価（本体14,000円＋税）

校　訂　宮　川　葉　子

発行所　株式会社　八 木 書 店 古書出版部

代表 八　木　乾　二

〒101-0052 東京都千代田区神田小川町3-8

電話 03-3291-2969(編集) -6300(FAX)

発売元　株式会社　八　木　書　店

〒101-0052 東京都千代田区神田小川町3-8

電話 03-3291-2961(営業) -6300(FAX)

https://catalogue.books-yagi.co.jp/

E-mail pub@books-yagi.co.jp

印　刷　平 文 社

製　本　牧製本印刷

用　紙　中性紙使用

ISBN978-4-8406-5193-6

93 通兄公記 2
94 妙法院日次記 9
95 泰重卿記 1
96 通兄公記 3
97 妙法院日次記 10
98 舜旧記 6
99 妙法院日次記 11
100 言国卿記 8
101 香取大禰宜家日記 1
102 政覚大僧正記 2
103 妙法院日次記 12
104 通兄公記 4
105 舜旧記 7
106 権記 3
107 慶長日件録 2
108 鹿苑院公文帳 全
109 妙法院日次記 13
110 国史館日録 1
111 通兄公記 5
112 妙法院日次記 14
113 泰重卿記 2
114 国史館日録 2
115 長興宿禰記 全
116 国史館日録 3
117 国史館日録 4
118 通兄公記 6
119 妙法院日次記 15
120 舜旧記 8
121 妙法院日次記 16
122 親長卿記 1
123 慈性日記 1
124 通兄公記 7
125 妙法院日次記 17
126 師郷記 6
127 北野社家日記 7
128 慈性日記 2
129 妙法院日次記 18
130 山科家礼記 6
131 通兄公記 8
132 親長卿記 2
133 経覚私要鈔 6
134 妙法院日次記 19
135 長楽寺永禄日記 全
136 通兄公記 9
137 香取大禰宜家日記 2
138 泰重卿記 3
139 妙法院日次記 20
140 太梁公日記 1
141 葉黄記 2
142 通兄公記 10
143 国史館日録(南塾乗) 5
144 妙法院日次記 21
145 義演准后日記 4
146 親長卿記 3
147 京都金地院公文帳 全
148 太梁公日記 2
149 勘仲記 1
150 経覚私要鈔 7
151 妙法院日次記 22
152 香取大禰宜家日記 3
153 通兄公記 11
154 教言卿記 4
155 神田橋護持院日記 全
156 太梁公日記 3
157 勘仲記 2
158 妙法院日次記 23
159 北野社家日記 8
160 迎陽記 1
161 松陰私語 全
162 楽只堂年録 1
163 経覚私要鈔 8
164 太梁公日記 4
165 兼宣公記 2
166 勘仲記 3
167 経覚私要鈔 9
168 楽只堂年録 2
169 妙法院日次記 24
170 護国寺日記 1
171 新訂増補兼見卿記 1
172 新訂増補兼見卿記 2
173 兼見卿記 3
174 楽只堂年録 3
175 太梁公日記 5
176 楽只堂年録 4
177 勘仲記 4
178 兼見卿記 4
179 護国寺日記 2
180 源敬様御代御記録 1
181 中臣祐範記 1
182 楽只堂年録 5
183 兼見卿記 5
184 護国寺日記 3
185 源敬様御代御記録 2
186 中臣祐範記 2
187 氏経卿神事記 1
188 迎陽記 2
189 勘仲記 5
190 兼見卿記 6
191 江戸幕府大坂金蔵勘定帳 全
192 中臣祐範記 3
193 楽只堂年録 6

史料纂集既刊書目一覧表

古記録編

配本回数	書名	巻数
①	山科家礼記	1
②	師守記	1
③	公衡公記	1
④	山科家礼記	2
⑤	師守記	2
⑥	隆光僧正日記	1
⑦	公衡公記	2
⑧	言国卿記	1
⑨	師守記	3
⑩	教言卿記	1
⑪	隆光僧正日記	2
⑫	舜旧記	1
⑬	隆光僧正日記	3
⑭	山科家礼記	3
⑮	師守記	4
⑯	葉黄記	1
⑰	経覚私要鈔	1
⑱	明月記	1
⑲	兼見卿記	1
⑳	教言卿記	2
㉑	師守記	5
㉒	山科家礼記	4
㉓	北野社家日記	1
㉔	北野社家日記	2
㉕	師守記	6
㉖	十輪院内府記	全
㉗	北野社家日記	3
㉘	経覚私要鈔	2
㉙	兼宣公記	1
㉚	元長卿記	全
㉛	北野社家日記	4
㉜	舜旧記	2
㉝	北野社家日記	5
㉞	園太暦	5
㉟	山科家礼記	5
㊱	北野社家日記	6
㊲	師守記	7
㊳	教言卿記	3
㊴	吏部王記	全
㊵	師守記	8
㊶	公衡公記	3
㊷	経覚私要鈔	3
㊸	言国卿記	2
㊹	師守記	9
㊺	三藐院記	全
㊻	言国卿記	3
㊼	兼見卿記	2
㊽	義演准后日記	1
㊾	師守記	10
㊿	本源自性院記	全
51	舜旧記	3
52	台記	1
53	言国卿記	4
54	経覚私要鈔	4
55	言国卿記	5
56	言国卿記	6
57	権記	1
58	公衡公記	4
59	舜旧記	4
60	慶長日件録	1
61	三箇院家抄	1
62	花園天皇宸記	1
63	師守記	11
64	舜旧記	5
65	義演准后日記	2
66	花園天皇宸記	2
67	三箇院家抄	2
68	妙法院日次記	1
69	言国卿記	7
70	師郷記	1
71	義演准后日記	3
72	経覚私要鈔	5
73	師郷記	2
74	妙法院日次記	2
75	園太暦	6
76	園太暦	7
77	師郷記	3
78	妙法院日次記	3
79	田村藍水西湖公用日記	全
80	花園天皇宸記	3
81	師郷記	4
82	権記	2
83	妙法院日次記	4
84	師郷記	5
85	通誠公記	1
86	妙法院日次記	5
87	政覚大僧正記	1
88	妙法院日次記	6
89	通誠公記	2
90	妙法院日次記	7
91	通兄公記	1
92	妙法院日次記	8

史料纂集既刊書目一覧表

古文書編

配本回数	書名	巻数
①	熊野那智大社文書	1
②	言継卿記紙背文書	1
③	熊野那智大社文書	2
④	西福寺文書	全
⑤	熊野那智大社文書	3
⑥	青方文書	1
⑦	五条家文書	全
⑧	熊野那智大社文書	4
⑨	青方文書	2
⑩	熊野那智大社文書	5
⑪	気多神社文書	1
⑫	朽木文書	1
⑬	相馬文書	全
⑭	気多神社文書	2
⑮	朽木文書	2
⑯	大樹寺文書	全
⑰	飯野八幡宮文書	全
⑱	気多神社文書	3
⑲	光明寺文書	1
⑳	入江文書	全
㉑	光明寺文書	2
㉒	賀茂別雷神社文書	1
㉓	沢氏古文書	1
㉔	熊野那智大社文書	索引
㉕	歴代古案	1
㉖	歴代古案	2
㉗	長楽寺文書	全
㉘	北野神社文書	全
㉙	歴代古案	3
㉚	石清水八幡宮文書外	全
㉛	大仙院文書	全
㉜	近江大原 観音寺文書	1
㉝	歴代古案	4
㉞	歴代古案	5
㉟	言継卿記紙背文書	2
㊱	福智院家文書	1
㊲	福智院家文書	2
㊳	朽木家文書	1
㊴	別本歴代古案	1
㊵	朽木家文書	2
㊶	京都御所東山御文庫所蔵 地下文書	全
㊷	石清水八幡宮社家文書	全
㊸	別本歴代古案	2
㊹	別本歴代古案	3
㊺	京都御所東山御文庫所蔵 延暦寺文書	全
㊻	福智院家文書	3
㊼	籠手田文書	全
㊽	尊経閣文庫所蔵 石清水文書	全